KPI監査

業績が確実に改善する
行動指標とモニタリング

嶋田 利広　㈱RE-経営 代表取締役

長野 研一　エリア・サーベイ合同会社 代表社員

奥山 和弘　㈱サポートブレイン 代表取締役

早川 善輝　㈱湯ーとぴあ 代表取締役

マネジメント社

まえがき

「強み特化型 KPI 経営」でしか生き残れない

　私はこれまで 40 年以上、経営コンサルタントとして企業の経営改善や業績向上の支援をしてきた。その経験の中には、成果の出たものだけでなく、うまくいかなかったことも正直ある。100 戦 100 勝みたいなスーパーコンサルタントではないから当然だが、ただうまくいかなかった企業の例を見ると、「弱み改善」や「やらなければならない（must）」対策が多かったように思う。

　クライアントとの経営顧問が 10 年以上続いている企業は、すべて「強み特化型経営」である。それは「私のコンサルティングのメソッドがよかった」というのではなく、経営者、役員幹部と一緒に強み特化型経営を推進してきたからであると確信できる。
　その 1 つのメソッドとして、「クロス SWOT 分析」を実施している。お陰でクロス SWOT 分析の実績回数も 450 回を超え、私たちのメソッドによる SWOT 分析を学ぶコンサルタントや税理士等も 250 名を超えている。
　そして、もう 1 つ共通項がある。それは長期の経営顧問先は売上や社員数の規模に関係なく、KPI（重要業績評価指標）を大事にしていることである。「結果よければすべてよし」という価値観の経営者は私たちのクライアントにはいない。たとえ業績が悪くても KPI が進んでいれば、近未来は確実によくなるという視点を持っている経営者がほとんどだ。
　目標達成や必要業績を叩き出すというのは「正しいプロセスを愚直に実行した結果」であり、優秀な経営者ほどその思考が強い。
　したがって、「正しいプロセスを愚直に実行」せずして、業績は上向くはずもないし、仮にいい業績結果になったとしても「基礎力のないフロック（まぐれ）」と考えたほうがよい。

　本書は、これまで実際のクライアントや経営顧問先に「KPI 監査」と「KPI 経営」のコンサルティングを実践してきたノウハウを体系化し、その実務と実例を示し

たものである。

　KPI経営はいろいろな書籍やネットでも情報が出ているが、私たちが考えている「中小企業のリアルなKPIとは違う」ように感じている。

　なぜなら、多くのKPI情報では、「何をどう企画し、どのような行動の段取りで、どのくらいの行動数量で行うべきか」がよくわからない。だから中小企業の経営者からは「KPI経営の理屈はわかるが、自社の状況とは違うよね」と思う方もかなりいるのだ。

　どこが違うのか？　それは、私たちが推進する「KPI監査」「KPI経営」は、「会社の強みを前面に出した、行動プロセスの因数分解による具体化と数量化」にこだわっている点である。

　詳細は本書で解説しているが、KPI監査〜KPI経営のアプローチは、「クロスSWOT分析」「業績の公式」「ボトルネック特定」という3つの方向から、その会社にふさわしい「強み特化型KPI経営」を推進することである。その実例を見れば、この意味がご理解いただけると確信している。

　本書は、私のほかに「上級KPI監査士®」の資格を持つ3名の共著者と一緒に1年間取り組んだドキュメントである。

　共著者の1人である長野研一氏は、中小企業診断士であり、不動産鑑定士の資格も持つ異色のコンサルタントである。不動産、建設系のコンサルティングが得意であり、「納得性の高いコンサルティング」で経営者からの信頼が厚い。

　2人目の奥山和弘氏は、金融機関出身の税理士であり、経営計画の支援やその重要性を日ごろから課題をもって取り組んでいる。これからの税理士事務所は、今までの財務中心の経営計画から「具体的な根拠のある経営計画支援の必要性」を痛感し、上級KPI監査士®になった。

　3人目の早川義輝氏は、コンサルタントでも会計関係の専門家でもない、温泉施設を経営する経営者である。コロナ禍で客が激減し経営が壊滅状態になる中、SWOT分析からの戦略構築〜KPI経営でV字回復に導いた経験を有している。その経験をこれからの若手の温泉施設経営者へ伝え、彼らの手助けになればと上級KPI監査士®となった。

　私を含めたこの4名が1年間の実地訓練をしながら、実際の中小企業に「KPI経営」「KPI監査」を実践したリアルな取り組みの結果において、中小企業は「強

みを前面に出した、行動プロセスの因数分解による具体化と数量化を愚直に進めれば、遅かれ早かれ業績改善に結びつく」との確信を得た。

　本書が業績改善の糸口が見つからない中小企業経営者や経営支援の専門家であるコンサルタントや税理士などの"虎の巻"となれば幸いである。

　　　　　　　　　　　　　　　　令和7年3月
　　　　　　　　　　　　　　　　著者を代表して
　　　　　　　　　　　　　　　　㈱RE-経営　代表取締役　嶋田 利広

CONTENTS

まえがき　*3*

Chapter 1　経営改善が計画どおりに進まない本当の理由

1　経営改善計画書の問題点 ——————————————— *14*
　（1）経営者の思い込みとそれを鵜呑みにする経営支援の専門家　*14*
　（2）商材の根拠が曖昧なまま、収支だけを合わせている　*15*
　（3）行動計画はあっても、行動プロセスがない　*15*
　（4）行動プロセスに踏み込んでいない　*16*
　（5）いろいろやり過ぎて課題（真因）にフォーカスしていない　*17*
　（6）得意なことに注力していない　*18*
　（7）決めたことを決めたように実行しない　*18*
　（8）会計事務所の指導は予実チェックと財務確認のみ　*19*

2　売上結果、利益結果は行動プロセスに比例 ————————— *20*
　（1）結果だけを追う企業は基礎力がつかない　*20*
　（2）成果は、コツコツ積み上げる行動プロセスによる　*20*
　（3）業績改善の兆候は小さな変化から　*21*
　（4）ダイエット効果につながるプロセス　*24*
　（5）預貯金を増やすプロセス　*24*

3　「弱み改善」の経営改善計画書は不要 ————————————— *26*
　（1）対策を拡げる経営者、混乱する幹部と現場　*26*
　（2）儲からないのに「弱み改善」のムダな努力に走る　*27*

4　「強み特化型経営」で、潜在的な「強み」を伸ばす ——————— *29*
　（1）強み特化型経営とは　*29*
　（2）強み特化型経営 10 のメリット　*29*
　（3）潜在的な「強み」はどこに隠れているか　*33*
　（4）「強み」を拡大し、圧倒的なナンバーワンになる仕掛け　*35*

Chapter 2 中小企業の実態に合った KPI 経営

1 中小企業の KPI 経営 ——————————————————— 40
　(1) なぜ KPI 経営が必要なのか　40
　(2) 大企業と中小企業では KPI の設定基準が違う　42
　(3) KGI−KSF−KPI の考え方と体系　43

2 課題解決の糸口は「問題を細分化する」———————————— 46
　(1) 問題を大きなくくりのまま検討しても何も見えてこない　46
　(2) ロジックツリーで問題を分解すると対策が見えてくる　47
　(3) 前期の反省をするロジックと問題細分化　52

3 KGI−KSF−KPI の体系 ————————————————— 56
　(1) ダイエットの KGI−KSF−KPI 体系　56
　(2) 預貯金の KGI−KSF−KPI 体系　57
　(3) 住宅会社の KGI−KSF−KPI 体系　60

4 医療・福祉も KPI 経営で現場が変わる ————————————— 64
　(1) 稼働率向上につながる KSF−KPI 設定　65
　(2) 収益増につながる KSF−KPI 設定　66
　(3) 人材育成につながる KSF−KPI 設定　67

Chapter 3 KPI 監査の効果を高める工夫と手順

1 KPI 監査の目的 ———————————————————— 70
　(1) KPI 監査とは何か　70
　(2) KPI 監査で大事な 5 つの工夫　71

2 KPI 監査を実施すると、なぜ業績改善が進むのか ———————— 74
　(1) もともとある「強み」をさらに伸ばす KPI 設定　74
　(2) 第三者からのチェックによって、野放しになるのを防ぐ　74
　(3) KPI 監査で決めたことを数値でチェックできる　75
　(4) 決定事項どおりできない場合、修正行動計画を 5W2H で再決定　75
　(5) KPI 監査での進捗結果を賞与に反映させる　75

3 コンサルタントや税理士の経営支援を具体化 ─── 78
- (1) 会計事務所がKPI監査を行うと効果が上がる理由　*78*
- (2) 中小企業診断士やコンサルタントがKPI監査を行うメリット　*80*
- (3) 社労士がKPI監査をするメリット　*81*
- (4) 金融機関がKPI監査をするメリット　*81*

4 KPI監査のアプローチ①　クロスSWOT分析からのKPI設定 ─── 83
- (1) KPI設定は3つのアプローチから　*83*
- (2) なぜクロスSWOT分析からのKPI設定が有効なのか　*84*
- (3) クロスSWOT分析の概念　*84*

5 KPI監査のアプローチ②　業績の公式からのKPI設定 ─── 102
- (1) 飲食業の売上の公式　*102*
- (2) 小売業の売上の公式　*103*
- (3) 印刷会社営業の売上の公式　*104*
- (4) 粗利益（売上総利益）の公式　*104*
- (5) 営業利益の公式　*105*
- (6) 「業績の公式」を導くフレーム　*105*
- (7) 車両製造業における業績の公式とKGI-KSF-KPI体系　*107*

6 KPI監査のアプローチ③　ボトルネックからのKPI設定 ─── 113
- (1) ボトルネックとは　*113*
- (2) ボトルネックが改善されない理由　*113*
- (3) ボトルネックからのKSF-KPI設定フレーム　*115*
- (4) ボトルネックからのKPI設定（調味料メーカーの事例）　*118*

7 KGI-KSF-KPI体系 ─── 120

8 KPI監査モニタリングシート ─── 121
- (1) KPI監査モニタリングとは　*121*
- (2) KPI監査モニタリングシートの使い方　*122*

9 KPI監査の業績検討会議の進め方 ─── 126
- (1) 経営会議と業績検討会議は分ける　*126*
- (2) KPI監査において直接「モニタリング」する場合　*126*
- (3) KPI監査において結果の「モニタリング」をする場合　*127*
- (4) 何回もKPIが達成されない場合　*127*

10	KPI 監査結果を賞与に反映する仕組み ―――――――――― *128*

 （1）KPI 設定は部門長が決めた目標　*128*

 （2）半期に 1 回、部門長の賞与評価に反映　*129*

11	ベーシック KPI 監査の仕組み ――――――――――――― *130*

 （1）ベーシック KPI 監査　*130*

 （2）ベーシック KPI 監査モニタリングシート　*130*

 （3）ベーシック KPI 監査モニタリングシートの書き方　*130*

 （4）ベーシック KPI 監査の例（印刷会社）　*132*

 （5）ベーシック KPI 監査で聞き出す 5 つの質問①（売上編）　*138*

 （6）ベーシック KPI 監査で聞き出す 5 つの質問②（利益編）　*139*

12	上級 KPI 監査士とその取り組み ――――――――――――― *140*

 （1）1 年間の訓練と成果　*140*

 （2）上級 KPI 監査士が目指すもの　*140*

Chapter 4　KPI 監査の実例❶　―建設会社―

1	担当上級 KPI 監査士のプロフィール ――――――――――― *142*
2	X 建設の概要 ―――――――――――――――――――― *146*

 （1）KPI 監査に至った経営課題　*146*

 （2）KPI 監査に期待した経営者の想い　*147*

 （3）実施スケジュール　*147*

3	SWOT 分析とその成果 ―――――――――――――――― *151*

 （1）SWOT 分析の流れ　*151*

 （2）深掘り質問で核心を抽出する　*151*

 （3）経営者の反応　*152*

 （4）コンサルタントからの問いかけで出てきた気づき　*152*

 （5）SWOT 分析の掘り下げ不足などの反省点と成果　*153*

 （6）SWOT 分析のまとめ　*156*

4	「業績の公式」の分析 ―――――――――――――――― *157*

 （1）分析の流れ　*157*

 （2）経営者の反応や気づき　*160*

 （3）「業績の公式」についてのまとめ　*161*

5 ボトルネックの特定 ──────────────────────────── 162
  (1) ボトルネック分析の流れ　162
  (2) 経営者がそのボトルネックを指摘した理由　163
  (3) 経営者の反応と気づき　166
  (4) ボトルネック特定についてのまとめ　166
6 KGI-KSF-KPI 体系 ──────────────────────── 167
  (1) 体系図の内容　167
  (2) KGI-KSF-KPI の体系が整理された時の経営者の反応　169
7 KPI 監査モニタリング ───────────────────────── 173
  (1) KPI 監査モニタリングの内容　173
  (2) 第 1 回 KPI 監査モニタリング会議のドキュメント　182
  (3) 第 2 回 KPI 監査モニタリング会議のドキュメント　183
8 KPI 監査を行った経営者の反応と成果 ──────────────── 185
  (1) コンサルティングを通しての経営者の反応の変化　185
  (2) KPI を部門目標や人事評価に組み込む　186
  (3) KPI 監査モニタリングでの学び　188

Chapter 5　KPI 監査の実例❷　―解体工事会社―

1 担当上級 KPI 監査士のプロフィール ───────────────── 194
2 K 社（解体工事業）の概要 ────────────────────── 197
  (1) KPI 監査に至った経営課題　198
  (2) KPI 監査に期待した経営者の想い　199
  (3) SWOT 分析・KPI 監査の実施スケジュール　200
3 SWOT 分析とその成果 ─────────────────────── 204
  (1) SWOT 分析実施時のドキュメント　204
  (2) 「強み」分析のポイント　206
  (3) 「機会」分析のポイント　210
  (4) 絞った「積極戦略」とは　211
  (5) SWOT 分析を行ったあとの経営者の反応　221
4 「業績の公式」の分析 ───────────────────────── 222
  (1) 「業績の公式」作成時のドキュメント　222

(2)「利益の公式」作成時のドキュメント　*224*

5　ボトルネックの特定 ───── *226*
　　(1) ボトルネック検討時のドキュメント　*226*
　　(2) ボトルネック要素のポイント　*227*
　　(3) ボトルネックを整理したあとの経営者の反応と気づき　*232*

6　KGI-KSF-KPI 体系 ───── *235*
　　(1) KGI-KSF-KPI の体系が整理された時の経営者の反応　*235*
　　(2) SWOT 分析からのアプローチ　KGI-KSF-KPI 体系の構築　*235*

7　KPI 監査モニタリング ───── *239*
　　(1) KPI とアクションプランを整理した時の経営者の反応と気づき　*239*
　　(2) 第1回 KPI 監査モニタリング会議のドキュメント　*240*
　　(3) 第2回 KPI 監査モニタリング会議のドキュメント　*241*
　　(4) KPI を部門目標や人事評価の仕組みに活用する　*242*
　　(5) KPI 監査を行ったあとの経営者の反応と成果　*251*
　　(6) KPI 監査モニタリングのまとめ　*252*
　　(7) KPI 経営伴走支援のコンサルティングモデル　*253*

Chapter 6　KPI 監査の実例❸　─温泉旅館─

1　担当上級 KPI 監査士のプロフィール ───── *256*
2　事例企業の概要 ───── *260*
　　(1) KPI 監査に至った経営課題　*261*
　　(2) SWOT 分析〜KPI 監査の実施スケジュール　*263*

3　SWOT 分析とその成果 ───── *267*
　　(1) SWOT 分析総合シートの効用　*267*
　　(2) SWOT 分析実施時のドキュメント　*272*
　　(3)「強み」の分析　*273*
　　(4)「機会」分析 ── 新市場への扉　*273*
　　(5) 絞った「積極戦略」とは　*278*
　　(6) KGI-KSF-KPI の設定　*280*
　　(7) SWOT 分析を行ったあとの経営者の反応　*283*

4 「業績の公式」の分析 ───── 285

(1) 明確化された目標　*286*

(2) 「業績の公式」作成時のドキュメント　*286*

(3) 経営者の反応と気づき　*286*

(4) 「利益の公式」による販売目標　*287*

5 ボトルネックの特定 ───── 289

(1) ボトルネックシート（問題の可視化）　*289*

(2) 弱点の正体　*289*

(3) ボトルネック検討時の経営者の反応　*290*

(4) ボトルネックと成長戦略　*291*

(5) ボトルネックを特定したあとの経営者の反応と気づき　*296*

6 KGI−KSF−KPI 体系 ───── 297

(1) 視覚化された道筋　*297*

(2) 指針を示す　*298*

7 KPI 監査モニタリング ───── 302

(1) KPI 監査モニタリングシート　*302*

(2) 数値化された改善策　*303*

(3) 第 1 回 KPI 監査モニタリング時のドキュメント　*303*

(4) 第 2 回 KPI 監査モニタリング時のドキュメント　*303*

(5) KPI を部門目標や人事評価の仕組みに活用する　*310*

(6) SWOT 分析〜業績の公式〜ボトルネック〜 KPI 設定〜 KPI 監査　一連のプロセスを実施したあとの経営者の反応　*312*

(7) KPI 経営伴走支援のコンサルティングモデル　*314*

Chapter 1

経営改善が計画どおりに進まない本当の理由

1 経営改善計画書の問題点

(1) 経営者の思い込みとそれを鵜呑みにする経営支援の専門家

　経営改善の内容は経営者の頭の中にあるだけで、外部の専門家（税理士、コンサルタント）からの指導で、文書化してまとめている経営改善計画書が少なくない。経営者の頭の中にある経営戦略や収支改善のストーリーも、よくよく聞いてみると「自分（自社）に都合のよいロジック」でできていることが多々ある。

　頭の中では「プロダクトアウト（生産者思考）」ではなく、「マーケットイン（顧客思考）」のつもりだ。ところが、その内実を聞いていると「なぜ、顧客は御社で買うのか」「なぜ、その付加価値を顧客が評価しているのか」「なぜ、その数量が売れるのか」……そういった重要な事項が曖昧なまま、要するに「独りよがりの計画書」になっている。

　そうした経営改善計画書の作成支援をしている会計事務所もしかり。経営者の思い込みや独りよがりの経営戦略、具体策をそのまま鵜呑みにして、経営改善計画書としてお化粧をしているにすぎない。

　経営者の言葉をそのまま根拠なく収支計画にして、見た目の辻褄を合わせているのだ。その中身や真偽のほどの確認には介入をしないのである。

- 経営者はなぜそう思いついたのか
- 用意周到に準備しているのか
- 自社のリソースを検討して可能な戦略なのか
- これまでもできなかったことがやれるのはなぜか

　これらの根拠が明確でないにもかかわらず、経営者の言葉を鵜呑みにするのは大変危険である。なぜなら、経営改善計画書は今後の会社の羅針盤であり、全経営資源を投入して、経営幹部、社員が一丸となって取り組むものだからである。いわば会社の盛衰を左右するものだ。

(2) 商材の根拠が曖昧なまま、収支だけを合わせている

　収支予算は商材計画と顧客対策、業務プロセスの具体策で決まる。

　しかし、その中身の具体性、論理性、段階性がなく曖昧なままにしたとしても、返済原資から導いた必要売上や必要粗利、必要営業利益予算ならExcelで難なく出せるだろう。

　ところが、現実の業績を考慮して「可能性のある売上」「利益の拡大」の予定はすぐ限界がきて、「さすがにそこまでの収益は無理」ということになってしまう。そうすると返済ができるための収支計画には多くの差額が出てしまい、「まさに荒唐無稽な経営計画」になりかねない。

　だからとりあえず適当な落としどころの収支予定にしてしまう。例えば110%前後の売上成長、粗利率が10%改善、経費、人件費等が5%ダウンなどのシミュレーションをして、「ほどよい経常利益」をしつらえるのである。しかも売上の110%対策は商品別・顧客別ではなく、一括で計上する。

　このような計画書は最初から到達不可能な数値一人歩きの計画書になりがちであり、「絵に描いた餅」そのものである。

　なぜ、経営改善計画作成時において商材対策を具体的に検討しないのか――それは「商材戦略」を導く議論ができるロジックを持っておらず、経営者へのヒアリングだけで商材対策を絞りだそうとするからだ。

　収支計画で具体的根拠を示すことは、金融機関を説得し、継続融資につなげるための必須の要件でもある。

(3) 行動計画はあっても、行動プロセスがない

　仮に「商材根拠を見出し、収支の辻褄のあった経営戦略」が含まれた内容だとする。そして、その対策は、ロードマップ（工程表）やアクションプラン（行動計画）に落とし込まれているはずである。

　われわれ専門家が経営改善計画の行動計画と行動結果のチェックを行うのが「アクションプラン監査」というものだ。バンクミーティングでも同様なことが確認される。要するに、計画どおりに進捗しているかどうかを確認するわけである。

ところが、このアクションプランチェックも不十分な場合が多い。確かに「行動計画」において期限を決めているのはよいことである。ただ、全体行動の期限だけを決めても、段階別の行動期限を細かく決めないかぎり、経営者も幹部も動かない。
　すべての対策には必ず行動プロセスが必要であり、それを議論せず、いきなり「いつまでに、何を、どう実現する」という行動予定期限ばかり記載すると、なかなか実行できないのである。経営者や幹部の本音としては、最終の行動予定期限はわかるが、その行動プロセスのイメージが湧かない。「何をどう、どういう段取りで、どういう段階を経て、それをどう実現すればいいのだろうか」とモヤモヤ感が残っているのだ。
　そんなモヤモヤ感のある決定事項はえてして行動に移されない。

(4) 行動プロセスに踏み込んでいない

　「決まったことを決まったように行動すれば業績は上がる」
　多くの経営者も頭ではわかっている。
　しかし、そうしない経営者、幹部には前述のように行動のイメージが明確でない場合が多い（行動結果につながる段階的プロセスがイメージできない）。
　行動のイメージとは、「まずこれをして、これができれば、次にあれをして……」と段階別の詳細行動である。
　例えば、新規見込み客先にパンフ配布訪問をしようと決定したとする。
　会計事務所やコンサルタントは、そのプロモーターとして、「パンフを〇月〇日までに、幹部の◇◇さんがつくってください」と言うだろう。
　しかし、◇◇さんは「パンフってどうつくるの？　タイトルは？　文言は？ WordなのかPower Pointなのか？　どんな掲載の仕方をコンサルは求めているの？」と疑問だらけである。
　その疑問がある限り、なかなか行動に結びつかない。
　その場合、
　「コンサルが〇月〇日までに◇◇さんにPower Pointのフレームをお渡しするので、それを受けて△月△日までに作成してください」
　と具体的な段取りがあると、◇◇さんは作成に着手しやすくなるだろう。

多くの中小企業での業務決定事項は、詳細かつ具体的なプロセス抜きにしがちだ。だから経営支援する会計事務所やコンサルタントが行動プロセスまで踏み込まないと、堂々巡りの会議や「実行に移されない経営計画」になってしまうのである。

(5) いろいろやり過ぎて課題（真因）にフォーカスしていない

経営改善計画のための経営会議、幹部会議でいろいろ議論しても、本当の具体的課題（真因）解決に集中しない限り、局面打開は難しい。

多くの中小企業はすぐ問題の解決策を出そうとして、弥縫策（びほうさく）を次から次へと打ち出すが、対策事項は増えてもなかなか課題解決につながらないのが実態だ。

むしろ、いろいろな弥縫策の種類が増え、本業以外の管理項目が目白押しで、そこに時間も取られて現場が混乱。その結果、違う問題点が噴出する。

本当の課題は「なぜなぜ分析」や「真因ロジックツリー分析」から生まれるものだ。しかも真因ロジックツリーは「ヒトのやる気」や「組織の問題」などの抽象的なことではなく、物理的で固有の課題にフォーカスしなければ有効でない（ロジックツリー分析」については47ページ以下を参照）。

経営改善の突破口にIT化、人事評価、賃金制度、組織改革、マニュアル、規定づくり、指示命令系統の統一、基本教育の研修などを具体策として並べる専門家がいるが、そんな管理的な対策より、即効性のある商材開発や顧客へのアイテムアップ具体策が最優先である。

もし人手不足が業績阻害要因なら、外注化や臨時手当、採用手段の多様化（採用ページの魅力化）などが同時進行で行われなければならない。だが、問題山積の中小企業では、ヒト・モノ・カネ・カンリでいろいろな対策を同時進行で行わなければならない焦燥に駆られる。

現実的に同時進行の課題解決など、リソースのない中小企業には不可能である。本当の課題（業績改善に直結する課題）に焦点を絞り、経営資源を集中させることが重要である。

(6) 得意なことに注力していない

　苦手なこと、不得手なことにどんなに注力しても成果は出ない。もともと「弱み」だからである。それより、「得意なこと」「強み」を伸ばすほうが、有効な結果が出やすい。

　だが、多くの経営改善計画書を見ると、「問題点の解決策」「弱み対策」が多い。文字と数字だけならいくらでも作文できるが、実際に取り組めないことだらけである。

　「弱み改善」は、ヒトも時間もカネも厳しい中小零細企業に「新しい行動」を要求することであり、全社全社員に負担が増えることを意味する。最初から苦手意識がある中で、今でも忙しくバタバタしているのに、さらに忙しくなる「苦手なこと」に取り組むことは、物理的にもメンタル的にもほぼ無理である。

　したがって、実効ある業績改善を進めるには、もともとある「強み」をさらに徹底して伸ばし、その周辺ビジネスまで拡大していくことである。弱み改善にエネルギーとコストを使い、大事な「強みをさらに伸ばすエネルギー」を奪ってはならない。

(7) 決めたことを決めたように実行しない

　中小零細企業の会議では、社長以下、幹部も「決まったことを決まったように実行しない」ことが多い（5W2Hの決定事項を決めても、日々の忙しさや毎月起こるイレギュラーなことへの対応で、決め事が平気で後回しにされる）。

　目先の業務に追われているし、人手もギリギリでやっている以上、時間確保も難しく、先行管理もできていないから、計画性もない。

　そして、「やらなかったとしても何のお咎めなし」なら、なおさらである。しかも、決め事を守らない筆頭は経営者だったりする。だからいつまでも業績が上がらない。

　「決まったことを決まったように実行」する仕組みやチェックシステム、情報公開のルールなどを同時に行わない限り、実行しない。「実行されない決まり事」が多発すると社員の信頼を失い、結果的に、決めてもムダということになってしまう。

（8）会計事務所の指導は予実チェックと財務確認のみ

　税務顧問である会計事務所は毎月訪問して、税務監査をする。ところが、よくやっている会計事務所でも、せいぜい「予実チェック」くらいである。期首に立てた予算と実績を確認して、その後は世間話。

　実際に収支状況や資金状況を確認しても、それ以上の議論にならないことが多い。また、結果論や反省ばかりで、前に進まない。

　MAS業務（会計事務所が行うコンサルティング業務）で経営計画と月次結果をチェックしてマイナスの差額が出ると、担当者は社長に「なぜ達成できなかったのか？」の確認をするだろう。できない理由はいろいろあるが、いくら反省をしても、次月にその効果が表れない。それは「反省」という言葉が横行し、確実に行動するような決定になっていないからである。要するに甘いのである。

　反省をする段階での議論が総花的で、毎度同じように「できない理由とやらない理由」を経営者が語る。それを聞く会計事務所担当者も「どこからどう改善の糸口を見出すか」的が絞れない。

　その代表的な言い訳が「忙しかったから」「人手が足りない」「ヒトが入らないから前に進まない」である。

　しかし、私たちは経験上、そういう経営者は「ヒトが入っても、能力がないとか、経験不足だから、すぐには無理だ」とまた新たな言い訳をするものである。

　的が絞れない会話では、具体的な「次の一手」の検討ができない。会計事務所担当者のスキルだけのせいにはできないだろう。

2 売上結果、利益結果は行動プロセスに比例

(1) 結果だけを追う企業は基礎力がつかない

　売上結果、利益結果は大事だ。しかし、業績の結果には企業努力だけでは説明がつかないことが多い。たまたま外部環境の追い風で業績を上げることもある。営業部の努力ではなく、たまたまいい引き合いが先方から舞い込んでくることもある。粗利率でも、たまたまある材料や仕入価格が下がったりして、よい結果が出たりする。

　いわゆる神風が吹くことは長年経験する中で起こり得る。それを実力と誤解するところに悲劇が始まる。

　逆に、いろいろ努力しているのに、なかなか業績が上がらないこともある。

　しかし、一般的に「夜明け前が一番暗い」というように、明るい兆しはいろいろ行動したのちに生まれてくるものだ。ところが、目先の業績が悪いからとその担当者や部門を責めてモチベーションを下げたり、将来性のあるビジネスや部門をリストラして、その後の機会発生をみすみす見逃したりする。

　この判断は確かに難しい。株の世界ではないが「もうまだ」「まだもう」というように、その判断の結果は歴史が物語ることになる。

　ただし、基礎力のある企業は業績のプロセスをしっかり追いかけている。だから単月の業績だけで一喜一憂せず、業績プロセスの行動に対して一喜一憂しているものだ。

(2) 成果は、コツコツ積み上げる行動プロセスによる

　成果は行動プロセスの継続的な積み上げの結果である。

　ダイエットにしても一気に痩せる人（絶食断食、運動強化なのか）は、確かに劇的成果はあるだろう。しかし、多くの場合リバウンドになる。それはダイエットの基礎力がないからだ。

毎日コツコツ運動し、運動しないとすっきりしない状態になれば、自然と運動を続ける。いわゆる習慣化できている状態だ。食事にしても、濃い味にならないよう意識し、咀嚼の回数を増やすなどの習慣が身につけば、腹八分目で満腹感が得られる。必然的にダイエットが自然なカタチで健康的に進んでいく。

　業績プロセスもこれと同じである。新規開拓の成果、商品開発の成果、原価低減の成果、販管費の効率化もすべて、その目的に必要な行動プロセスを習慣化しているから達成されるのである。

　「いきなり上がる成果は、いきなり下がる」のである。

（3）業績改善の兆候は小さな変化から

　業績の結果とは、「売上拡大」「粗利率改善」「営業利益の拡大」のことを指す（ここでは資金繰り改善などの財務は脇に置く）。

　多くの中小企業では、よほどの神風や外部環境の好転がない限り、売上が急拡大はすることはない。

　私（嶋田）は、40年間（2025年3月時点）のコンサルティング経験の中で、数度はクライアントの業界で吹いた「神風」を経験したことがある。しかし、急激な神風はどうしても一時的なもので、長く続かないのが定めのようだ。

　その神風商品や神風顧客の依存度が高い企業は、数年すると大幅な規模縮小や倒産を余儀なくされる。もし神風商品や神風顧客がある間に「Next戦略」を打ち立てたなら、その後も継続的に業績拡大が進んだかもしれない。

❶神風ビジネスで栄枯盛衰したあるベンチャー企業

　私がコンサルティングしているクライアントでは、この神風が吹いた時、多角化や周辺事業の拡大で、特定商品や特定顧客の依存度を下げるように努力し、慢心しないように、常に経営者や役員に注意喚起をしている。だから「耐性」ができる。

　その認識が強くなったのには、バブル崩壊後の苦いコンサルティング経験があったからだ。

　当時コンサルティングしていたその企業は、ある分野で急成長したベンチャー企業だった。特定の商社の受注増に生産設備を増強し、どんどん売上を拡大していき、一時期はグループで年商80億円を超えるまでになった。

メインバンクの頭取も表敬に訪れたりして、およそ10年間、わが世の春を謳歌した。しかし、時代はその商品ニーズから違う展開に入り、急成長をもたらした商品は急激な需要減少に陥った。

当然、創業者の社長は常に危機感があり、次世代ビジネスへのシフトチェンジを図るべく、資金のあるうちにいろいろチャレンジしていった。だが、役員幹部の動きは鈍かった。この神風はまだまだ続くと心のどこかに余裕を持っていたのだ。もともと急成長企業なだけに、役員や部長も急ごしらえであり、じっくり人材が成長してきたわけではない。

その教育のため、私が当時在籍していたコンサルティングファームがその任を担っていた。だが、教育研修だけで何とかできるレベルではなかった。評価制度も導入したが、一度染みついた役員幹部の既得権意識、根拠なき未来像、最後は社長が何とかしてくれるだろうという依存心がすべての改革を後手にして効果なきものにしてしまった。

打開策として、商社等から中途採用を進めていたのだが、水膨れ体質の役員幹部の意識改革・行動改革は進まず、数年後には跡形もなくなった。

❷顧客・市場の小さな変化を見逃さない

こういう経験からも、神風が吹いても期待しすぎず、コツコツと企業努力をすることが大事なのだ。

実際に「業績改善」や「売上・利益規模」が拡大している企業には必ずと言っていいほど「小さな変化」が起こる。この「小さな変化」は、最初業績にあまり影響しないことから、「見捨てられて放置」される場合が多いのも事実だ。

ギリシャのことわざに「幸運の女神は前髪しかない」というのがある。これは「チャンスは訪れたそのときにつかまなければならない」という意味である。後ろ髪がないから、後から気づいてもつかめない。

業績の回復や改善、企業成長する経営者は、そういう「小さな変化」を見逃さないものだ。いわゆる鼻が利くのだ。

その「小さな変化」の現実と背景を深く考え、その可能性を見出す。しかも自社の都合ではなく、「顧客都合」で考える。なぜなら、「小さな変化」は主に「顧客の変化」「顧客の新たなニーズや要望」として現れるからだ。

その「小さな変化」に、少しでも自社の「強み」を活かして対応していけば、顧客からのさらなるいろいろなニーズや情報提供に気づき、そこに「新たなブル

ーオーシャンのニッチ市場」を見出すことが可能だ。

「小さな変化」からニッチ市場を「自社の得意分野」に育てるには、「今ある強み」「使える経営資源」を明確にして、それを顧客のニーズにマッチングさせることである。

❸ 小さな変化に武器を与えて試してみる

その小さな変化を確認できた時、ただ手をこまねいて石橋を叩いて慎重になり過ぎるとチャンスを逃す。

小さな変化に対応する「明確な武器」や「企画」が必要である。何も与えず「竹やりで戦え」との精神論だけでは成果は出ない。

じつはまだ市場性が見えず、メイン業務に忙殺され「小さな変化」の優先度が低いと判断する社長や幹部は多いものだ。もしそこで、「小さな変化」に合った新規客との接点開発のイベント、ノベルティ、攻略用低単価商材（例えば）やサービス、販促キャンペーンなどを展開してみれば、その「小さな変化」が成長した時、主導権が取れる。これらはたいした投資ではないので、やってみる価値はあるのだが……。

「小さい変化」でかつ、自社の「強み」が活かせて、今後成長可能なニッチ市場に対して、ターゲット顧客と掘り下げる具体的戦略を KSF（Key Success Factor＝重要成功要因）という。

この「ニッチな機会」と「自社の小さな強み」を掛け合わせて KSF を導き出すのは、まさにクロス SWOT 分析の「積極戦略」そのものである。

本書のメインテーマである「KPI（Key Performance Indicator＝重要業績評価指数）監査」では、必ず KSF を先に導き出し、そこに経営者の思い込みだけでなく、クロス SWOT 分析のような明確なロジックが必須である（第 2 章で詳説）。

「小さな変化」の正体を見極め、それが今はまだニッチニーズだとしても、いずれ大きな波に変わるかもしれないから、放置しないことである。じつは、こうしたことは現場はよくわかっているが、現場を見ていないまたは顧客と接点を持たない経営者は見落としてしまう。

儲かる企業は、イノベーター理論でいうところの「イノベーター（革新者）」か「アーリーアダプター（初期採用者）」のみだと言われる。誰でも儲かるとわかった段階では、アーリーマジョリティ（初期追随者）とレイトマジョリティ（後期追随者）が参入し、ブルーオーシャンからレッドオーシャンに変わるのが世の

常（価格競争になり利益がとれない）である。

だから「小さな変化」の段階で確実に、機動的に行動力を高めていくことが肝要である。

(4) ダイエット効果につながるプロセス

ダイエットの例を少し述べたが、ここではさらに詳しくダイエットを参考に行動プロセスについて考えてみたい。

自分の体質や性格なども鑑み、5kgのダイエットに成功するために、行動プロセスの公式があるはずだ。

ある方はこのような公式をつくり、それを小行動に分けて成果を出した。

【カロリー制限】×【運動】×【筋肉づくり】×【正しい食事】＝５kg減

カロリー制限では、これから３か月間炭水化物を半分にする。

運動では、週に３回、21時から60分の散歩・ジョギング。

筋肉づくりでは、運動前に肩、肩甲骨回りのストレッチ、スクワット10回。

食事では、野菜から食べ、サラダを全部食べた後におかずと少量のごはん。

そして目標も小さくして、１か月目に１kgダウン、２か月目に１kgダウン、３か月目に３kgダウンと、最初の月を軽くすることで精神的な負担を減らした。

後は継続する仕組みとして、スマホ入力で記録を残すこと、毎日体重計に乗りデータ化すること、またそれを家族にも共有すること、そして、ほしい高級ブランドの服を１サイズ下で購入したことだった。

まさに逃げられない状況をつくった。このダイエットの行動分解とモニタリング、やらざるをえない仕組みはそのまま「業績プロセスの分解による行動プロセス」の型決めにつながる。

(5) 預貯金を増やすプロセス

ダイエットには関係ないという人も、預貯金を増やしたいという思いはあるはずだ。この預貯金を増やすという成果に対しても、行動プロセスを分解すると、預貯金成功の秘訣が見えてくる。

ある方は、何としても３年間で100万円貯めたいがなかなか貯まらず、行動プ

ロセスの解析をした。

【毎月引き落とし】×【賞与一部我慢】×【タバコ止め】×【コンビニ止め】
＝100万円

毎月2万円の引き落としで定期預金にし、12か月×3年で72万円。

1回あたり賞与から毎回4.5万円を定期預金に入れ、3年×2回で27万円。

さらにタバコを止めると決意し、400円（当時）×30日×12か月×3年＝約43万円が貯まる。

あとはコンビニでのミネラルウォーター、コーヒー、菓子などの「ついで買い」を止めて、週に1000円×4週間×12か月×3年＝約14万円。

合計すると156万円であるが、このように行動を細かく分解していけば、理論的には3年間で156万円の貯金は可能だとわかる。

彼はそれを「見える管理」にするために、駄菓子屋にある円形のプラ容器を「使ったつもり貯金箱」にして、コンビニでムダ使いしたつもり額を入れたり、たばこを買ったつもりの金額を入れて、日に日に増えているものを見てモチベーションを維持した。

この預貯金の行動分解とプロセス管理は、ビジネスへの応用ができそうだ。

3 「弱み改善」の経営改善計画書は不要

(1) 対策を拡げる経営者、混乱する幹部と現場

- 事業再構築補助金での新規事業に着手する
- 新規市場へ参入して商品開発や顧客開拓を始める
- コスト削減のいろいろな取り組みを導入する
- ITやシステム導入を急ぐ
- カーボンニュートラルの取り組みを迫られる
- 賃金改革、人事評価制度の導入を急ぐ
- 値上げ対策の商品改良や付加価値を付加する

経営者は、いろいろな新たな取り組みが次から次に生じて忙殺されている。自社にそのリソースがなければ、外部機関に依頼もするだろうが、すべては今以上の負担が現場に舞い込んでしまう。

常に人手不足や働き方改革で忙殺されている現場責任者からは、「勘弁してくれ。本来の仕事をさせてくれ」と恨み節があちこちから聞こえてくる。

本来の質量保存の法則から言えば、新たな仕事が増えたら、「減らす業務」とセットで考えるべきであるが……。

「4S（整理整頓清潔清掃）と断捨離」について講演を聞いたことがあるが、「新しい服を購入したら、もう着ない服は廃棄かメルカリなどのリサイクルに回すことが、円滑な断捨離のポイント」だという。なるほどである。

新たな業務が増えても人手が増えず、以前からの仕事も減っていないとしたら、どうやって新規業務に取り組めばいいのだろうか。おそらく多くの中小企業では「社長がギャーギャー言うから、仕方なくやってるふり」をするだけなのではないか。

(2) 儲からないのに「弱み改善」のムダな努力に走る

　最近つくづく思うことがある。われわれ日本人は、民族の特徴なのか「悪い点」を良くしていこうという努力に時間を使う国民だな、と。

　学校の先生も親も「悪いところを指摘して、そこを改善するように指導」している（最近でこそ、長所進展の教育もあるようだが）。

　だが、悪い点を指摘されてもモチベーションは上がらず、「must」のプレッシャーで「やらざるを得ない」という心境である。決して「want to」（やりたい）という気持ちにはなっていない。

　社員の課題や問題点を指摘して改善しようとしたり、企業の課題解決などに多くのエネルギーを使っていたのでは、「飛び抜けるエネルギー」や「大胆な発想」は出てこない。

❶儲からない企業はバランスを求めがち

　確かにバランスは大事だ。しかし、バランスを意識するとどうしても「弱み改善」に向かいがちになる。

　それでは「バランスのよい企業」とはどういう企業だろうか？

　すべての商品や部門において優秀な企業は存在しないし、全事業部が最大利益を出すような「怪物企業」も存在しない。どんなに優秀な企業も「得意部門」と「不得意部門」がある。

　数年前、アメリカのGEも東芝同様に企業分割されるニュースが流れた。「トップかナンバーツーの事業しかしない」という経営方針を掲げ、儲かる複合企業のモデルと言われていた。投資家から見れば「コングロマリット・ディスカウント」と映るのだろうし、実際に集中投資ができないことから市場競争でも負けていたのだ。

　ヒトも企業も「バランスのいい」「お行儀のよい」ことを目指すと、魅力がなくなる。バランスは悪くても、「ここが凄い」と際立ったほうが、ファーストコールカンパニー（FCC）として、最初に声が掛かる企業や人材になるはずだ。そういう企業や人材こそ、不況期でも生き残れる条件なのである。

❷「弱み」改善はどんなに頑張っても普通にしかならない

　仮に「弱み」克服に一生懸命努力したとしても、せいぜい「普通」レベルになるだけである。普通レベルでは、誰も見向きもしない。もともと「弱み」になっているのはそこに十分な理由があるわけで、多分苦手なのだ。苦手なことに時間を割いても、結果は少しだけよくなる程度である。

　この「弱み改善」の意識が日本人に根づいているのは、受験が影響しているのかもしれない。今でこそ「得意な科目を伸ばす」と言われるが、われわれ昭和世代の共通一次やセンター試験では、極端に悪い科目があると志望校には行けなかった。すると、「苦手科目克服」ということを意識し、勉強時間を割くようになる。全体的にいい点数を取るように、学校も親もそれを推奨していた。

　どんなに頑張っても「弱み」は「普通」にしかならないなら、その時間を「強み」をさらに伸ばし、圧倒的なナンバーワンやオンリーワンを目指したほうが得策である。

❸時間のかかる「弱み」改善はいったん捨てる

　最近、私が指導している「SWOT分析」では、「強み」×「機会」＝「積極戦略」を中心に徹底して深掘りしている。「弱み」×「脅威」＝撤退縮小戦略は、コンサルタントが指摘しなくても、当事者が承知しているものだ。（リストラ対策が必要な時は、撤退縮小戦略もしっかり検討する）。

　したがって、「弱み改善」は捨てるくらいの意識でよい。過去の経緯から事業の撤退や縮小をしない経営者がいるが、経営者が優柔不断だと従業員も「弱み改善」のふりをして、「何もしない」ものだ。経営者も割り切りが必要だ。

　バランスを求める経営は中途半端な結果しか残せない。弱み改善の時間やエネルギーがあるのなら、全時間を「強み強化」に使うべきである。中小零細企業が市場に打って出られる戦略はそれしかないのである。しかも、「強み特化型経営」なら、人材の採用や離職防止にも効果がある。何ら特徴のない企業だと見向きもされないが、特徴があり、「強み」が明確な企業には、専門性のある人材や優秀な人材が集まりやすい。

　本書で解説するSWOT分析やKPI監査は、まさに強みを徹底して伸ばすための具体的なメソッドを示したノウハウである。

4 「強み特化型経営」で、潜在的な「強み」を伸ばす

(1) 強み特化型経営とは

「強み特化型経営」とは、自社の顕在的な強み（すでに多くの人が認知している強み）と潜在的な強み（目立たないが実際には良い強みが隠れていて、それを「おもて化」できてない）をもっともっと強くして「○○と言えば御社だね」と言われるレベルにまでもっていく経営である。

「地方の同業他社より少しは頑張っているから問題ない」と高をくくっていると、違う業界から一気に抜かれることもある。

日本「失われた30年」と言われるのは、せっかく生み出した将来性のあるビジネスや技術に対して、企業任せにして国家を上げて支援せず、中国や韓国などの国を挙げた量産化に負けてしまったからだ。

本来なら革新的な技術の芽を初期段階から世界に拡げ、市場シェアを取るために国家総力戦が必要だったのである。

とにかくこの国は中国や欧米、新興国に比べて腰が重い。そして今は中小企業も腰が重くなっているように感じる。物事の是非は別として「働き方改革」や「残業規制」「何でも優しくて、頑張らない人も大事にする」この風土が、「頑張るヒトや企業」の足かせになっていると感じるのは私だけだろうか。

(2) 強み特化型経営 10 のメリット

❶「強み」を明確にしていないと人材を惹きつけられない

求人難の時代には、中小企業も待遇改善を進めて、求人対策をしている。しかし、将来を見据えて転職の機会を見つけている「しっかりした人材」は、待遇面だけで転職先を判断しているわけではない。

当然、その企業の将来性を見ながら「この会社に賭ける意味」を見出しているのだ。

そんな時、「わが社はこの分野でこの地域ナンバーワンで、こんな顧客のこんなニーズに応えている会社」だと言えるかどうか。
　明らかな「強み」は、それだけで自社の存在価値をＰＲできる。
　いわゆるブランディングがしやすいのだ。
　通り一遍の募集ページで、「強み」の具体性もなく、USP（独自のウリ）もなければ、「この会社に入りたい」とは思わないのが普通だ。
　本気で将来を考えている人材は待遇面だけでなく、「企業の強みとその将来性」を見ているということだ。

❷「強み特化型経営」の計画書なら金融機関を説得できる
　景気の回復とは裏腹に、金融機関の融資姿勢はどんどんシビアになっている。
　コロナ資金の借り換えだけを依頼しても、今の事業性評価が厳しければ、融資条件にもいろいろなものがついてくるだろうし、断られることもある。
　実際に金融機関に提出する経営計画書は、どういう根拠によって収支計画が組み立てられているだろうか。
　ある経営者は、収支計画を見た銀行担当者から辛辣な言葉をもらった。
● 「社長、この経営計画書の数字は本当に実現できるのですか？」
● 「これまでの計画はほとんど実現していないし、まったく届いてないですね」
　まともな金融機関なら、「根拠のない経営計画書では達成できない」ことはお見通しなのである。もともと自信がある「強み商材」や「強み顧客」に対して、新しいマーケティングをしているなら、「信頼性のある計画書」だと認識するだろうが、相変わらず「根拠もなく、できもしない弱み改善の具体策ばかり」で出来上がった計画書は、理屈が通らず信用されないのだ。

❸「自社はこの強みがあるから潰れない」と社員に信じてもらう
　新人の採用、金融機関からの信頼も大事だが、一番大事なことは、今いる社員に「本気でこの会社はよくなる」と信じてもらうことだ。そのためには「今ある強み」にもっと投資や人材を配置して、徹底的に強化することである。
　そして、「弱み部分」は思い切って断捨離するくらいの覚悟と姿勢なら、「うちの社長、本気で強み特化型経営に動き出した。これなら会社はよくなるかも」と、社員が前向きに感じるようになる
　「こちらも大事だけど、あちらも捨てられない」というどっちつかずで、優柔

不断な「決め切らない」「腹が決まらない」経営者は、早晩有能な若手社員に見限られると肝に銘じたほうがよい。

こういう「決められない」社長は、じつは「欲張りな人」なのだと思う。あれもほしい、これもほしい、もしかしたらこの状況は復活するかもしれないと決断をどんどん遅くし、機会損失をしているのだ。

「強み特化型経営」に軸足を移し、いろいろな邪念を捨て、「強み関連一本足打法」に着手してみよう。

世間では「両利き経営」などと、多角化を推奨する向きもあるが、それはある程度経営資源がある会社の話。人も、資金も、設備も限られている中小零細企業は、「強みの一本足打法」のほうが勝つ可能性が高くなる。

一時的には売上減、固定費増で業績は悪化するかもしれない。しかし「強み特化型経営」は粗利率も高く、技能の熟練度も高まり、少数精鋭が可能になることから、「給与を上げて、全体の人件費を下げる」ことが可能になる。私たちはそれを「減収創益経営」と呼んでいる。

今こそ「強み特化型経営」にシフトして、「1人当たり給与の高い会社づくり」を進めるべきである。

そのためには「クロスSWOT分析」によって、「何が本当に強みで、それが活かせる顧客やニーズはどこか」の詳細な分析が必要だ。

❹「強み」関連商品の開発が早くできる

自社に優位性がある商品やサービスの開発は早くできる。なぜなら、これまでの技術やノウハウの蓄積があるから、他社が一から開発するよりはるかに早く商品化できる。しかも、それらのノウハウの蓄積はアジャイル開発（「すばやい」「俊敏な」開発という意味で、小単位で実装とテストを繰り返し、開発の短縮化を図る手法）にも有効だ。ノウハウには顧客の困り事やセンシティブな情報も含まれ、顧客からの相談回数や検討依頼も増えてくる。それらに対しては、アジャイル開発によって、早期にプロトタイプ（試作品）を出せるから、さらに顧客との関係性が向上していく。

❺「強み」を活かした顧客開拓は営業マンの抵抗感が少ない

営業担当者が新規開拓をする時、企業の知名度もなく、商品にもこれといった特徴がない場合は、本当に苦しいものだ。その営業では、価格以外にお客に訴求

できないからである。ところが「強み商材」を持つと、同業他社と差別化できているので、新規開拓でのプレゼンがしやすく、最初から価格交渉にさらされることがない。

　また、強み商材や差別化商材があると「ああ、御社のことは知っているよ」と新規先から言われることも多く、門前払いになりにくい。だから顧客開拓でのメンタルブロックが少ない。

❻「強み」を活かした商品や顧客の粗利率は高くなる

　強みがあり、差別化できていると価格主導権をこちらが持てることで利益率がよくなる。さらに生産やサービスを提供する現場も業務に慣れているので、ミスやロスも少なく、機会損失も少ないから、より利益率が高くなる。最近の原料高での値上げ交渉でも優位に働く。

　これが逆だと、すべて利益率が悪いほうへと「負のスパイラル」になるから、利益率の低下に苦しむことになる。

❼「強み」の技術は熟練度が高く、品質も向上する

　「強み商材」は何回も製造され、サービスの提供がなされるので、現場の技術やスキルがどんどん蓄積される。ミスも減り、経験値が高まるので若手の育成にもつながる。

　もし、毎回違う製品製造やサービスでいろいろなパターンがあると、経験が積み上がらず、時間もかかり、ミスや手直しも増える。しかも経験値が低いから、技能向上もできず、技能伝承も進まない。

❽褒められることが多くなり、顧客満足度、従業員満足度も向上

　強みが明確だと、顧客や納入業者、外注業者から「御社はいいですよね。〇〇があるから」と褒められたり、羨ましがられたりする。これは心理的にも優越感が出てくるので満足度も高くなる。

　仕事の中で他社や他人から「羨ましい」と言われることは、モチベーションアップにはとても重要だ。

❾給与を上げやすい

　利益率の高い商材で1人当たり生産性が高くなると、当然、労働分配率（付加

価値に占める労務費・販管人件費の割合）が下がる。だから給与原資が増えるので、昇給や賞与が思い切って出せる。

儲からない会社はいろいろなものに手を出し、利益率の悪い商材や部門が利益率のよい商材や部門の良さを減殺する。だから平均して普通の昇給や賞与にならざるを得ない。

❿チーム、仲間との人間関係がよくなる

生産効率が上がり、ミスによるロスが少なく、顧客や外部から褒められ、給与や賞与がよく、働き方改革で余裕のある労働環境なら、当然チームの雰囲気もよく人間関係もよくなるだろう。業績不振や納期や生産に追われ、いつもピリピリした雰囲気の心理的安全性のない職場とは真逆だ。

(3) 潜在的な「強み」はどこに隠れているか

「顕在的な強み」は、社内は言うに及ばず、顧客も外部業者にも知れわたっている。すでにその「強み」を反映したビジネスや商品を提供していて、現在があるからである。

問題は、会社がはっきり気づいていない「潜在的な強み」をどう見つけるか、である。しかも、この「潜在的な強み」は当事者である企業の経営者や幹部社員も十分認識していないことが多い。だから、われわれのようなコンサルタントや経営支援の専門家がそのきっかけをつくる。

「そんな当事者の経営者や幹部社員が気づかない『自社の強み』を他人のコンサルタントなんかにわかるはずがない」と決めつけるのは早計だ。じつは、他人だから気づくことがビジネスの世界では多く存在している。

❶自社では当たり前のことだが、同業他社では当たり前ではないこと

他社では実施していないことだが、自社では顧客向けに普通にやっていることがある。「なぜ、それを実施しているのか？」と聞くと、慣例だからとか、いまさら止められないとか、もしかしたら惰性でやっているのかもしれない。

同業他社ではやっていないのだから、仮にそのサービスや行為を止めたとしても業績にはさほど影響しない可能性もある。しかし、それを誰がどう陰で評価しているのか、その分析や調査をせずして止めるのは危険だ。もしかすると、そこ

に顧客が自社を評価しているファクトが隠れているかもしれないからだ。

❷ある社員の行動が特定の顧客から評価されている事実と理由

　例えば、従業員全員とか営業部全員とかでなく、ある特定の社員が行っていること（サービスや行為）で、特定の顧客から高い評価を得ている場合、会社としては「それが業績に大きく貢献しているものではない」とか、「その担当者しかできず再現性がない」などの理由で、横展開していないかもしれない。

　ある特定の顧客に評価されて、それが安定した業績につながっているということは、その行為やサービスに一定の市場があると考えるべきである。すなわち、横展開すれば、新たに評価してくれる新規顧客が増えるかもしれないからだ。

❸ある社員の技術や知識が顧客から評価されている事実と理由

　ある技術系の従業員の知識や技術が「ニッチな顧客」から評価され、たまに受注があるとする。受注頻度が少ないから、そのニッチな顧客層が拡大する戦略や対策はとっていないだろう。ところが、そのニッチなニーズは、全国に目を転じれば相当数いるかもしれない。今はSNSなどの広告でニーズ調査も簡単にできる時代だ。

❹過去の成功体験とその時の背景

　過去の成功体験を忘れてしまい、常に新しいことに取り組むのは悪いことではない。しかし、今と当時では背景も環境もまったく異なるからと、その成功体験を廃棄してしまうのはいかがなものか。

　そこで成功体験当時のことを詳細に思い出してほしい。顧客ニーズや環境は変わったかもしれないが、手法や組織体制、取り組み姿勢などは今でも参考になるのではないか。過去の成功体験をすべて否定するのは、現在も否定することになりかねない。温故知新は大事なことだ。

❺「潜在的な強み」は結局、「なぜなぜヒアリング」からしか出てこない

　私たちが行うSWOT分析において「強み分析」をする際、「なぜなぜヒアリング」を徹底して行う。強みにつながるファクトを聞いたら、

　「なぜその顧客はそういうニーズを言うのか」

　「その顧客はどんな属性のある顧客なのか」

「そのニーズを言った顧客は、どういうシチュエーションでそれを言ったか」
「どんな時にまた同じニーズを言うのか」
「他の顧客でこういうニーズを言うのは、どういう顧客か」

など、1つひとつの「強みのファクト」に対して、どんどん深掘り質問をしていく。そうすると「そういえば、こんなことがあった」とか「言われてみれば……」などと新たな気づきが出てくる。

つまり、経営者も幹部も起こった事実に対してあまり深掘りしていないことが多いのだ。だから第三者である私たちが深掘り質問をすると、「潜在的な強み」が見えてくるのである。

(4) 「強み」を拡大し、圧倒的なナンバーワンになる仕掛け

強み特化型経営では、今ある強みをさらに進展させ、圧倒的ナンバーワンになるための仕掛けを求める。多少の「強み」があるからといって、手抜きしたりしない。いわば「強み」をブラッシュアップさせなければならない。

❶「強み」の経営資源の担当者を増やす

強みといわれる経営資源が明確なら、その担当者を増員する。収益の可能性のない部署から人を抜いてでも、強み部門の作業者を増やす。

ここで人手不足を理由に遅疑逡巡しているとチャンスをつかめない。手を掛けても成果の薄い部門や作業は外注やアウトソーシング、また撤退してでも強み部門は担当者を増員する。もし新採用でしか担当できないなら、早くマニュアル化して、熟練でなくても早期に対応できるよう急ぐ。

❷「強み」の技術的な精度・品質を強化する

強みのある商品や技術は、精度をさらに高める。2番手の3倍くらい高めて引き離す。今でも十分だと安心せず、どんなライバルが参入してきても、圧倒的なナンバーワンの品質にまで高めていく。最終的なブランディングはこの品質によるところが大きい。「やっぱりあの会社はすごい。安心だ」と評価されることである。

❸「強み」のある商品群のバリエーションを増やす

　「強み」の商材が1つでもあれば、その品揃えを増やし、シリーズ化する。その分野や関連する分野で圧倒的な商品ラインナップを早期に揃えれば、他社はなかなか追随できない。周辺商品や量目の違う商品等は補完商品であっても、主力商品である「強み商材」を助けてくれる。

❹「強み」が評価されている顧客を全国に拡大する

　ある地方のある顧客に、「強み」のある商品を求められているとする。その地方では該当する顧客数は少なく、「強み」のある商品を開発しても、そう大きな業績貢献はないだろう。

　そこで、似たようなニーズがある見込み客は全国にいるかもしれない、と考える。視点を全国、グローバルに拡げれば市場はもっと大きい。とりあえず全国規模で展開するには、WebやSNSの力を活用したり、県外の代理店の構築に着手する。

❺「強み」のPR動画、SNSなどでコンテンツを増やす

　「強み」をブランド化するには認知度を高めることだ。どんなに強みがあっても、地方の一部の顧客しか知られないなら拡がりようもない。今ならYouTubeやTikTokなどの動画、画像のインスタ、文書のブログや専用のホームページへの情報掲載でオウンド・メディア化できる。さらに継続的に広告を出すことで、ネット空間で認知度を高めることは可能だ。

❻「強み」のマーケティング担当を専任化する

　「強み商材」や「強みサービス」が横展開できないのは、マーケティングを考えられる人材配置がなされていないからである。販売員ではなく、マーケティング担当である。SNSマーケティングやフロントエンド商品の開発や仕掛け、Webでの販促やコピーライティング、リストブランディング等、これらの業務は担当営業を持ちながらの「兼務」ではなかなか難しい。専門人材を採用してもよいが、そういう人材はなかなか採用できない。中小企業なら社長が行うか、外部にアウトソーシングするかしかない。

❼「強み」の設備を増強し、生産性を高める

　「強み商材」「強みサービス」の価格を下げて拡販し、利益拡大を図るには、自動化、機械化、量産化は欠かせない。手作業しか無理といわれる業界でも、工作機械メーカーと協力して開発をすべきだろう。ただ、汎用品の工作機械ではないので、相応のコストはかかるかもしれない。しかし、これも圧倒的数量で市場シェアをとるには必要な投資である。

❽「強み」を強化するための資金調達に着手する（金融機関の内諾）

　設備投資や人材採用、広告費用をかけたりと「強み商材」「強みサービス」を成長させるには相応の資金が要る。早めに金融機関の融資を取りつけるためには、中期経営計画書の作成や金融機関担当者とのコミュニケーションはとっておきたい。成長する段階で製造資金や販促資金がないと「強み拡大」は極端にセーブされる。

❾「強み」をベースとした「中長期経営計画書」を作成する

　金融機関に従前の中期経営計画書を提出する前に、「強み商材」「強みサービス」をベースとした中長期経営計画を再立案する。これは、自社の今後の方向性を決めて、設備投資、人材配置と組織、将来の姿を明確にすることで、金融機関だけでなく、内部のベクトル合わせにもつながる。今後、会社がどういう方向に進んでいくのかを示すのである。

❿「強み」を強化する人材に技術や知識向上の研修を強化

　強みを絶対的なものにして、さらに関連する強みもゲットしていくには、人材の育成が欠かせない。特に技術研修や知識研修などの機会を設け、人材面で「強み商材」「強みサービス」の成長と安定化を図る。

　「強み特化型経営」では、いろいろな経営資源をさらに集中強化していき、その過程で新しい技術との出会いや可能性が出てくることが少なくない。そこにまた「強み」を積み上げていくことを連綿と続けていく。

Chapter 2

中小企業の実態に合った KPI 経営

1　中小企業のKPI経営

(1) なぜKPI経営が必要なのか

　中小企業においてKPI（Key Performance Indicator＝重要業績評価指標）経営を推進することには多くのメリットがある。業績の結果だけをいくら追いかけても、その業績プロセスの妥当性や行動数量の分析がなければ、なぜその結果になったのかの原因がわからない。原因が不明確だと対策の打ちようがない。
　実際に中小企業がKPI経営を推進するといろいろなメリットがある。

❶業績結果とプロセスの関連性が明確になり、共通目標のベクトルが合う
　単に売上を上げろ、原価率を下げよ、人件費率を下げよといっても、それは結果であり、いろいろな業績プロセスの延長線上で出てきた結果である。それよりも業績結果とそのプロセスの行動を明らかにすることで、社員にもその関連性が理解でき、共通目標となりやすい。

❷目先の業績に一喜一憂せず、確かなプロセスを追いかける風土に変わる
　適切な業績プロセスと行動プロセスの数量が上がれば、そのうち売上も利益も改善していく。だから業績結果で一喜一憂せず、プロセスの内容にフォーカスしてPDCAを回すことが大事だ。現状はまだ業績改善が進まなくても、プロセスが改善していけば、高い確率でその後の業績に反映される。

❸KPIを見ることで現実的な意思決定が迅速化できる
　売上や利益の結果はいろいろな要素から出来上がっており、それだけで即対策を変更するのは危険である。むしろKPIの変化やKPIの結果で知りえた市場情報や部門間連携の具体的な課題にフォーカスし、「なぜそういうKPIの結果になったのか」「どこに問題があるからそんなKPIの結果になったのか」を議論するほうが、真の具体策改善につながる。間違った意思決定を防ぐこともできる。

❹小さな業績プロセスを目標にすると達成までの距離感が近くなり、社員のモチベーションが上がる

　実力より大きく高い業績目標を掲げられると、経営者も部門長も社員も「そんな数字は無理」だと最初からメンタルが諦めてしまう。しかし、現実に即した業績プロセス目標なら到達点のイメージができる。

　KPI設定のイメージは「つま先立ちの目標」がちょうどよいとされる。足が地面にベタっと付いたKPI目標だと挑戦もないし、現状維持。背伸びしすぎたKPI目標だと、届かず自信をなくす。

❺業績プロセスが明確化するので、ボトルネック対策が打ちやすくなる

　業績プロセスとは、業績をもたらす要素（ファクター）を分解し、その中でも効果の高い事柄がKSF（重要成功要因）として可視化される。そのKSFを行動数量化するのがKPIである。したがって、KPI設定をした段階で各部門のボトルネックが明らかになり、そのボトルネック改善の行動も数値化される。

❻業績のプロセスが可視化され、金融機関や保証協会に説明しやすくなる

　経営改善計画書を要求する金融機関は、バンクミーティングにおいて計画の具体的な行動や進捗を見ている。単なる売上や利益改善の数値だけでなく、その業績プロセスであるKPI目標があり、そのKPIが具体的に進捗しているなら、売上利益がまだ改善されてなくても、経営改善は進むであろうと判断する。

- 自社の売上や利益がどういう商材からから生まれているのか？
- その商材が売れる理由は、自社にどういう強みがあるからか？
- その商材が売れるのは、どういう市場から生まれているのか？
- 商材が売れる理由のKSF（重要成功要因）や具体策は妥当か？

　これらが可視化され、根拠となる数値としてKPIが説明されると、金融機関も保証協会も再生支援センターも理解度が深まる。特にわかりにくいビジネスの場合には、KPI設定は不可欠である。

❼KPI達成のためには各部門間の連携が不可欠になり、風通しがよくなる

　KPI目標を達成するには具体的な部門間連携が必須になる。売上や利益目標を

厳しくいわれても、部門間の責任をどのように果たすべきか、よくわからない。しかし、KPIで各部門の行動が連携していることが明確になり、その行動目標をクリアするには、自部門のコミットメントを果たさなければならないとわかれば、自ずと意識が変わってくる。

このように中小企業においてKPI経営を推進することには多くのメリットと成果が期待できるのである。

(2) 大企業と中小企業ではKPIの設定基準が違う

一般的に世間で知られているKPI経営は、多くは大企業や大きな部門、マーケティングで使われることが多く、中小企業向けにカスタマイズしなければ使いにくい。見よう見まねで「わが社はKPI経営を推進している」といっても、実のところKGI（重要到達目標）経営のところが多いのが実態だ。

大企業と中小企業ではKPI設定の概念が違うのである。そこで、中小零細企業がKPI経営を導入する時のポイントを大企業のそれとの比較で整理してみる。

❶ KPI設定はシンプル化

大企業は多種多様な事業や部門を抱えているために、複雑なKPI体系を構築することが多い。反面中小零細企業では 限られた経営資源の中でKPI経営を行う必要があり、シンプルでわかりやすいKPIを設定することが重要である。

多くのKPIを設定してしまうと、管理が煩雑になり現場が混乱する。重点的に取り組むべき課題を絞り込み、重点的に少数のKPIを設定するのが望ましい。

❷ 全社員への浸透

中小零細企業では、社員1人ひとりの役割が大きく、全社員の理解と協力が不可欠である。したがって、KPIの意味や重要性を丁寧に説明し、全社員がKPI経営に参加している実感を持たせることが大事であるし、それは可能である。

例えば、全社員参加型のワークショップを開催し、KPI設定の意図や目標達成に向けた行動指針を共有する等の具体的な事前準備は必須だろう。

❸柔軟な運用

　大企業では統一感を出すため、厳格なルールや手続きに基づいてKPI経営を運用することが多い。反面中小零細企業では、小回りがきき、環境変化への対応力が高いという強みを活かし、柔軟なKPI運用を行うことができる。

　そのポイントとして、市場や顧客のニーズ、競合の動向や変化などを常に把握し、必要に応じてKPIを見直す柔軟性が求められる。

❹KPIを可視化する

　ホワイトボードや社内サイトなどを活用し、KPIの目標値や達成状況をわかりやすく可視化することで、社員全員が常にKPIを意識し、目標達成に向けて行動しやすくなる。目標達成率をグラフ化し、進捗状況が一目でわかるようにしたり、達成率に応じて色分けするなど、視覚的にわかりやすく工夫する。

(3) KGI-KSF-KPIの考え方と体系

　KPI経営を考える時、その関連概念としてKGI-KSF-KPIの相関図を意識しなければならない。KGI（Key Goal Indicator＝重要到達目標）は、最終目標である「売上」「利益」につながる戦略的目標数値である。だからKGIに「売上高120％」とか「粗利率5％改善」などの業績目標そのものを書かないほうがよい。

　KSF（重要成功要因）は、KGIを達成するために優先度の高い戦略行為や行動プロセスの内容を指す。ここでは相当具体的な内容にしないと最後のKPI設定が難しくなる。

　KPI（重要業績評価指標）は、KSFを実現するための具体的な行動数値やモニタリング可能な行動指標を指す。

　次ページのKGI-KSF-KPI体系図は、それぞれ3つのアプローチから設定していて、全部を導入するわけではない。必要に応じて選択し、KPIにフォーカスするのである。（Chapter 3で詳述）

KGI−KSF−KPI 体系図

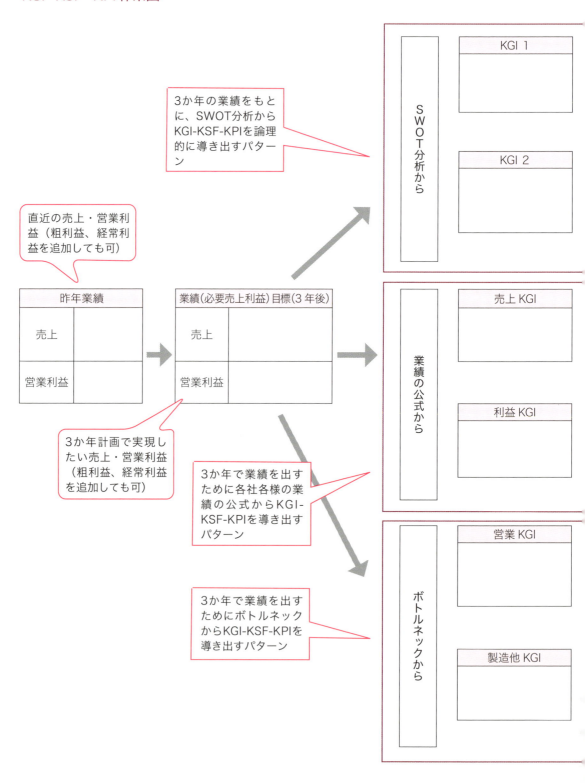

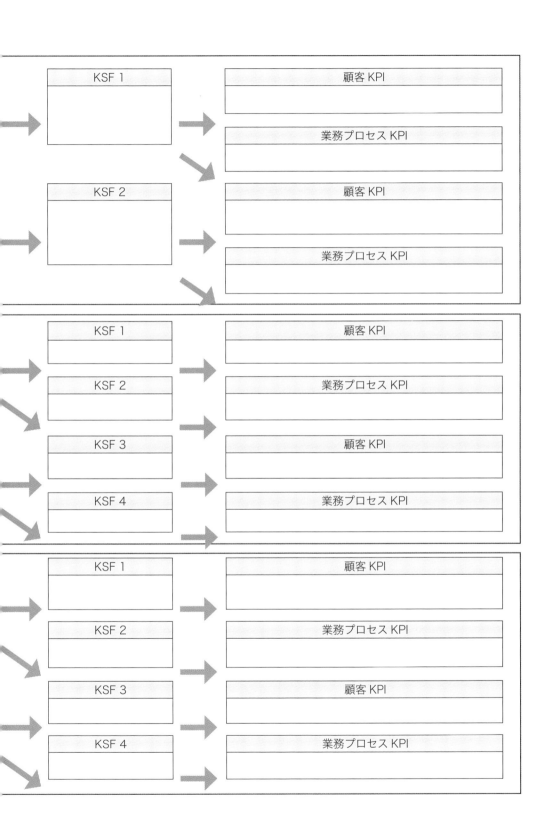

2 課題解決の糸口は「問題を細分化する」

(1) 問題を大きなくくりのまま検討しても何も見えてこない

　会社にはさまざまな問題や課題が山積している。経営者にその原因を聞くと「人の問題」「商品の問題」「仕組みの問題」に集約される。「カネの問題」はここでは脇に置いておこう（これが一番の問題だが、カネは問題改善と業績向上でしか解決できないから）。

　中小企業で問題点の整理や課題整理をする時、研修などではフレームを使って論点整理をするだろう。ところが経営者との面談では、大きなくくりの課題からいきなり具体策や改善策を議論することがある。

　会計事務所の監査担当者が社長との面談をする時は特にその傾向になる。先月の試算表をもとに業績結果から計画対比、昨年対比で経営数値の指摘を行う。粗利率が下がっていれば、粗利率の話、売上が下がっていればその話、人件費が膨らんでいればその話を聞いたりする。これらの経営数値自体も問題だが、それ以上に「なぜそうなったのか」が重要だ。そこでこの「なぜ」を聞く。

　しかし、多くの会計事務所の監査担当者は、「なぜ」を聞いてもそれ以上の深掘り質問をあまりしない。

　だから、その課題に至った固有の原因に深入りできていない。そして反省の弁で、経営者が「人手不足でね、ヒトが入ってこないから進まない」と言い訳すると、それ以上議論が進まないのだ。

　「人手不足」は大きな問題だが、それを言い訳に何も行動しないことが問題なのだ。人手不足で現場が大変なのはわかるが、やり方も発想も変えないで「人手不足で多忙だからできない」という言い訳を毎月言っている社長に対して、それ以上突っ込まない会計事務所の担当者も「所詮、他人事ですから」というスタンスなのである。

(2) ロジックツリーで問題を分解すると対策が見えてくる

　このような問題整理と原因究明の時に私たちがよく使うのが「ロジックツリー」である。ロジックツリーには「Why ロジックツリー」と「How ロジックツリー」の2種類がある。
　Why ロジックツリーとは、問題の原因を深掘りしていくツールである。Why ロジックツリーで大事なことは、絶対に「人のせい」にしないことである。「人の問題」「意識の問題」「外部環境のせい」にした時点で、今いる人材や経営資源でできるはずの仕組みやツール、新たな行動につながる真因まで深掘りができなくなる。

　次ページの Why ロジックツリーを見てみよう。
　実際の企業でも Why ロジックツリーを検討した結果、こんな内容になった。
　この書き方は、一番左に「収益に悪い影響を及ぼしている顕在化している課題」を書く。次にその右側に顕在化している課題の原因を物理的理由として書く。さらに、その原因につながっている社内の課題（人の意識とか人手不足以外）や仕組みの問題、外部環境以外の問題を書く。
　一番右には、その詳細原因の裏返しとして、「どんなタラレバを実行すれば、左記の詳細原因解決になるのか」を具体的に書く。この一番右が具体策であり、この優先度の高い対策から次の How ロジックツリーに進む（50〜51ページ参照）。

　How ロジックツリーとは、「原因の一番の課題」と「タラレバから生まれた解決の方向性」を「どのように」「どうやって」「今ある経営資源から」解決の行動や具体策の詳細化を図るものだ。
　48〜49ページの図を見ると、右に行くほどより詳細に段取りやスケジュールが記載されているのがわかる。
　このようにして、常に「どのように」「どうやって」を繰り返し、曖昧な具体策の段取りを具体的に詰めていくのが私たちが行うサポートである。

ボトルネックを見出す「Why ロジックツリー」

> 実際に顕在化している問題点

> 左記の課題につながっている直接の理由を記載。ここで「人の問題」「外部環境の問題」は言わない

	収益改善のための具体的課題（……すべきなのに、何がどうできていないか、不足しているか）※優先度の高い順に		なぜできてないのか？ その真因（外部要因ではなく、内部要因として具体的に記述）
1	既存客の売上が毎年下がり、ピーク時（2020年）から半減している	①	新規客の開拓を〇〇市以外でやってないので、じり貧になっている
		②	成長している既存客の自社シェアが低く、下落している既存客の比率が高い
2	受注価格が競争で下落し、粗利益率が20％台で低迷している	①	商品に特徴がなく、競争になっているのに付加価値がない
		②	県外の業者との見積競争が激しく、長年の付き合いだからといっても通用しなくなった
3	ベテランの従業員が定年を迎えるが、若手の技能が育っていない	①	若手へ具体的な技能教育を行わず、ベテラン任せのOJTだけ
		②	定年になっても仕事をしてもらえるという油断がある
		③	具体的な教育方法の仕方がわからず、口頭だけの指導になっている
4	ここ数年新商品が投入されていないから、顧客から飽きられている	①	以前のように展示会参加や、業者からの提案を受けていない
		②	顧客のニーズを具体的に把握していない。ニーズを聞いても対応できないので、聞かない傾向がある

Chapter 2：中小企業の実態に合ったKPI経営

> さらに、その原因になっている社内の要因を具体的に記載。ここでも人の意識とか観念的な外部環境を言わず、物理的な課題のみ掘り下げる

> ここでは物理的課題解決の可能性を「タラレバ」で書くが、ほとんど具体策に近い表現である

	できない理由の社内要因は何か（固有名詞で。何が、何だから、どうできないのか）		何がどうあれば、その原因は改善できると考えられるか
①	それぞれ担当があり、新規開拓の余裕がない	①	パートを採用して営業後方支援をすれば、新規開拓の時間がとれる
②	新規開拓するにも、開拓用の仕掛け商品がない	②	フロントエンドの低価格商品として在庫の〇〇を特別価格で提示すれば可能
①	付加価値のソフトの提供ができていない（アフター商品がない）	①	アフターサービスパックを作成し、サブスク提案する
②	既存客を継続的にフォローできる大義名分がない（御用聞きでは他社に負ける）	②	部品交換やサービスメンテで定期訪問（キーエンススタイル導入）
①	技能教育する時間がとれていない	①	残業代、休日出勤手当を出して、時間外教育の実施
②	技能教育の中身や具体的な目標がない	②	定年後の若手教育へのインセティブ手当を導入
③	自分の技能を「見える化」できず、どう教育していいかわからない	③	コンサルに依頼し、チェックリストや動画を作成する
①	こちらから探しにいく行動がない（誰が担当か明確でない）	①	年間の展示会イベント参加の計画を入れる
②	顧客調査の仕方がわからない（以前したが効果がなかったから）	②	顧客調査の仕方をコンサルから学び、サンプリングを行う

49

ボトルネックを見出す「How ロジックツリー」

> Whyロジックツリーで出てきた「タラレバ対策」から優先度の高い順に書く

重点具体策

> 左記の重点具体策を実行するために必須の主要行動、主要アウトプット、主要仕掛けを具体的に書く

重点具体策を実行するための必須の具体策
（固有名詞で何を、どうする）

※「見える化」につながる対策を含む

Ⅰ	○○市以外での新規開拓を10件以上実施	1	担当配達先を減らし、新規の訪問活動を行う
		2	低価格の新商品で開拓し、まず付き合いの実績を増やす
Ⅱ	既存客へアフターサービスとメンテナンスでの収益化	1	既存客の現場訪問を定期化し、ニーズを聞き出す
		2	メンテパックを具体的に商品化する
Ⅲ	若手への技能教育の具体化	1	若手従業員の技能スキルマップを作り、具体的な教育目標を設定する
		2	ベテランの言葉で作業注意点を文書化し、チェックリストとして活用

Chapter 2：中小企業の実態に合った KPI 経営

> 左記の必須の具体策ごとに、まず何か行い、次に何を行うという段取りを記載する

> 左記の主要段取りごとに、実行するスケジュールを詳細に書く

	具体策を実施するための段取り（具体的に作成すること・行動することの固有名詞での作業予定等）	実施期限、具体的な日程	
①	顧客別に訪問頻度基準と、顧客別の対応マニュアルを作成、市内配達をA君、B君に30件を振り分ける	訪問基準と担当顧客別対応マニュアル作成	24年6月まで
		A、B君への割振り先30件の同行訪問	24年7月まで
②	ターゲット客を選定し、PR用のパンフを作成する	市外のターゲット新規客のデータリストアップ	24年5月まで
		PR用パンフ作成（PPで）	24年6月まで
①	タイプの低価格品をさらに割引して、販売（ただし低価格に相応しいサービス体制を先に決定）	低価格のサービス対応の決定	24年6月まで
		Aタイプの利益率計算で最大値引き幅決定	24年6月まで
②	メーカーや外注先に市外のターゲットを紹介してもらい、パンフとAタイプをPR販売	メーカー、外注先へ紹介依頼	24年5月～
		販売開始	24年8月～
①	ニーズアンケートの作成と配布回収	ニーズアンケートの作成	24年9月まで
		ニーズアンケートの配布回収	24年10月まで
②	アンケートをもとに顧客現場でヒアリングし、ニーズを聞き出し、社内会議で方針決定	アンケート結果の現場ヒアリング実施	24年11月～
		社内会議で仮説と検証を繰り返す	24年12月～
①	メンテパックの原価計算と提案用企画書作成	メンテパックのケース別の原価計算で、価格の決定	25年1月まで
		メンテパックのケース別の提案企画書、PRパンフ作成	25年2月まで
②	メンテパックの技術確定までの顧客テストマーケティング	メンテ内容の技術確定のため、低価格で3社へのテスト定期メンテ実施	25年4月まで
		メンテパックの受注と施工開始	25年6月～
①	現状作業工程の整理とスキルマップ作成	現状工程の整理	24年5月まで
		個人ごとスキルマップ作成	24年6月まで
②	スキルマップ後の個人ごと技能目標と教育予定の決定	個人ごとのスキルマップの結果を個人面談して伝え、技能目標を設定	24年7月まで
		個人ごとの技能目標の達成のための教育方法の面談	24年8月まで
①	ベテランの作業注意点を聞きながら、現場でビデオ撮影	作業ごとの現場で注意点を聞きながら、ビデオ撮影実施	24年6月まで
		ビデオ撮影後、ライティングして文書化	24年7月まで
②	作業ごとのチェックリストを作成し、教育	ライティングされた文書をもとにチェックリスト作成	24年8月まで
		チェックリストを各現場の掲示または、作業報告書にも記載	24年9月まで

(3) 前期の反省をするロジックと問題細分化

　しかし、実際にはいつもこのようなロジックツリーを検討できるわけではない。そのような研修があればベターだが、なかなかそういう時間がとれないものだ。

　また、毎月監査をしている会計事務所にしても、まとまった時間がとれて、専門的な指導におカネを払う顧問先は限定的だろう。

　顧問先には毎年決算月が来て、次年度の経営計画を支援している会計事務所も多いだろう。経営者にしても、1年が終わり、新たな1年が始まる時には「今年は……頑張ろう」と思うはずだ。

❶ 前期の反省は必須

　その時にしっかり支援してほしいのが「前期の反省」である。「過去を振り返らない」とばかりに前期を見直すこともなく、また新たな年度の計画ばかりに視点が行きがちなのが中小零細企業だ。反省が浅ければまた同じ失敗を繰り返し、会社の仕組みや意識を変えることができない。だから毎年同じことの繰り返しで成長がない。

　その前期の反省に次ページのロジックツリーを使うと、次年度の方向性や対策が詳細に見えてくる。

　前期の反省では、すべてが反省すべき「悪かったこと」ばかりではない。中には次年度へつながる「よかった点」もあるはずだ。次年度によかった点をさらに横展開し、拡大・再現化するためにも、「なぜよかったのか？」その要因分析をしなければならない。

　「できなかったこと」「反省点」は当然、なぜなぜ分析で次年度に改善できるように具体的に見直し、行動の改善が必要だ。

　このように前期の反省をロジカルにヒアリングすることで、経営者や幹部の頭の中も整理されれば、次年度へ向けての活動が進みやすくなる。

❷ 「よかった点」と「反省点」を明確にして、次年度計画に活用する

　そして、この2つの反省（よかった点と反省点）から、次年度の経営方針や経営の具体策を整理していくのが次のフレームである。中小零細企業の経営方針を

整理するのに「簡単」でわかりやすいと定評がある。

　このフレームのよいところは、よかった点も反省点も、ヒアリング内容が予め記載されており、それに沿って聞くだけでフレームに書き込めるようになっていることである。

　経営者は自分で言いながら、自分で反省し、自分で気づきが起こるので、このフレームは見せながら記入したほうがよい。

　このフレームは私たちが支援している会計事務所において、顧問先の決算対策や次年度の計画づくりの際に活用してもらっている。非常に使い勝手がよいようで、会計事務所から重宝されている。

今期の振り返りと来期戦略検討シート

振り返り事項		聞くポイント	何があった	なぜそうなった
よかった点	既存客	●受注が増えた既存客 ●既存客の変化でプラスになったこと	●	●
	新規客	●新たに増えた新規先 ●新たな引き合い先	「聞くポイント」に沿って具体的な顧客名、商品名、対策名とその良かった結果の内容を5W2Hで箇条書きにする	各項目で左記の「良かった出来事」に対して、なぜよかったのか、相手先の都合や外部環境だけではなく、自社の対策でも効果を出したことを箇条書きにする
	商品	●売上や引き合いが増えた既存商品 ●新たな商品の可能性が出たこと		
	原価面	●値上が伸びた顧客 ●労務費の上昇を抑えたこと	●	
	マーケティング・販促	●販促企画で奏功したこと ●Webや新たなきっかけで出てきた案件	●	●
	社内・人材面	●採用でうまくいったこと ●役割分担や仕事の配分で進んだこと	●	●
	資金面	●融資面 ●設備投資面	●	●

振り返り事項		聞くポイント	何があった	なぜそうなった
課題	既存客	●受注が減った既存客 ●既存客の変化で起こったこと ●次につながるクレーム	●	「何があった」のその原因、背景を具体的に箇条書きにする。外部環境や先方の都合、そして社内の課題を固有名詞で整理する
	新規客	●攻略の努力をしたが開拓できなかった新規	左記の「聞くポイント」に沿って具体的にどこで何がどうなったと箇条書きにする	
	商品	●売上減少した既存商品 ●利益率低下が大きい既存商品		
	原価面	●原材料値上げが大きく価格転嫁できないもの ●外注費、労務費で増えたもの		●
	マーケティング・販促	●販売の仕掛けで計画したが成就しなかったこと　など	●	●
	社内・人材面	●離職 ●社内トラブル	●	●
	資金面	●資金繰り ●コストアップ	●	●

そうなった原因の社内のよさや努力は何か（具体的・物理的要素）	それをもっと伸ばす、拡大するためにどんな行動（5W2H）が必要か		来期基本方針と具体策	
左記の「なぜそうなったのか」の背景で、自社の過去からの努力やある社員の顧客が認めてくれた行動について、精神論ではない「具体的行動の事実」を箇条書きにする	左記の「社内のよさや努力」が少しでも効果があった誰かの行動をもっと横展開したり、社内の仕組みにするためには、どういうルールや戦術をとるか5W2Hで箇条書きにする	顧客対策	・ ・	左記の「よかった点」から「さらにもっと伸ばす・拡大するためにどんな行動」から具体的な行動対策名を顧客関連なら「顧客対策」の欄に、商品関連なら「商品対策」の欄に、「社内の仕組みや人材教育、制度面なら「人材対策」の欄に、コストや融資、設備投資などの資金に関する場合は「資金対策」の欄にポイントを絞って箇条書きにする。 同じく、「課題」からも上記同様にピックアップする
・	・	商品対策		
・	・			
・	・			
そうなった具体的・物理的社内の原因（抽象論ではなく具体論）	再発防止や改善策としてどんな行動（5W2H）が必要か⇒半期の行動計画や来期対策に必要なこと	人材対策	・	
「なぜそうなったのか」から自社の問題にフォーカスする（外部要因は書かない）。聞き方は「もし○○していれば、もっと防げていたことはないか」などで、社内の商品力、仕組みや人材教育、ルールを具体的に書く	「さらにそうなった具体的・物理的社内の原因」を改善するために、誰が何をどうすると具体的に箇条書きにする。ここでは来期の対策にも連動するので、固有名詞にこだわる		・	
・	・	資金対策	・	
・	・		・	
・	・			

3 KGI−KSF−KPI の体系

(1) ダイエットの KGI−KSF−KPI 体系

　KGI−KSF−KPI の体系と流れ、具体的な意味合いを理解するために、再度ダイエットにおける KGI−KSF−KPI の事例で解説する。

　第1章2−(4)で「ダイエットの公式」を分解した。ここではもっとロジカルに体系立てて考えてみる。

- 最終目標は現在 75 kg の体重を 70 kg に減量することに決めた。
- これまでもダイエットは継続せず成果なし。これまでのダイエットが論理的なバランスがとれていない偏ったダイエットをしていたからだと自省している。
- そこで明確な数値目標の設定とレコーディング（記録管理）によってダイエットを図ろうと再挑戦。
- KGI（重要到達目標）は3つ「運動量目標」「食事量目標」「基礎代謝量目標」。
- 「運動量目標」では、「食事後の散歩」と「休日サイクリング」の実施。
- 「食事量目標」ではカロリー管理と1日カロリー上限を設定。
- 「基礎代謝量目標」では、ジム通いと体幹ストレッチ。
- KSF1 の「食事後散歩」での KPI では、「1日 5,000 歩または週3万歩で 350 kcal 消費」の数値目標。
- KSF2 の「休日サイクリング」での KPI は、「サイクリングの距離 50km や休日できない時の早朝サイクリングでの距離」設定。
- 3つの KGI、6つの KSF、9つの KPI を実践していけば、成功確実と確信。

　以上のように、ダイエットを例に KGI−KSF−KPI を体系図にしたのが58ページの図である。

(2) 預貯金のKGI-KSF-KPI体系

次は預貯金で考えてみよう。

- 現在500万円の貯金を5年後に1,000万円にしたいというロジックで整理。
- KGIとして「飲み会コスト削減」「総菜弁当・コンビニついで買い廃止」「定期預金実施」の3つを指定。ここが預貯金の原資だと決めた。
- 「飲み会コスト削減」のKSFでは「飲み会以外のコミュニケーション」や「飲み会負担や回数の減少」を目論んだ。
- その結果KPIでは「飲み会ではなくチームランチの回数」や「休憩時間にスイーツタイム回数」に設定。
- 元々飲み会もコミュニケーション目的なので、「飲み会以外でのコミュニケーション」を模索した結果、一挙両得となった。
- 「総菜弁当廃止」でのKSFは、自炊と自ら調理をするクッキングパパに転身。
- KPIとして「休日の料理まとめづくり」「インスタアップ回数」などを設定。

預貯金の在り方は各自各様なので、その条件に沿ってロジカルシンキングをしていけば、オリジナルの預貯金体系ができるだろう。(59ページ参照)

KGI–KSF–KPI体系図（ダイエット編）

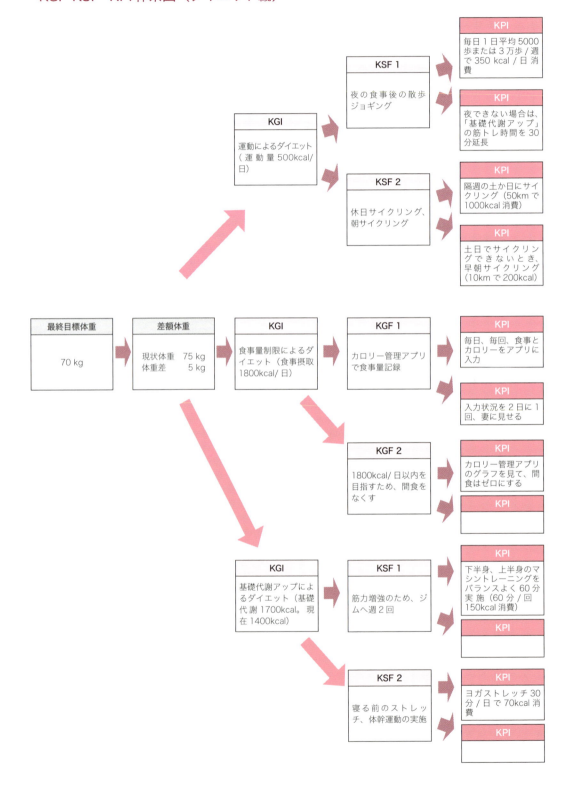

KGI-KSF-KPI体系図（預貯金編）

最終目標貯金(5年後)
1,000万円

差額金額
500万円（100万円×5年）

KGI: 外食と飲み会の削減（駅までの近場に酒場通りにあり、誘惑負けと仲間との懇親で利用していた。部下におごっている）⇒月間3万円削減

- **KSF 1**: 部下仲間と飲み会をしないでも懇親の場を持てる
  - **KPI**: 飲み会をゼロにして、会社から支給される福利厚生費でチームでランチを取りながらコミュニケーションを図る
  - **KPI**: 休憩時間の福利厚生費からのスイーツタイムでコミュニケーションを図る
- **KSF 2**: 部下仲間と飲みに行く回数を減らす、または低価格チェーン店で懇親の場を作る
  - **KPI**: 飲み代の払いを全額驕りから、50％負担で残りをメンバーで割る⇒月間平均2万円が1万円に
  - **KPI**: 夜の飲み会を減らし、ランチで懇親の場を持つ⇒月1回分の飲み会費用削減⇒月2万円削減

KGI: コンビニ・スーパーでの弁当総菜購入、ついで買いの廃止（週2回）月間1万円の削減

- **KSF 1**: 完全自炊で弁当総菜購入をなくす
  - **KPI**: 毎週日曜日に「料理のまとめ作り」で5日分のおかずを作る
  - **KPI**: YouTubeで料理動画を参考に毎週2品調理
- **KSF 2**: 妻の帰りが遅い時、総菜を買うことが多い。妻に料理を依存せず、自分であるもので料理を作る回数を増やす
  - **KPI**: YouTubeで料理動画を参考に毎週2品調理
  - **KPI**: 自分で料理したものをインスタで毎週2～3回アップする（承認要求を高める）

KGI: 生活がキチキチな中で定期預金を実施（毎月4万円定期）

- **KSF 1**: 副業で別途収入を得る（年間20万円）
  - **KPI**: クラウドワークスや主婦テック、ランサーズに登録し、週1回仕事を請け負う
  - **KPI**: クラウドワークスなどに自分の実績を週1回アップし、受注につなげる
- **KSF 2**: クルマをカーシェアに切り替える（ガソリン代、駐車場代）＝年間30万円削減
  - **KPI**:
  - **KPI**:

(3) 住宅会社のKGI-KSF-KPI体系

実際の企業でのKGI-KSF-KPIの体系図を見てみたい。

この住宅会社は今期「売上3.5億円」「経常利益500万円」、今後3か年で「売上5億円」「経常利益3,000万円」の目標を掲げている。そこで、下記の3点をKGIとして設定した。

❶ KGIの設定

- 普及帯価格の競合が激しく、利益がとれないことから、坪単価80万円のやや高価格帯注文住宅の受注。
- 営業の人海戦術だけでなく、SNSやWebからの引き合いを増やし、そこから年間3棟を受注。
- 工期が伸びることで粗利率が悪くなるので、予定工期順守により粗利率25％を達成。

❷ KSF-KPIの設定

次に、それぞれにKSFとKPIを設定。
1点目の「住宅単価の高ブランド化で坪80万円の商品化」というKSFについては、以下のように設定した。

- 第1点目は『知名度とイメージを上げるUSP（独自のウリ）」の広告』
  その背景には健康素材の平屋に強み（USP）があり、それを富裕層や老後の余裕資金保持者を対象に訴求（SWOT分析から捻出）。
- KPIは「健康素材の平屋」についてこだわった箇所や施工物件紹介などで、月間10本のYouTube動画（自社内では編集能力がなくアウトソーシング）。
- 知り合いのメルセデスベンツ販売店の社長、BMW販売店の社長とコラボ企画で、年間50名のリスト収集をKPIとして設定。

第2点目は「大工が買う家」というKSF

- 「歯科医が通う歯医者」「外科医が手術を受けたい外科医」なら安心するように、「何十軒も家を建ててきた大工自身が自分も将来安心して暮らせる家」を施主に提案するなら、説得力は高まる。
- 普通の住宅会社なら必要なオプションをつければ、どんどん値上がりするところを「大工の知恵」でコスト削減提案をPR。

KPIでは、「社員大工の原価同然で自宅をつくってもらい、それを内覧会で「年間数回使用する」という条件にした。

- 住むのは1年先だが、会社はその間展示場と企画に使うことができ、社員大工は普通の家より30％ offの価格で持ち家が持てるという条件にした。一般的に住宅展示場や自社モデルハウスを造ると建設や維持に数千万円かかる。それがほぼ無料なのだから、会社も社員大工もwin-winである。

KSFの抽出は、事前に行ったクロスSWOT分析の「固有の強み」「攻めるニッチ機会」を明確にして、その掛け算である「積極戦略」をKSFとして活用するアイデであった。だからこの具体策は経営者、幹部も自信を持っているので、即行動に移すことができた。

KGI-KSF-KPI体系図（イメージ）

最終必要売上・利益
売上 5 億円
経常利益 3,000 万円

→

差額売上・差額粗利
差額売上 5,000 万円
差額粗利 1,000 万円

KGI
顧客数に対して、3 年以内に開拓した新規顧客が 30％以上が生命線

KGI
A 商品の B 地域シェアを 30％にする

KGI
加工高に占める外注比率を 15％以内にする

- 必要売上・必要経常利益は返済から逆算して算出
- 差額売上は昨年売上と必要売上の差額
- 差額総利益は昨年総利益と必要総利益の差額
- その差額売上・総利益を実現する KG（重要到達目標）である
- KSF はこの KGI を実現するための重要成功要因のキーワードである
- KPI はその KSF のプロセスを数値目標化したものである

KSF 1	KPI
展示会集客と会員登録を拡大する	顧客からの紹介新規先を営業部で、展示会前に10名以上の名簿収集
	展示会名刺獲得50枚/回、メルマガ登録数20件以上/回

KSF 2	KPI
提携先と営業同行を増やす	提携先での営業勉強会、説明会回数…5回/月
	提携先営業との新規客同行回数…30回/月

KSF 1	KPI
シェア拡大の新商品の開発	商品開発アイデア収集…10件/月
	商品開発試作数…20品/年

KSF 2	KPI
旧製品でストアカバレッジ拡大	A商品BtoC直販販売先登録数20名
	A商品の特売取扱店舗…20店

KSF 1	KPI
外注先毎の事前工程数値管理の徹底	初期工程表順守率…70%以内
	事前外注先手配率…80%確定

KSF 2	KPI
計画的別注品の予製の徹底	計画的予製別注品のライン外生産率…70%以上
	年間計画での概算予製売上、3000万円以上

4 医療・福祉も KPI 経営で現場が変わる

　私は長年、病院や福祉施設のコンサルティングを行い、現在でも常時3〜4法人の経営顧問やコンサルティングをしている。

　国の保険制度で決められている医療や福祉は、一般企業と違って、自助努力だけで収益を上げる機会は限られている。いろいろある加算の漏れを防ぐとか、新規事業の施設展開の可能性もあるが、そうそうアイデアがあるわけではない。

　むしろ、医療収入も介護収入も高齢化と国の財政の影響を受け、毎年厳しい改訂がなされている状況だ。

　収入確保が難しくても収益を上げないことには、高騰する人件費に対応できず、職員の離職や最悪閉鎖に追い込まれかねない。

　過去にも、病院や施設の理事長や院長、施設長、事務長から「コスト削減につながる経営を推進したいので、協力してほしい」と要請されたことがあった。

　今回紹介する社会福祉法人では、長年のコンサルティング支援の中で人事評価制度、事業部別ビジョンと経営計画、カイゼン活動、人材育成研修などさまざまな取り組みを10年間にわたって行ってきた。その中で、職員の行動に直結する目標管理を行い、それを賞与に反映したいとの要望から、次項に説明するKSF-KPIを設定した。

　このKSF-KPIは、私たちが施設長や幹部に深掘り質問とヒントを随時提供するコーチングを行う中で、クライアント自身が見出したものを、私たちが整理し理論づけをしたものだ。

　この社会福祉法人のKGI-KSF-KPIの全体像は「稼働率」「収益」「人財育成」の3層から成る。それぞれについて解説する。

(1) 稼働率向上につながる KSF-KPI 設定

　稼働率を上げるために何が一番の課題かを聞くと、それは「入院すること」だった。高齢者が病院に入院すれば、その間のサービス利用がなくなり、収入が減少する。しかも、いつ退院するかわからないことから、空きベッドを他の利用者に使ってもらうことも難しく、空床になりがちである。

　したがって、日頃からの健康管理をすることになるが、その健康管理の中身を聞き出すと、KSF のような「転倒転落」「風邪」「誤嚥性肺炎」「褥瘡」などであった。そこで、そういう症状を防止するための行動とその行動数量を KPI としてそれぞれ設定した。

分類	No	KGI のポイント	KSF	KPI
稼働率	1	利用者の日頃の健康管理による入院を減らす(1)	転倒転落のアクシデントを未然に防ぐことで入院を減らす	◇小さな段差、つまづく可能性のある箇所の補正・対策数 ◇利用している福祉用具種類や調整の定期見直し、点検回数目標に対する達成率 ◇過去の転倒箇所で、類似事故ゼロ目標
稼働率	2	利用者の日頃の健康管理による入院を減らす(2)	冬場の風邪症状と事前把握と対策で入院を減らす	◇過去風邪で入院履歴のある利用者の再発ゼロ ◇利用者の家族面会、外部活動での衛生強化策（風邪予防の啓発）を 9〜10 月中に実施した実施率（人数/50 名）
稼働率	3	利用者の日頃の健康管理による入院を減らす(3)	食事が影響した誤嚥性肺炎による事前把握と対策で入院を減らす	◇利用者の随時のリスクを見て、食事形態の変更回数が年 1 回から複数回実施数（50 回/実施数） ◇質のよい嚥下体操時間の確保割合（例：平均 5 分実施の達成割合） ◇質のよい食後の口腔ケア（入歯、歯磨き）の時間確保割合（決定した時間と内容での実施率） ◇嚥下リスクのある利用者のカラオケ実施回数
稼働率	4	利用者の日頃の健康管理による入院を減らす(4)	床ずれが原因による入院（転落、褥瘡の悪化）を防ぐことで稼働率の低下を防ぐ	◇褥瘡の可能性ある利用者に対して、皮膚が赤くなる等の前兆を見逃さない除圧の実施数（時間当たりの実施数＝ 2 時間 1 回に実施率等） ◇特定利用者に除圧するためのアイテム（クッション、抱き枕等）の実施数
稼働率	5	入院以外の死亡退所による空床期間を減らす	入院 1 か月経過時に、次の予定者へアプローチを図る	◇待機優先家族に対して、即入所の意思決定の家族同意が 1 週間以内に得られる率

(2) 収益増につながる KSF–KPI 設定

　収益については、収益を悪化させている要因を5つ挙げてもらった。すると、離職や残業、おむつ等の自分達でできる KGI が出てきた。

　残業削減と職員の離職はリンクするが、各 KSF でどういうポイントにフォーカスすれば、各 KGI が改善するか議論した。

　すると次表の KSF になった。この KSF を行動数値化するよう誘導すると、表右側の KPI が設定された。この KPI が改善されれば、KSF 改善になり、KGI が達成し、収益改善につながるというロジックになったわけである。

分類	No	KGI のポイント	KSF	KPI
収益	6	業務内容と時間の効率化で残業を減らす	各業務（排泄、食事、入浴）の短時間化と、頻回の業務を効率的に即実行できる状態にしている	◇要時間の利用者とそうでない利用者のランク分けと標準時間設定の実施率 70％以上 ◇各業務の頻回利用者のカイゼンアイデア提案数＝3件／月
収益	7	下剤とオムツの使用率を下げる	下剤を服用した利用者の服用頻度が下がることで QOL と下剤依存率が下がる	◇常時下剤服用者に対して、腸の活発化を促す機械運動やお腹のマッサージ（質のよいパターン化されたもの）の回数や時間 ◇新たな排便促進のアイデアを実施数（例：カラオケ、腹式呼吸、排便時に姿勢補助グッズ等） ◇3日連続排便なしの延べ数が先月より減少した数
収益	8	離職ゼロの具体的な取り組み	職員と管理職との個別コーチング回数が多いことで、事前に職員の不満や課題を把握し、離職防止につなげる	◇管理職が自分のチームメンバーに対して、個別コーチング面談または立ち話コーチングを毎月1回実施率
収益	9	職員の健康管理による欠勤の減少	健康診断の再受診率を上げることで、要観察、要治療、要精密の指摘を受けた職員が適切な受診をし、結果的に欠勤を減らす	◇各部門の再受診率(診断書後1か月以内)の実施率 ◇個人ごと健康増進対策（例：ウオーキング、禁煙、朝食摂取等）の延べ実施率
収益	10	会議内容と時間の効率化で残業を減らす	サービス担当者会議で、多くの議論と決定を短時間で進めるために、それぞれが事前に情報把握の数量を増やす	◇サービス会議までに利用者の食事・排泄・入浴の具体的問題点を、各専門職ごと3つまとめて参加。その延べ実施率

(3) 人材育成につながる KSF-KPI 設定

　じつは、KSF-KPI は人材育成の数値化にも有効だ。「人材育成」などという抽象的な行動指針でも、その行動数量を示すことは可能である。職員との面談回数、指導用の手順書、動画作成数、カイゼン・ヒヤリハット提出数等は思いつくだろう。

　面白いのは「お褒めの回数」である。これはフロア長や幹部が定期的に利用者や家族から職員の「お褒め」を聞き出す数。よく聞き出せる幹部の部下のお褒めの回数は増えていく。反面、あまり聞き出せない幹部や「お褒め」に該当する行為が少ない職員には、そういう声が出ない。

　多少の不公平感はあるが、利用者や家族とのコミュニケーションやサポートのレベルには参考になっている。

分類	No	KGI のポイント	KSF	KPI
人材育成	11	職員のオンライン教育機会を増やす	動画教育後の視聴シートを回収し、そのコメントを返すことでスキルアップ状況や感想を把握する。同じ動画でも毎回、異なる感想を見抜く	◇動画視聴シート回収数：2枚/人
人材育成	12	リーダーと職員の face to face のコーチング面談をする	評価面談、キャリアアップを目的として、どれくらい確実に、もれなく職員面談ができているかを見る。所属長月報のコメントを確実に返す	◇正味面談回数　年2回×職員数 ◇個人面談用シートの年度ごと目標の記入率100% ◇所属長月報の中にある個人ごとの課題やできたことにフィードバック100%（コメント返しや面談で）
人材育成	13	業務手順書、作業動画順守状況の監査件数	動画マニュアル、手順書、ルールの取り決めどおり実施できているか確認し、注意指導した結果	◇現場指導指示数、指示メモ提出数 30枚
人材育成	14	カイゼン件数アップ、ヒヤリハット件数	自発性と積極性が増えることを誘発させる	◇毎月カイゼン件数：2件/5名 ◇毎月ヒヤリハット件数：4件/5名
人材育成	15	おほめの回数	利用者からどんなお褒めをいただいたり貢献をしたか、管理者が毎回聞き出し、リアルに朝礼などにフィードバック	◇毎月30件の「個人名入りお褒めの言葉」回収 ◇毎月20件以上の「個人名入りコンプレイン」回収 ◇お褒めの回収該当従業員10名以上

Chapter 3

KPI監査の効果を高める工夫と手順

1　KPI監査の目的

(1) KPI監査とは何か

　KPI経営がいかに業績改善に有効かを解説してきたが、重要なのは、KPI経営を学び、開始することと同時に、継続してモニタリングをしていかなければ効果はないということである。

　そこで、中小企業のKPI経営を支援し、KPIの進捗を管理し、モニタリングしていくことを私たちは「KPI監査」と呼んでいる。

　KPI監査をすることで、中小企業のKPI経営をサポートし、KPIが確実に実行されているかをチェックする。そして、それが経営改善に寄与していなかったら、行動計画の修正などの再推進事項を支援する専門家を「KPI監査士®」とした（「KPI監査士」は株式会社RE-経営の登録商標）。

　RE-経営はKPI監査士を下記のように定義し検定制度を推進している。

> 　企業の業績改善のための行動プロセスを指標化し、そのファクトを継続的にモニタリングしながら、業績改善を伴走支援する専門家であり、しかもその企業の「強みを活かした経営戦略」も同時に立案し、経営計画まで反映させることで「社長と社員に自信を与え、笑顔にする」プロモーターである。

　したがって、実際にKPI監査を支援する者は、中小企業診断士、コンサルタント、税理士・公認会計士、社労士及び、金融機関に従事している人が多い。

　私は、KPI監査を実施すると、「社長と社員に自信を与え、笑顔にする」ことにポイントを置いている。弱みの指摘では自信も笑顔もない。KPIが容易にできるレベルまで落とし込んで理解してもらい、少しでも効果が見られたら「すごいですね。いい感じです」と大げさに褒めることもKPI監査士の役割である。

(2) KPI監査で大事な5つの工夫

　KPI監査を推進するにあたって留意すべきことは以下の5点である。この考え方を持たないとKPI監査自体が継続しないし、その結果、業績改善が進まない。

❶いきなりKPIを決めない

　第一は、「いきなりKPIを決めない」ということである。

　KGI-KSF-KPIを聞き出せると、さっそく経営者、幹部などからヒアリングしてKPI設定をしたくなるだろう。しかし、本書をよく読むなど、十分に理解して取り組まないと失敗する確率が高い。なぜなら、多くのKPI設定は「弱み改善」「Must」（……ねばならない）から設定したくなるからである。これは指導するコンサルタント、税理士にその傾向があるからでもあるが、KPI監査の理論を多少学んだ経営者・幹部もそういう発想になりがちだ。

　しかし、本書で紹介しているKPI監査の理論は、「強みを伸ばすKPI設定とKPI監査」である。

　したがって、第4章で解説する3つのアプローチ（クロスSWOT分析、業績の公式、ボトルネック）を念頭においた支援をしないと、「社員が自信を持って取り組むKPI経営」にならないのである。

❷KSF-KPIはコーチングしながら相手に考えさせる

　KGI-KSF-KPIを設定する時、コンサルタント、税理士はよく先回りしようとして、自らアドバイスする傾向がある。KGI-KSF-KPI設定と行動計画、KPI監査モニタリングで大事なことは、相手（経営者、幹部）に具体的にかつ深く行動できるレベルまで考えてもらい、言語化してもらうことである。われわれKPI監査推進者は、それを5W2Hで整理して提示し（「見える化」し）、双方が意見や想いを共有していく。

　したがって、実際の指導はコーチングメソッドを使った支援がベースになる。KPI監査は、KPI設定から監査モニタリングまですべてコンサルタントが指導するのではなく、相手に具体的に言語化させていく支援であることを忘れてはならない。

❸ KSFもKPIもヒントの出し方次第

　仮に相手（経営者・幹部）の思考が整理されず、沈黙やピント外れの意見が出るようなら、コンサルタント、税理士等は、検討しやすいヒントを出して、いかに思考の整理を進めてもらうかを考える。

　そのヒントは大きく2つある。1つは「誘導ヒント」である。誘導ヒントとは、相手が話した言葉をさらに具体化するメソッドである。

> - このKGIを達成するために、社長が優先的に取り組みたい具体策は何か？
> - その具体策で、社内の誰に何をどうしてほしいのか？　➡ KSFへの誘導
> - これをKSFにした時、その重点行動は何か？　➡ KPI落とし込みの誘導
> - その重点行動をするためには、どういう準備や段取りが必要か？　➡ KPI行動の絞り込みの誘導
> - その重点行動の準備や実践を数量でモニタリングすると、どういう行動数量を設定する必要があるか？　➡ KPI設定への誘導

　ヒントのもう1つは「異業種事例」である。これは、日頃から経営情報や業種事例を学ぶことでしか手に入らないだろう。最近は、生成AIを使って固有のヒント出しもできるし、適切なプロンプトさえ入力すれば独自のKPIまで提案してくれる。

　ただ、AIが出したKPIをそのまま使用せず、行動数値のレベルにまで落とし込むChatリレーをしたほうがよい。これは、あくまでもコンサルタント、税理士等のKPIヒントとしての裏の取り組みだ。生成AIでのKPIを経営者幹部に見せたら、そこで「思考停止」になり、できたような気になり、その後のアクションプランも思考が浅くなりがちになる。

　大事なことは「しっかり思考する」ことであるので、KPI設定の場で生成AIをフル活用することは制限したほうがよい。

❹ KPI監査モニタリングはPDCAの連続

　KPIを決めたのち、KPI監査として定期的にモニタリングをしていく「KPI監査モニタリング」とは、「決めたKPIの進捗を確認し、その達成のための行動計画を5W2Hで修正していくヒアリングと文書化の作業」である。

　一度決めたKPIもそれに沿った行動も、一朝一夕には進まないことが多い。

決めたKPIの未達が続き、修正行動計画も実行されない場合も多々ある。

　しかし、諦めずに毎回PDCAを回し維持していくのが本来の「KPI監査士」の役割である。KPI監査をする人が「この会社は決まったことを決まったようにしないからダメだ。KPI監査をしても効果ない」と諦めたら、それで終わりである。

　経営者が自らチェックやモニタリングできないKPIのPDCAを何とか回していくのがKPI監査士なのだから、経営者から「KPI監査の効果がないから止めたい」と言われないかぎり、こちらから止めることを進言するのは避けたい。

❺ **実行されないKPIはより小さく分解する**

　だが、一度決めたKPIが毎回未達になり、その未達理由も「仕方ない」というケースもある。例えば、「社員が辞めて、KPIを推進する担当者がいなくなった」とか「他の優先度の高い業務に追われ、KPI行動にまで手が回らない」などだ。

　このように毎回チェックしてもKPI行動ができない時には、その要因としてKPIやアクションプラン（修正行動計画）が少し大きい場合が多い。そういう場合は、もっと小さな単位のKPIに落とし込んだり、アクションプランも、もっと小さなものに変えるほうが現実的になる。

2 KPI監査を実施すると、なぜ業績改善が進むのか

(1) もともとある「強み」をさらに伸ばすKPI設定

　「KPI監査をするとなぜ業績改善が進むのか」と疑問に思う人もいるだろう。だが、論理的に考えれば、KPI監査で業績がよくなるのは自明の理なのだ。

　その一番の理由は「もともとある強みをさらに伸ばすためのKPI設定」だからである。

　これが一般的なKPI設定やKPIのPDCAと違うところである。一般的なKPI設定は、以前にも述べたように「弱み改善」「Must」からのものであり、「好んで取り組むKPI」ではない。むしろ「苦手意識のあるKPI」が多い。

　だが私たちが推進するKPI設定は、第4章で詳述するとおり、「強みをさらに伸ばすクロスSWOT分析」から生まれたものである。もともと少し得意で、評判もよく、自信のある行動をKPI化している。だから行動も早いし、自信がある事項なら、成果が出やすいのは当然であろう。

(2) 第三者からのチェックによって、野放しになるのを防ぐ

　KPI設定時は経営者も幹部もそれなりに意識して取り組むはずだ。しかし、日々の業務やスポットで発生した案件などで忙しくなると、途端にKPIのことはいったん棚上げになりがちである。そうして野放しになったKPIのチェックは、それに関連する事象が起こらない限り「お蔵入り」になる。外部からのチェックがないと、自社チェックが働きにくい（これは大企業でも似ている）。

　ある経営者は「先生がKPIをしつこくチェックしてくれるから、何とか忘れず少しずつ行動しているが、言われなくなったらKPIは雲散霧消していた」と述懐している。

（3）KPI監査で決めたことを数値でチェックできる

　KPI監査と通常のアクションプランチェックは大きく異なる。KPI監査では「行動したかどうかは数値や数量で判断する」いわゆる定量チェックである。アクションプランチェックは、「誰がいつどうした」という行動内容に対して確認する定性チェックである。この定性チェックはどのくらいの深さや内容で行動したか、よくわからない。言い訳が通じる世界なのだ。

　定量チェックであるKPI監査は、結果が行動数値になるので、言い訳は関係ない。言い訳のできない冷徹なKPI監査だからこそ是々非々が明確になるのである。

（4）決定事項どおりできない場合、修正行動計画を5W2Hで再決定

　当初決めたKPIどおりになかなか実行できなかったり、新たな課題が発生してKPI行動も変化をともなうこともある。その時は、KPI達成のために次回までの修正行動計画を5W2Hで聞き出し、言語化するのもKPI監査士の役割である。

　その修正行動計画が再決定事項として関係者に認知され、KPI監査モニタリングシートに入力される。そのシートが次回のモニタリング時にチェックされるのである。

（5）KPI監査での進捗結果を賞与に反映させる

　最近私たちが行っているKPI監査では、期首の経営計画作成時に設定したKPIを部門別、個人別に落とし込み、賞与の判断基準として導入するケースが増えている。個人の努力では判断しにくいが、部門としては必須のKPIなら部門長の賞与評価に反映させる。また、KPIが個人評価に直結しているなら個人の賞与評価に反映させることもある。

　次ページの図は、ある食品製造業の営業部門のKPI賞与評価の体系図である。「KPIを頑張れば賞与がプラスになるというロジック」を明確にしたものだ。

KGI-KSF-KPI 体系および KPI 評価による「賞与評価基準」

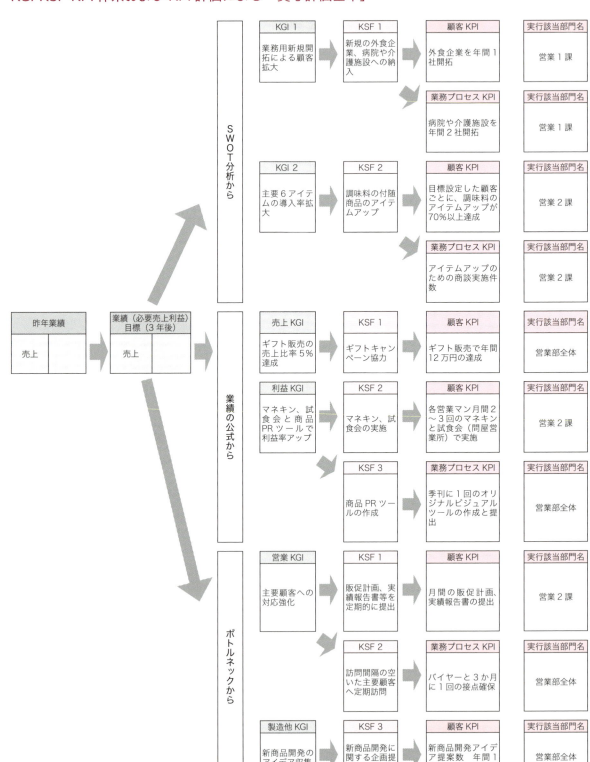

Chapter 3：KPI監査の効果を高める工夫と手順

	KPI達成度評価基準								
管理者名	5点	4.5	4点	3.5	3点	2.5	2点	1.5	1点
	将来の業績に大きく貢献する新規先を拡大した（新規取引先開拓　年間6件以上）		大手流通の新たな店舗へ1店でも納入できた。または中小店舗を複数拡大した（新規取引先開拓　年間3～5件）		大手中小に関わらず1店でも拡大できた（新規取引先開拓　年間1～2件）		新規の行動はしたが、新規拡大実績がゼロだった		新規がゼロだけでなく、新規の行動も見られなかった
管理者名	5点	4.5	4点	3.5	3点	2.5	2点	1.5	1点
	（新規）将来の業績に大きく貢献する新規先を開拓した		（新規）大手の新たな業務用を2社も納入できた。または中小業務用を複数拡大した		（新規）（営業）大手中小に関わらず2社も拡大できた		（新規）新規の行動はしたが、新規拡大実績がゼロだった		（新規）新規がゼロだけでなく、新規の行動も見られなかった
管理者名	5点	4.5	4点	3.5	3点	2.5	2点	1.5	1点
	（新規）目標設定した顧客や店舗でのアイテムアップした件数はほぼ100％（アイテムアップ数30以上）		（新規）目標設定した顧客や店舗でのアイテムアップした件数は90％以上（アイテムアップ数20以上）		（新規）目標設定した顧客や店舗でのアイテムアップした件数は70％以上（主要得意先アイテムアップ数10以上）		（新規）目標設定した顧客や店舗でのアイテムアップした件数は30％以上（主要得意先アイテムアップ数1～10）		（新規）目標設定した顧客や店舗でのアイテムアップした件数は30％以下で、主要得意先アイテムアップ数0
管理者名	5点	4.5	4点	3.5	3点	2.5	2点	1.5	1点
	忙しい中でも時間を管理しながら、かなり多くのアイテムアップの商談をバイヤー・店長・担当者へ実施している		忙しい中でも、アイテムアップの商談をバイヤーや店長・担当者へ着実にしている		行動計画でできる範囲でバイヤー店長・担当者への商談があり、実行している		バイヤー・店長担当者への商談は少ない		アイテムアップの商談はほとんどしていない
管理者名	5点	4.5	4点	3.5	3点	2.5	2点	1.5	1点
	自分の人脈だけでなく、顧客の人脈へも提案して毎回10万円以上の協力をしている		自分の人脈だけでなく、顧客の人脈へも提案して毎回8万円以上の協力をしている		自分の人脈の範囲で毎回6万円以上の協力をしている		自分の人脈のできる範囲で毎回3万円以上の協力をしている		毎回3万円以下であり、積極的とは言えない
管理者名	5点	4.5	4点	3.5	3点	2.5	2点	1.5	1点
	平均月4回以上実施。顧客毎に飽きないようなマネキン・試食会の企画を毎月実施。その内容をビジュアル化し、他の営業にも提供している		平均して月3～4回実施。顧客毎に企画を考え、飽きないようなマネキン・試食会の企画を毎月実施している		平均して月2～3回実施。マネキン・試食会で効果があるような新たな取り組みや挑戦が季節に1回はある		平均して月1～2回実施。マネキン・試食会は昨年と同じレベルで新たな取り組みや挑戦はない		平均して月1回以下の実施。考えた販促ではなく、ただやっているだけであり、効果を感じない
管理者名	5点	4.5	4点	3.5	3点	2.5	2点	1.5	1点
	会社から指示がなくても、顧客・店舗単位の企画を2つ以上のビジュアルツールを作成している。毎回新たなビジュアルに挑戦し、顧客から具体的な評価をもらっている		自分なりに、季刊で顧客・店舗単位の企画を1つ以上のビジュアルツールを作成している		自分なりに、季刊で1つ以上の全顧客共通のビジュアルツール（案内チラシやグッズ類）を作成している		会社からの指示があれば、何らかのビジュアルツールを季刊で1つぐらい作成している		会社からの指示があっても、具体的なビジュアルツールを作成していない
管理者名	5点	4.5	4点	3.5	3点	2.5	2点	1.5	1点
	主要顧客や戦略的顧客には、販促計画（月間）と実績報告書を定例報告している。ほとんどの計画には新たな取り組みがあり、報告書も分析結果や相手からも見やすく評価されている		主要顧客や戦略的顧客には、販促計画（月間）と実績報告書を定例報告している。一部の顧客の計画には新たな取り組みが提案され、報告書も分析結果も評価される		主要顧客や戦略的顧客には、販促計画（月間）と実績報告書を定例報告している（内容は事前に営業会議で承認をもらっている）		主要顧客や戦略的顧客には、販促計画（月間）と実績報告書を一部の顧客（50％以上）のみ定例報告している（内容は事前に営業会議で承認をもらっている）		主要顧客や戦略的顧客には、販促計画（月間）と実績報告書をごく一部以下（30％以下）の顧客にしか、提出していない。内容も努力を感じない
管理者名	5点	4.5	4点	3.5	3点	2.5	2点	1.5	1点
	バイヤー・店長・担当者、または消費者から新商品のニーズ、リニュアルの情報を、年に4回以上は出し、裏付けデータもしっかりわかる		バイヤー・店長・担当者、または消費者から新商品のニーズ、リニュアルの情報を年に4回以上は出している		バイヤー・店長・担当者、または消費者から新商品のニーズ、リニュアルの情報を年に2回以上は出している		バイヤー・店長・担当者、または消費者から新商品のニーズ、リニュアルの情報を年に1回以上は出している		新商品の情報やリニュアルアイデアは、ほとんど出ていない
管理者名	5点	4.5	4点	3.5	3点	2.5	2点	1.5	1点
	新商品・リニュアルの企画書を年に2回以上作成している。販売戦略や製造面での詳細まで検討し、すぐに取り掛かれる内容である		新商品・リニュアルの社内向け企画書を年2回以上は作成している		新商品・リニュアルの社内向け企画書を年に1回は作成している		他の営業のサブになって、新商品・リニュアルの社内向け企画書を年に1回は作成協力している		自分自身でも、誰かと一緒でも、新商品・リニュアル提案はない

3 コンサルタントや税理士の経営支援を具体化

(1) 会計事務所がKPI監査を行うと効果が上がる理由

　会計事務所では差別化や付加価値として、MAS（Management Advisory Service）業務などの経営支援を行うところも増えている。ただ、そのMAS業務もいろいろな課題があり、会計事務所のサービスとして「再現性のあるパッケージ」になっていないのが現実だ。

❶ MAS業務をしたくてもできない会計事務所の御家事情

　MAS業務の必要性は今後ますます高まるのに、多くの事務所では「MAS業務の必要性はわかるが、今の事務所の現状で取り組むのはムリです」と諦めにも似た声をよく聞く。その理由として、

- 日常業務が忙しくて、MAS業務の時間がとれない
- MAS業務に首を突っ込んでも、その分の費用をもらえない
- 下手にMAS業務をしてうまくいかなかったらクレームで、税務顧問サービスにも影響が出る
- MAS業務のノウハウがない
- 専任ならまだしも、監査をしながらMAS業務を行うのは物理的に無理
- 職員が辞めたり、インボイスや他の業務負担が増えている中で、MAS業務をしようという気にならない
- 本来MAS業務に取り組むべきベテランや中堅、リーダークラスが多くの顧問先を抱え身動きがとれない

等々が挙げられる。

❷ 再現性のないMAS業務で限界

　実際にMAS業務に取り組んでいる会計事務所でも、

- 所長1人しかできない

- 高単価有料の顧問先は少ない
- 税務顧問料に少しくらい追加料金をもらっても割に合わない
- 所長自身もMAS業務のカタチが決まっておらず、部下へ教育しようにも再現性がない

というように、MAS業務が所長や一部幹部の属人性に依存しており、ビジネスの基本である「再現性」をどうやって構築するかが課題になっている。

会計事務所全体で経営支援の意識が共有されるには、監査担当者やMAS担当者のマインドブロックを取り除くことが必要だ。そのためには各職員にMAS業務の具体的な方向性や仕組み、パッケージを示すことができ「このMAS業務なら自分でもできる」と思うようになることが前提である。

❸ 今のMAS業務では3年目まで続かない

実際にMAS業務をされている会計事務所所長からもこんな懸念が私たちに相談される。せっかく顧問先に経営支援を提案して、導入されたけれど、「3年目の限界」があるということだ。

- 1年目は収支や資金繰りまで数値で見える化し、その予実チェックに感動される
- 2年目も同じように予実チェックをしていくが、毎回同じような話になり、具体的な新たな行動が進まない
- 3年目を迎える前にMAS指導に不満を感じた顧問先から「一度お休みしたい」

じつは、収支や資金中心の予実チェックだけでは、当初は喜ばれても経営は改善しないというのが実際のところである。ある会計事務所の所長はそこで「SWOT分析、KPIを学習したい」と当社の門を叩かれた。その理由を聞くと「もう少し具体策に踏み込まないと、経営者が納得しない」という危機感からだという。おそらく多くの会計事務所が似たような危機感を持っているだろう。

❹ KPI監査なら経営支援に再現性があり、担当者も数値チェックなので監査をやりやすい

KPI監査は、会計事務所が得意としている収支結果や財務状況での「予算と実

績のチェック」と、コンサルタントが得意な「アナログの経営支援」の中間レベルの経営支援である。しかも会計事務所職員も入り込みやすい「数値チェック」である。予実チェックもKPIチェックも数値チェックなので、答えは「設定数値どおりできているか、できていないか」である。

KPI監査の仕組みはルールが決まっているので、ルールがあるということは、会計事務所職員の創造性をあまり期待していないので、取り組みやすいであろう。

(2) 中小企業診断士やコンサルタントがKPI監査を行うメリット

中小企業診断士やコンサルタントの大きな課題が「経営顧問契約が取れない」ということだ。経営顧問が複数あり、毎月安定した収入があれば、心理的にも安心する。だが収入の凸凹が大きく、しかも中小企業診断士の平均収入といわれる年収700万円前後だと、「先生」と呼ばれるにはあまりに悲しい。

❶なぜ「経営顧問」の契約ができないのか
- 経営相談やセミナーには参加してくれる経営者も、顧問契約までいかない
- 単発の研修やプロジェクトの依頼はあっても、それから先の継続契約につながらない
- コンサル契約を提案しようとして積極的に営業すると、逃げられてしまう
- 知識も経験もあるから、そのスキルを武器に提案しているのに乗ってこない
- 付き合う相手は小規模企業の社長ばかりで、本格的な経営顧問とはほど遠く、よろず相談と愚痴聞きばかり

❷KPI監査を求める中小企業は少し規模がある

実際にKGI-KSF-KPIなどの理解があり、それを経営計画や評価に反映したいと考える企業は、その規模は従業員数十名、売上数億円以上というのが、私たちの肌感覚であり、実際に経営顧問をしている企業レベルである。なぜなら、KPI監査モニタリングでは、役員や部門長クラスに行うことが多いからだ。したがって、KPI監査のスキルがあれば、少し規模のある中小企業開拓がしやすくなるであろう。

(3) 社労士がKPI監査をするメリット

　社労士ほかの士業の方も、単発の専門業務依頼から、継続顧問や経営課題に介入したいという人が増えている。これも時代が進み、AIの活用で士業の専門業務を企業自ら行えば、本来の仕事自体が減る可能性がある。

　しかし、会計事務所ならともかく、経営には門外漢の士業の方がいきなり「経営顧問をします」と営業してもハードルが高い。社労士なら人事評価にKPI監査ノウハウ（KPIベースの賞与評価等）を取り入れ、提案することで人事評価制度を作成したら終わりではなく、その後も継続的に関与できる。

(4) 金融機関がKPI監査をするメリット

　どの金融機関の上層部も課題にしているのが、行員の融資先に対するコミュニケーション能力とコンサルティング能力である。

　私（嶋田）が講師を務める「銀行員コンサルティング塾」に参加したある地方銀行の融資部長がこんな嘆きを漏らした。

- 大手地銀が見捨てて回収に入るような業績の悪い企業でも、地域金融機関として簡単に融資先を見捨てられない。長く付き合わなければならない。
- だから、何とか融資先の経営改善を支援したいが、そのノウハウもスキルも自行にはない。
- 若手行員は低金利と過去の金融検査マニュアル、融資判断ソフトに依存しすぎて、自らの「眼で確認」「経営者から話を聞く」ことが弱い。
- 融資先の経営改善より自店の目標達成のほうに視点がいって、経営者と経営の話をする機会が少ないし、どうやって話を聞き出すかもわかっていない。
- 上司も経営改善支援やモニタリングの経験が乏しく、若手に十分教育できていない。

　要するに「コンサルティング能力」以前の課題でいっぱいなのだ。

　その影響は本店所在地ではない地域の支店での中小企業開拓において、そのスキルの有無の影響は大きい。県内や地元なら新規開拓先の経営者は会ってくれるが、出先の地域や競合ひしめく都市では、経営者面談さえもなかなかできない。

その原因は「経営者が会いたくなるような行員のコミュニケーションや提案がない」からである。

しかし、誰もがその課題を認識しつつも、銀行本体からのスキル支援がないのだ。もし融資先社長とKPIの話ができ、進捗状況を聞いてくれるなら、それだけでその銀行員に会いたくなるのが社長である。どんな社長も、提案のある銀行なら、取引がなくても関心を示すものだ。

また、経営改善計画のモニタリングでもその影響が出てくる。バンクミーティングで予実モニタリングをする時、収支は簡単には改善しないと厳しく追及されることがある。しかし、KPIが少しずつ改善しているなら、それは業績改善の入口に来たと判断できる。したがって金融機関は、融資先のKPI改善にもっと血眼になることで、収支改善、財務改善につなげるべきである。

逆にいうと、KPI改善ができない融資先企業は、「経営改善の覚悟も意思もない」と判断してもよいだろう。そういう企業に追加融資をするのは捨て銭になる可能性が高いといえる。

4 KPI監査のアプローチ① ―クロスSWOT分析からのKPI設定

(1) KPI設定は3つのアプローチから

　KPI（重要業績評価指標）を設定する前に、KSF（重要成功要因）の設定が必要である。このKSFの設定をどこからどう引き出してくるかによって、KPI設定が変わってくる。

　本項ではKPI監査で行うKPI設定において、3つのアプローチを解説する。以前はクロスSWOT分析からのアプローチだけだったが、クロスSWOT分析をしないケースや、わざわざクロスSWOT分析をしなくても必要なKSF-KPIの設定が決まっている場合もある。そこで、さらに2つのアプローチを追加して、中小企業のケースバイケースで進めている。

　ここでは簡単に3つのアプローチの概念を紹介する。詳細は(2)以降に記述している。

❶クロスSWOT分析からのKPI設定

　われわれが25年来探求し進めている経営分析＆経営戦略立案ツールが「クロスSWOT分析」である。このツールの活用によって、「強みを活かしたKSFとKPIの設定」が可能になる。

❷業績の公式からのKPI設定

　どの業種にも「売上の公式」「粗利益の公式」「営業利益の公式」がある。いわゆる「ここを押さえておくことが業績をもたらす糸口」だという箇所である。この中身の分解の仕方を次項で詳述する。

❸ボトルネックからのKPI設定

　「強みをさらに伸ばすKPI」といっても、ボトルネックを放置したままでは一向に前進しない。次項ではボトルネック改善から生まれるKPI設定を解説する。

(2) なぜクロス SWOT 分析からの KPI 設定が有効なのか

　私たちが長年中小企業や医療福祉事業で取り組んできた「クロス SWOT 分析」は、「強みを活かした経営戦略」を見出すことである。なぜなら、クロス SWOT 分析での第一義は「独自の強み」「潜在的な強み」と「自社が狙うべきニッチニーズ・ニッチ市場」を掛け合わせて、「独自の積極戦略」を導き出すというロジックだからである。

　同業他社の経営戦略の模倣では価格競争に陥り、収益悪化は避けられない。しかし、独自の商材やターゲティングなら価格決定権は自社が持てるし、同業他社との差別化もできる。

　その積極戦略への行動数量を上げることで、「強みを活かした独自の商材戦略」をさらに伸ばしていくのだ。したがって、クロス SWOT 分析から生まれた積極戦略である KSF を、そのための行動数量である KPI によって達成すれば、必ず収益改善が進むという考え方に基づいている。

　これを整理すると、次のようになる。

> - 強みを活かした戦略の行動数量が KPI 設定になる
> - もともと自信があるので、行動数量の KPI 目標をしても達成確率が高い
> - 「顕在的・潜在的強み」×「ニッチニーズ・ニッチ市場の機会」＝「独自のブルーオーシャン市場での積極戦略」の KPI だから、成果が出やすい
> - 得意技の戦略からの KPI 設定なので、メンタルブロックもなく、全員が取り組める

(3) クロス SWOT 分析の概念

　クロス SWOT 分析の概念は 86 〜 87 ページの図のとおりである。

　SWOT 分析は、本来なら内部要因の「強み」「弱み」と、外部環境である「機会」「脅威」を整理する。この 4 つの要素の整理だけで終わる SWOT 分析では、単なる現状認識にとどまる。これらをクロス分析すると、以下の 4 つの戦略に集約される。

> 「強み」×「機会」=「積極戦略」
> 「弱み」×「脅威」=「致命傷回避・撤退縮小戦略」
> 「弱み」×「機会」=「改善戦略」
> 「強み」×「脅威」=「差別化戦略」

クロスSWOT分析の概念については、拙著『SWOT分析を活用した根拠ある経営計画書事例集❶・❷』(マネジメント社)に詳述している。

ただし、本書のKPI監査で使うのは「強み」と「機会」、その掛け合わせである「積極戦略」のみだ。

徹底して「強みを活かした独自戦略」の行動数量化にこだわるKPI監査においては、クロスSWOT分析の「弱み」「脅威」やその掛け算である「致命傷回避・撤退縮小戦略」「改善戦略」「差別化戦略」はいったん脇に置いておく。

中小零細企業は経営資源に乏しい。着手できることに限界があり、選択と集中は必須である。ならば残された戦略は「強みを活かした積極戦略」しかないのである。あれもこれもは……事実上不可能である。

次ページにクロスSWOT分析の全体像を示した。自社の「強み」「弱み」と外部環境の「機会」と「脅威」をどのように掛け合わせていくかが一目でわかるようになっている。

クロスSWOT分析（イメージ）

		機会（O）
外部環境	〈1〉	同業者や異業種を参考にして、高付加価値のニーズに対応した「高価格商品」を実現するには、どんな具体的な商材・サービスを開発すれば可能か
	〈2〉	現在の商材に対して、サービスや機能、容量、頻度、機能を大幅に減らし、デフレに応じてどういう「低価格商材」を実現すれば、販売チャンスは広がるか
	〈3〉	クラウド、facebook、Twitter 等、ＩＴのさらなる普及をどう上手に利用すれば、販売増につながるか
	〈4〉	現在の市場（営業地域）だけでなく、地域外、海外などにエリアを拡大すれば、どういうチャンスが生まれるか（販売面や調達面も含めて）
	〈5〉	Webを活用して、通販、直販、顧客との直接のネットワークを構築すれば、どんなビジネスチャンスの拡大が可能か
	〈6〉	顧客との共同開発、OEM（相手先ブランドによる製造）等、顧客との相互取り組みによるチャンスはどういうことが可能か
		脅威（T）
	①	顧客（消費者）からの「サービス面」「スピード対応要求」の圧力やニーズは、どういう点が自社の「脅威」となりうるか
	②	技術革新による代替品や低価格の輸入品等の供給による「脅威」は、具体的にどういうことがあるか
	③	自社の営業地域・マーケットの人口動態やライフスタイルの変化で、「脅威」になるとしたらどういうことか
	④	競合他社の動きで警戒すべき「脅威」になる動きは何か
	⑤	外注先・仕入先の動向や要望で「脅威」になることは何か（値上げ、事業縮小・廃業、サービス縮減、品質問題等）
	⑥	直販、通販、ネット販売等の直接販売の動きでは、どういう「脅威」が今後具体的に業績にマイナスに影響するか

Chapter 3：KPI監査の効果を高める工夫と手順

	内部要因			
	強み（S）		弱み（W）	
A	「機会」の市場・顧客ニーズに対応できる技術全般（技術者、技術面での優位）の「強み」は何か	a	競合他社と比較して、自社が明らかに負けている点（ヒト、モノ、カネ、技術、情報、効率、社内環境等）は何か	
B	顧客に安心感を与えるアフターサービスや体制、機能としての「強み」は何か	b	顧客ニーズに対応していない点は何か。その結果、どういう現象が起こっているか	
C	他社より抜きん出ている固有ノウハウ（生産技術・販売・商品の性能・機能・組織体制等）は何か。また「強み」に活かせる取扱製品の価値転換の可能性は何か	c	顧客開拓、企画力での弱みは何か	
D	他社では取り扱えない商品の権利（特約店や専売地域）としての「強み」は何があるか	d	業績悪化要因につながっている弱みは何か	
E	特に強い顧客層・エリアはどこか。それはなぜ「強い」のか	e	商品力、開発力での弱みは何か	
F	他社との差別化につながる顧客への営業支援機能（IT、情報サービス、営業事務、バックアップ体制等）での「強み」は何か	f	サービス力での弱みは何か	
組合せ番号（例〈2〉-B）	【積極戦略】自社の強みを活かして、さらに伸ばしていく対策。または積極的に投資や人材配置して他社との競合で優位に立つ戦略	左記対策を実施した場合の概算数値（件数増減、売上増減、経費増減、利益改善、％増減等）	組合せ番号（例〈5〉-c）	【改善戦略】自社の弱みを克服して、事業機会やチャンスの波に乗るには何をどうすべきか	左記対策を実施した場合の概算数値（件数増減、売上増減、経費増減、利益改善、％増減等）
	●すぐに実行する戦略や具体策 ●重点方針や突破口になる戦略 ●人員も費用もかけて取り組む戦略			●市場攻略のネックになっている「弱み」克服まで3年かける戦略や具体策 ●「弱み」克服のため、自社だけで無理なら、コラボや提携の戦略	
組合せ番号（例③-E）	【差別化戦略】自社の強みを活かして、脅威をチャンスに変えるには何をどうすべきか	左記対策を実施した場合の概算数値（件数増減、売上増減、経費増減、利益改善、％増減等）	組合せ番号（例⑥-e）	【致命傷回避・撤退縮小戦略】自社の弱みが致命傷にならないようにするにはどうすべきか。またはこれ以上傷口を広げないために撤退縮小する対策は何か	左記対策を実施した場合の概算数値（件数増減、売上増減、経費増減、利益改善、％増減等）
	●じり貧市場でも他社のシェアを奪い圧倒的ナンバーワンになる戦略 ●ライバルがお手上げになるまでの我慢戦略 ●「強み」があっても「撤退する」戦略			●リストラ型の戦略の意思決定 ●やめる商品、やめる顧客の具体化 ●事業仕分け、戦略の絞り込み	

87

❶ クロス SWOT 分析を行うメリット

クロス SWOT 分析を行うと、そこから派生する効果がいくつかある。

- 事業の選択と集中がわかる ➡ ムダな投資や戦力分散を防げる
- 重点商品・重点顧客・重点販促の対策が見える ➡ 集中投資すべき「重点戦略」が見えてくる
- 新規事業参入の可否判断がわかる ➡ 今ある「強み」を活かしたシナジー発揮が可能かどうかわかる ➡ リスキーな新規事業への参入を防止できる
- 止める戦略、撤退すべき事業・顧客・商品が見える ➡ 重点戦略を選択することは非重点戦略を減らすことをいう。減らすための段取りが見えてくる
- 独自の経営戦略が見えてくる ➡ 同業他社とは違う経営戦略や逆張りの戦略などの立案につながる
- 金融機関へ提出する「経営改善計画書」の根拠を示せる ➡ なぜ収益改善ができるのかを論理的に説明できる
- 事業再構築補助金などの各種補助金申請時の事業計画書の根拠になる ➡ 補助金申請時の事業計画の説明がしやすくなる
- 中期ビジョン・中期経営計画の立案時の独自戦略ができる ➡ 今後自社が生き残るための道筋が見えて、将来のイメージが湧く
- 新商品開発時のコンセプトづくりができる ➡ 新商品のコンセプトやマーケティングを自社の強みから導き出せる
- 新規開拓・アイテムアップ時のキャンペーン内容を決める時 ➡ 強みを活かした新規開拓戦略や深耕開拓戦略が企画立案でき、キャンペーンの特典などのアイデアが出る
- 経営承継期の後継者時代の「稼ぐ戦略」のコアを決める時 ➡ 後継者時代の経営戦略のカタチが見えてくる
- 「強み」や「独自戦略」を自社ホームページや採用ページに掲載し、新卒や中途社員の採用につなげる ➡ 独自性や明確な強みをホームページ等で PR することで、求職者にアピールできる
- 役員幹部の戦略思考を育成するツールとして、幹部研修のテーマになる ➡ 内部要因と外部環境をバランスよく分析できることで、ジュニアボード(青年重役)や経営幹部の研修に使える

❷クロス SWOT 分析　内部要因の「強み」

クロス SWOT 分析の基本的な考え方やロジックを整理しておく。

「強み」＝「良い点」ではない。間違った SWOT 分析では、この「強み」を「良い点」まで幅を拡げてしまい、「潜在的な強み」を深掘りできないことが多い。「強み」とは、「特定の顧客が買う理由」につながっている事実（ファクト）を指す。

強み分析のポイントは、次ページの表に整理している。

その要点は下記のとおりである。

- 「機会」の攻略に使える具体的な経営資源
- 「良い点」ではなく、「顧客が買う理由」に直結した事実
- 顧客資産（今の顧客や特定顧客をどう活用すれば、新たな可能性が開けるか、今の顧客に新たに提案できそうなジャンルは何か）
- 商材資産（今の商品・商圏・販売権を活用して、新たな販売先やチャネル開拓などで活かすことで、さらに広がる可能性）
- 人材・技術資産（差別化に使えそうな従業員の固有技術や技能＝顧客が喜ぶことなら趣味でも可。他社と比較して PR できそうな人材、組織）
- 組織・機能資産（設備機器、不動産、動産などで使い方次第では有効なもの。これまでは不良資産扱いでも、見方を変えれば有効利用できそうなもの）
- 他社からコラボ要望がある資産（自社の資産の中で、異業種や同業種から、受託、提携、OEM、コラボ企画される可能性のあるもの）

これらのポイントに沿って検討して、次表のフレームを使い、「強み」の深掘りを行う。

とりわけ、「顧客」及び「顧客から支持されている事項」を深掘りするだけで、「潜在的な強み」のほとんどが見出せる。それだけ「顧客に関する強み」にはいろいろな潜在的な強みが隠れているのである。

強み（内部要因）の深掘り

《ヒアリング時の注意事項》
- 箇条書きの文章にする（相手が読んでもわかる表現にする）
- 1つの質問から、深く聞き出す（それはなぜか？）。すぐに他の質問に移動しない
- 掘り下げる ➡ 固有名詞（商品、顧客、売り方）まで具体化する
- 原因にこそ（なぜ、そうなるのか？）、新しい対策がある

強みのカテゴリー	強みのヒント	ヒントの答え
●既存顧客、既存チャネルの強み	顧客台帳・リスト数・DM先数・アポが取れる客数	
	常連客、A客の数、ロイヤルカスタマーになった理由	
	有力な顧客先とその顧客が生まれた理由	
	主要客で取引が拡大したきっかけになった自社の努力や行動は何か	

強みのカテゴリー	強みのヒント	ヒントの答え
●既存商品、既存仕入先、取引業者の強み	今の取扱商品を持っていることで、誰に、どこにアドバンテージがあるか	
	今の主要な仕入商品、外注先、取引先を開拓した時、どんな努力と行動をしたか	
	今の販売エリア、マーケティングチャネルをつくるため、どんな努力と行動をしたか	
	その他、既存商品があることで、どんな可能性があるか	

強みのカテゴリー	強みのヒント	ヒントの答え
●技術、人材、知識、ノウハウ、経験の強み	技術、ノウハウの具体的な「強み」で顧客から評価されていること	
	顧客が評価する技術や知識、経験を持った人材は誰か、どんなノウハウがあるか、同業と何が違うか	
	顧客が評価する社内の仕組み、システム、サービスは何か、他と何が違うか	

強みのカテゴリー	強みのヒント	ヒントの答え
●設備、機能、資産の強み	他社との優位性を発揮している生産設備、什器備品、不動産	
	顧客から認められる組織機能（メンテ、営業サポート、物流など）	
	その他、持っている資産・経営資源でビジネス上貢献できるもの	

強みのカテゴリー	強みのヒント	ヒントの答え
●外部から見て「お金を出してでも手に入れたい」と思われること	もしM&Aされるとしたら、買う側はどこに魅力を感じるか	
	買う側が魅力に感じる顧客資産とは	
	買う側が魅力に感じる商材資産とは	

強みのカテゴリー	強みのヒント	ヒントの答え
●外部から見て「提携」「コラボ」「相乗り」したいと思われること	協業を求める他社が魅力を感じる顧客資産とは	
	協業を求める他社が魅力を感じる商材・技術資産とは	
	協業を求める他社が魅力を感じる組織機能資産とは	

- 相手（主役は参加者）に参加させよう（PC のディスプレイを見せて、この表現でいいか）
- なぜそうなのか？ 「なぜ」を多用して、何回も聞き返す
- 過去、業績貢献につながった事実とその理由、それを今流にしたらどうか
- 相手の話した内容を要約しながら文書化する

なぜそうなのか、どこ（誰）がそう言うのか	その「強みの要素」をどう横展開・多角化すればよいか

なぜそうなのか、どこ（誰）がそう言うのか	その「強みの要素」をどう横展開・多角化すればよいか

なぜそうなのか、どこ（誰）がそう言うのか	その「強みの要素」をどう横展開・多角化すればよいか

なぜそうなのか、どこ（誰）がそう言うのか	その「強みの要素」をどう横展開・多角化すればよいか

なぜそうなのか、どこ（誰）がそう言うのか	その「強みの要素」をどう横展開・多角化すればよいか

なぜそうなのか、どこ（誰）がそう言うのか	その「強みの要素」をどう横展開・多角化すればよいか

❸ クロスSWOT分析　外部環境の「機会」

「機会分析」は「今後の可能性」である。

したがって、現在すでにビッグな市場ができて大手も参入して、激しい競合状態のレッドオーシャンの分野は外すことが多い。

ただし、そのレッドオーシャン市場に「自社の優れた"強み"が活かせる」なら、それはレッドオーシャンの中のブルーオーシャンの発見ということで、取り上げることはある。

一般的には、今の顧客や現場で起こっている小さな市場やニーズの変化などの「ニッチ市場」が該当する。

小さな変化の動きは2つに分かれる。

> ● いずれ大きなうねりとなって市場拡大する
> ● 小さな変化のまま市場規模は伸びない

この見極めは難しいところであるが、仮に「小さな変化のまま市場規模が伸びない」としても、競合社も少なく、それを徹底して行い差別化することで、全国展開して市場を大きくできる可能もある。

「機会分析」においては、「小さな変化や可能性」も「強み」と連動して取り上げるべきかどうかを、同時に議論していく。

❹ クロスSWOT分析　積極戦略1 KSF（重要成功要因）を導き出す

SWOT分析の効果性が高い最大の魅力は、

「機会」×「強み」＝「積極戦略」➡ KSFを導き出す、ことである。

私は、KPI監査では、クロスSWOT分析の「積極戦略＝KSF（重要成功要因）」と定義している。

「自社の強み」と「可能性あるニッチニーズ・ニッチ市場」を掛け合わせることで、「強みを活かした対策」になり、それをKPI設定することで、より強く確実に行動プロセスに踏み込んでいこうというものである。

われわれが探求しているクロスSWOT分析の「積極戦略」は、自社独自の強みを活かした固有戦略にこだわっているし、だからこそ経営改善計画の具体的な根拠になるのである。このコツがわかれば、「積極戦略」はUSP（独自のウリ）が明確になり、KSF（重要成功要因）にもなるのだ。

機会（外部環境）…これから求められるニッチ分野、顧客が費用を払うニーズ

No.	深掘りする質問	聞き出すヒント	どんな顧客が（どんな特性の顧客が）	具体的に何があるか	なぜそう言うのか。何が要因か（具体的に）
1	B、Cランク客の具体的なニーズ	●めったに買いに来ないお客が求めるニーズ ●日ごろ購入する業者で買わず、少量・臨時の購入で自社に来た理由			
2	予期せぬ成功・新たな可能性	●まさかそんな使い方をしているとは… ●そういうアイデアを顧客が持っているとは…想定していなかったニーズ		この３つが特に大事	
3	既存客・新規見込み客が使ううえでいら立っていること（困りごと）	●なぜそこまで時間がかかるのか、なぜそんなに高いのか…不満は何？ ●どこも対応してくれないから仕方なく顧客が諦めていること			
4	そこまで要求しないから、もっと低価格のニーズ（そぎ落としの低価格需要）	●必要な機能はここだけで、他はいらないと顧客が思っていること ●ムダな機能、過剰なサービスを減らしても、顧客が喜ぶもの			
5	おカネを払うから、もっとここまでしてほしいニーズ（高価格帯需要）	●顧客が困っていることに適応するなら高くても買う理由 ●こんな顧客なら、こんな高機能・高品質の商品を買うだろう			
6	こんな商品あったら買いたい・こんな企画ならいけそうというニーズ	●このターゲット顧客なら喜びそうな商品とは ●このターゲット顧客なら、こんなイベントや販促、企画、アフターサービスを求めるだろう			
7	他社の模倣でもいけそうな可能性	●あの同業者のあの商品の類似品ならいけそうだ ●二番煎じでもいけそうな商品とターゲット顧客			
8	新しいビジネスモデルでの要望	●コロナで生まれた新たなニーズ ●これからの顧客が求める商品サービスは？			

クロス SWOT 分析【積極戦略】（イメージ）

		機会（O）
外部環境	〈1〉	同業者や異業種を参考にして、高付加価値のニーズに対応した「高価格商品」を実現するには、どんな具体的な商材・サービスを開発または開拓すれば可能か
	〈2〉	現在の商材に対して、サービスや機能、容量、頻度、機能を大幅に減らし、デフレに応じてどういう「低価格商材」を実現すれば、販売チャンスが広がるか
	〈3〉	クラウド、facebook、ツイッター等、ITのさらなる普及をどう上手に利用すれば、販売増になるか
	〈4〉	現在の市場（営業地域）だけでなく、地域外、海外などのエリア拡大をすれば、どういうチャンスができるか（販売面や調達面も含めて）
	〈5〉	Webを活用して、通販、直販、顧客との直接のネットワークを構築すれば、どんなビジネスチャンスの拡大が可能か
	〈6〉	顧客との共同開発、OEM（相手先ブランドによる製造）等、顧客との相互取り組みによるチャンスはどういうことが可能か

	内部要因
	強み（S）
A	「機会」の市場・顧客ニーズに対応できる技術全般（技術スタッフ、技術面での優位）の「強み」は何か
B	顧客に安心感を与えるアフターサービス方針や体制、機能としての「強み」は何か
C	他社より抜きん出ている固有ノウハウ（生産技術・販売方法・組織体制等）は何か。また「強み」に活かせる取扱製品の価値転換の可能性は何か
D	他社では取り扱えない、商品取扱の権利（特約店や専売地域）としての「強み」は何かあるか
E	特に強い顧客層・エリアはどこか。それはなぜ「強い」のか
F	他社との差別化につながる顧客への営業支援機能（IT、情報サービス、営業事務、バックアップ体制等）での「強み」は何か
組合せ番号（例〈2〉-B）	【積極戦略】自社の強みを活かして、さらに伸ばしていく対策。または積極的に投資や人材配置して他社との競合で優位に立つ戦略	左記対策を実施した場合の概算数値（売上増減、利益改善、経費増減、件数増減、％増減等）
	●即実行する戦略や具体策 ●重点方針や突破口になる戦略 ●人員も費用もかけて取り組む戦略	
	●即実行する戦略や具体策 ●重点方針や突破口になる戦略 ●人員も費用もかけて取り組む戦略	

❺クロスSWOT分析　積極戦略2　「機会」から誘導する

　「強みを活かして……」ということは、事業再構築補助金の計画書など多くの経営計画書で要望されている。つまり「強み分析」が重要なのである。

　問題は「強み優先」だけで判断するとプロダクトアウト（生産者志向）になりがちという懸念があることだ。

　原則は「マーケットイン（顧客志向）」だから、「機会分析」で徹底したニッチニーズ・ニッチ市場をピックアップすることが重要である。

　前述の「機会分析」の項でも述べたが、重要なのは「機会分析のなぜなぜ分析」である。

> - なぜ、その顧客はそんなニーズを言うのか
> - なぜ、その顧客が他にも同業者がいるのに、わが社に依頼したのか
> - わが社に依頼したということは、どんな課題がその顧客にはあり、それが解決できずにどんな困りごとがあるのか

　このような「なぜなぜ分析」こそが「積極戦略」の優先順位を決める要素になっていく。

　実際のSWOT分析コンサルティングの現場では、

　「社長、この複数の機会の中で、一番可能性が高く、取り組みやすそうなものはどれですか？」と必ず聞く。

　すると経営者は、各種の「機会」の中で何が優先か直感的にイメージする。コンサルタントや士業の方が企業経営者、幹部のSWOT分析を指導する場合、この感覚を忘れずにいてほしい。

❻クロスSWOT分析　積極戦略3　固有の商品戦略と顧客戦略があるか

　「積極戦略」の内容の是非は何で決まるのか？

　なんとなく「機会」の○○○と「強み」の△△△を掛け合わせて、抽象的な「積極戦略」を導き出しても意味がない。

　まず「掛け合わせ」の考え方が重要だ。

　私がRE嶋田塾やSWOT分析スキル検定、セミナーで伝えているのが、下記の言い回しが「積極戦略」そのものだということである。

「○○分野の◇◇ニーズを△△機能(メソッド・メリット)を使って、□□の企画で行動し、■■の成果を出す」
　この○○や◇◇、□□を固有名詞で埋めていければ、「積極戦略」の具体的要素になっていく。
- 「○○分野」とは、機会分析で出てきた特定の顧客層、ニッチニーズ市場を指す。一般的にはセグメントされている分野である。
- 「◇◇ニーズ」とは、そのセグメントされた特定顧客層が、具体的に表現した固有ニーズであり、「機会分析」の一番右の「なぜそんなニーズを言うのか?」に隠れている事柄である。
- 「△△機能」とは、自社の使えるリソース、つまり「強み」である。その強みを掘り下げて、どんな機能アップや横展開ができるか、機能の中身を書き出す。
- 「□□の企画」とは、マーケティング戦略やコラボ、製造方法、キャンペーンなどの具体的な企画行動である。
- 「■■の成果」とは、これら一連の活動から、どんな成果(KPI、新規開拓、アイテムアップ、ストアカバレッジ、一人当たり購買額の拡大等)が期待できるかである。

　重要なのは、「積極戦略」が成立するには、固有の商品戦略、固有の顧客戦略が具体的に表現されることが必須である。抽象的な商品や顧客対策、一般論の表現では、この積極戦略の文章は埋まらない。

❼クロスSWOT分析　積極戦略4　積極戦略フレームの書き方

　「積極戦略」では、どんなピースを固有名詞でフレームに埋めればいいのだろうか。次ページの積極戦略フレームは最新のものである。
　以下、このフレームにどのように「固有名詞」を埋め込んでいくかを解説していく。

		積極戦略（すぐに取り組む具体策）					
		顧客視点					KGI
組合せ	何を(商品商材)どうしたい(KSF)	ターゲット(顧客・チャネル)	今後の具体的なニーズ(買いたい理由)	求める具体的なサービス・付加価値・課題解決	顧客視点 KPI 1	顧客視点 KPI 2	関連業績・個数・粗利率・粗利等
		業務プロセス視点					関連原価・経費予測（掛かる設備投資、原価、必要経費等）
組合せ	何を(商品商材)どうしたい(KSF)	マーケティング・販促戦略	プロダクト・販売・体制構築の仕方	業務プロセス視点 KPI 1	業務プロセス視点 KPI 2	主要行動キーワード・実施行動項目名	

- ●組み合わせ

　この欄には「強みの○番」と「機会の○番」の掛け合わせを書く。例えば「1×C」や「2, 3×B,D」等、複数と複数でもよい。

- ●何を（商品商材）どうしたいか（KSF）

　KSF（重要成功要因）は商品名のことではなく、積極戦略のタイトルのような表現になり、「○○商品を△△客に◇◇対策で収益化」など、このKSFを見ればおよその具体策がイメージできる表現にする。

- ●ターゲット（顧客チャネル）

　ここでは売り先、マーケットチャネルなどの具体的な見込み客の名前が出てくる。仮にオンライン市場を狙うならここに記載する。

- ●今後の具体的なニーズ（買いたい理由）

　メインターゲット層が買いたくなる直接的なニーズを書く。このニーズは「機会分析」から引用する。

- ●求める具体的なサービス・付加価値・課題解決

　メインターゲットが上記の買いたい理由につながり、該当商材に期待している

サービスや付加価値、この商材で解決してほしい課題を記載する。

- 顧客視点 KPI

メインターゲットの開拓やニーズを具現化するために、どういう顧客開拓のプロセスや販促が必要か。その行動数量や指標をKPIとして設定する。必要なら複数のKPIを設定する。ここでは「顧客」に直結するKPIに重きを置く。

- マーケティング・販促戦略

販売促進の手法で、どういう段取りやプロセスで成果に結びつけるかを書く。一般には見込み客を集客するためのフロントエンド商品、見込み客が顧客に変わったり、スポットでの取引になるミドルエンド商品、顧客の取引が拡大するまたは高額商材の取引になるバックエンド商品などの流れを記載する。

- プロダクト・販売・体制構築の仕方

KSFを満たす商品化・製品化、マーケットチャネルに乗せるための主要キーワードを整理する。また、KSFを実現するためにはどういう組織体制や仕組みをつくるかを簡単に箇条書きする。

- 業務プロセス視点 KPI

マーケティングや商品化、販売体制づくりなどの「業務プロセス視点」に関連した行動プロセスの指標や行動数量を設定する。

- 主要行動キーワード

上記の事項から、積極戦略商材の主要キーワードと思われるものを列挙する。この主要キーワードがその後のアクションプランでの段取りに重要な意味を持つようになる。

- KGI（関連業績、個数、粗利、粗利率等予測）

積極戦略フレームの一番右に「KGI関連業績」という欄がある。各種の戦略を実施すると、向こう3か年でどれくらいの売上・粗利の寄与があるのか、そしてそれに付随する投資や経費など、おおよその数字を読んでいく。

ここでは「やってみないとわからない」という経営者幹部からの発言を認めず、平均単価や最終年度にどれくらいまで行きたいかなど、バックキャストから数字を決めていく。

もし「そんなにたくさんの商材はできない」というなら、1つの商材の売上規模を上げることになる。

しかし、それには相応のマーケティング戦略や投資、差別化が必要なので、そのあたりは丁々発止しながら、モアベタープランの落としどころを探る。

● KGI（関連原価・経費予測）

　新たな商材づくりと新規販促をかけるなら、そこで発生する原価や経費も概算でいいので具体的に記載する。現時点では設備投資額がわからないなら、概算でもよい。同時にその償却費も計上して経費の全体像を見る。このようにすることで、「積極戦略」がより具体的になっていく。

　「なぜ見えない数字をあえて読ませるのか？」

　それは、ここで議論したことの数値イメージがその後の行動に影響するし、記憶に残していくためである。また、この業績予測は経営計画書の収支のヒントに直結するからである。もし業績寄与度が少ない商材なら、さらに積極戦略を見直し、複数の商材捻出が必要になるかもしれない。

●売上可能性……積極戦略商材が希望的観測数値の概算でどれくらいの売上が可能かの数字を書く（下記の数量／単価の掛け合わせ）。

●数量／単価……だいたいの予想単価で、年間どのくらいの販売数量が可能かを数値化する。

●原価／粗利率……その商材の製造原価率（原材料比率、外注費等）や粗利率を概算で決める。

●経費／償却等……その商材を売るために必要な経費（新たな人件費、広告費、また設備の減価償却費などの「大きな追加経費発生」があれば概算を書く。

●利益効果……その商材を取り扱う結果、増える粗利から営業利益にどれくらい貢献しそうかを書く。

❽クロスSWOT分析　積極戦略5　「顧客視点KPI」「業務プロセス視点KPI」

　クロスSWOT分析の「積極戦略」の中身がそのまま「具体的なKSF（重要成功要因）」となるが、そこから導き出すKPIは、「顧客視点」と「業務プロセス視点」のみだ。本来はBSC（バランススコアカード）理論でいけば、財務の視点や学習と成長の視点も含まれるが、われわれはシンプルBSCを活用して、「顧客視点」と「業務プロセス視点」のみとする。

　※参考：『SWOT分析&BSCを活用したKPI監査の実務と実例』（マネジメント社刊）

● 「顧客視点KPI」とは、先に決めたKSFの内容から「既存顧客に関する行動」と「新規顧客に対する行動」で、重要かつ効果性の高い行動プロセスに対して、行動数量化、指標化を行う。

この顧客視点KPIを見れば、「どういう行動数量を増やすか」が明確になり、その行動数量の先にはKGIの目標達成があることがイメージできなければならない。
- 「業務プロセス視点KPI」では、顧客視点以外の業務プロセスや社内体制や段取り、仕組みなどの行動内容を決め、それを数値目標化する。

　この2つのKPI設定がどれくらい具体的で、行動内容のイメージができるかで成果が変わってくるので、とても重要な戦略構築のプロセスになる。

5 KPI監査のアプローチ②
―業績の公式からのKPI設定

「業績の公式」には、どの業界にも業種にも生産性を上げる公式というものがある。例えば、代表的なものが小売業の公式である。

> 客単価 × 客数 ＝ 売上

このわかりやすい公式から、各要素（単価、客数）の内容を掘り下げることで、売上の公式ができてくる（小売業の詳細は後述する）。

この業績の公式も、じつは各社各様でそこにKSF（重要成功要因）が隠れていることがある。経営者や幹部に上手にヒアリングすれば、彼らは日頃から業績の公式が「肌感覚」でわかっていることに気づくだろう。

(1) 飲食業の売上の公式

あるレストランの業績の公式である。このレストランでは大きな公式として以下の事項が挙げられた。

売上＝（常連客数＋新規客数）×平均客単価

そこでこの「常連客数」「新規客数」「平均単価」を分解してみた。

- 常連客数＝会員登録数＋リピーター（常連）
- 新規客数＝リピーターが連れてくる新規＋SNSで見た新規＋ホットペッパーで見た新規
- 平均客単価＝メイン定食＋サブディッシュ＋アルコール＋セットコース料理＋季節メニュー
- 常連の来店率を増やす＝クーポン・スタンプ＋会員制度＋SNSコール数＋誕生日プレゼント
- リピーターが連れてくる新規＝クーポン・スタンプダブルプレゼント＋新規さんへのプレゼント＋コーヒーサービス
- SNSで見た新規＝facebook、インスタグラムへの投稿を前提にしたサプラ

イズメニューの提供

このように、各公式の主要部分を小さく掘り下げると、そのままKPIになっていくのがわかる。

この飲食店では、【売上＝常連客数（会員登録＋リピータ）×新規客数（紹介＋SNS）×平均客単価（メイン＋１ディッシュ＋アルコール）】と簡易設定した。そこで、どのKPIをどれくらい強化するかで売上が違ってくるかをシミュレーションして検証した。それが下表である。

会員	リピーター	紹介	SNS	メイン	ディッシュ	アルコール	売上
100%	100%	100%	100%	100%	100%	100%	100%
110%	110%	110%	110%	100%	100%	100%	146%
100%	100%	110%	120%	110%	110%	100%	160%
100%	100%	130%	120%	100%	100%	120%	187%

この表のように、KPIのすべてにエネルギーをかけるのではなく、ある分野に注力することで、売上高の○％アップが可能になることが理論的にわかる。

(2) 小売業の売上の公式

ある小売業では、業界の基本の公式である 売上＝客数×平均客単価 を分解してみた。

- 顧客単価＝商品別販売個数×単価
- 客数　＝来店者数×買い上げ率
- 来店者数＝チラシ枚数×ポストイン枚数×DM発送数×キャンペーン案内リスト数
- 買い上げ率＝良い接客×販促POP×目玉商品×お値ごろ感×特典

このようにすることで、飲食業と同じように何に注力すべきかがわかる。

(3) 印刷会社営業の売上の公式

　一般的な飲食業は、小売業の「平均的な業績の公式」が使えるかもしれないが、受注生産や規格が決まっていない事業の場合、売上の公式は少しカタチが違ってくる。例えば印刷会社である。
　自社メディアの企画品を持っているなら、業績の公式はわかりやすい。しかし、個別受注生産の場合はそう簡単ではない。
　印刷会社の場合は、下記のような業績の公式になるであろう。

> 売上 ＝ 有効顧客数 × 見積依頼数 × 見積決定率

　有効顧客数とは、新規開拓件数＋既存のB客以上数。見積依頼数とは、訪問回数×有効面談率×提案商材情報。（新規開拓件数はターゲット顧客数×決定権者面談率×情報提供数×見積依頼率）で算出できる。また、（有効面談率は訪問数×決定権者面談率×商談時間）である。
　このように営業活動を分解し、それぞれに目標設定し、それを支援する業務プロセスをKPI指標化することで、PDCAによって生産性を上げていく。

(4) 粗利益（売上総利益）の公式

　売上だけでなく、粗利にも業績の公式がある。特に製造・建設業の場合と販売・サービス業では原価構成が異なることから、それぞれの企業の特性に合わせて設定する必要がある。一般的な粗利改善を以下の4つの公式としてみた。

- **原材料率の低減**＝ムダ資材の撲滅（端材数量）×部材仕様統一量×相見積実施数×設計変更数×VE数　等々
- **労務費の低減**＝部署別残業平準化率×正味作業時間率×多能化スキルマップ平均率　等々
- **外注費の低減**＝内作率増加×外注先作業指導時間×外注先からの作業効率化提案数×購入品切り替え数　等々
- **値上げの成果**＝原価高騰と利益推移グラフ提出数×価格交渉力のある商品数×値上げ受入れでサービス維持または価格維持でサービス低下の選択数等々

　これらの公式に対して、製造部門や設計部門、開発部門、営業部門が独自の

KPIを設定する。内容によっては部門間連携で一緒にKPI設定しなければ進まないものも多い。

例えば、「部材の仕様統一」「設計変更」「VE（バリューエンジニアリング）」「値上げ対策」は製造や設計だけでなく、営業の意見も大事だからである。こういう目標設定はCFT（クロスファンクショナルチーム）で議論することが望ましい。中小企業の場合は社長以下幹部が話し合えばよい。

(5) 営業利益の公式

営業利益の公式では、販売管理費の中から、効率的な経費にするための公式を設定する。事例として、下記のものがある。

- 適正人件費＝ムダ残業の是正×残業平準化×多能職のスキルアップ×非正規雇用教育　等々
- 効果的販促費・広告費＝広告費用対反響×CV（コンバージョン率）×イベントコストと集客　等々
- 効果的旅費交通費・接待費＝旅費交通費対新規面談数×接待交際対新規紹介件数　等々

ここで面白いのが「効果的な旅費交通費・接待費」に「旅費交通費対新規面談数」や「接待交際費対新規紹介件数」をKPIにしていることである。

旅費交通費を使って遠方に行くなら既存客だけの仕事ではなく、近辺の見込み客を訪問し、決定権者との面談数を目標にしている。次につながる効果的なKPI設定だ。

また接待交際費を使うなら、新たな顧客紹介や新製品の紹介がもらえるような仕掛けを接待の中で行うことを意味する。単なる飲み食いの親睦だけでなく、次の「仕掛け」を行うと意味ある接待につながる。

(6) 「業績の公式」を導くフレーム

次に、業績の公式はどのように作成していくのか――基本的には108〜109ページのフレームに沿ってヒアリングしながら各要素を埋めていく。

売上KGI（重要到達目標）は、目標の売上に対して、売上に直結する戦略数値目標である。その売上KGIを達成するために、どのような「業績の公式」が

必要か、KSFを最大4つ用意する。次に、各KSFの中からに重要かつ検証可能な「顧客視点KPI」と「業務プロセス視点KPI」を設定する。

下段の利益KGIは主に粗利益改善に直結する戦略数値目標である。売上KGIと同様にKSFを具体的な表現で行い、そのKSFから2つのKPIを設定する。

❶売上KGI、利益KGIの聞き出し方

来期や3年後の売上目標を達成するのに、どの分野の売上や件数拡大が売上に直結するかを聞き出す。売上KGI設定で

> 「○○商材、○○事業の売上比重を○％ ➡ ○％へアップ」
> 「○○地区でのシェアを○％ ➡ ○％へアップ」
> 「○○業者の新規開拓を○件」
> 「○○見込み客のリスト○○件」
> 「○○オプションのストアカバレッジ○○％ ➡ ○○％」
> 「商品バリエーションを○個から○○個へ拡大」

などの表記が中心になる。また、利益KGI設定では、

> 「○○の原価率を○％低減」
> 「内製化率○○％ ➡ ○○％」
> 「購入品比率○○％ ➡ ○○％」
> 「外注依存率○○％ ➡ ○○％」
> 「手直し出戻り率○○％ ➡ ○○％」

等、粗利改善にかかわるKGIを設定する。

❷売上KGI、利益KGIに直結したKSFの聞き出し方

売上または利益のKGIを設定したら、その各KGI実現するにはどのような要素の掛け算から成り立つかを聞き出す。

「その売上KGIを決める要素のKSFを、とりあえず5つほど教えてください」

すると、考えられるいくつかの要素が出てくるだろう。ここで「このKGIを決める最大の要素は何か」と、1つに絞るような質問だと、なかなか出てこない。

まずはいくつでもいいので、いくつかざっくりと挙げてもらうようにする。

その時のKSFは後々KPI設定になりやすい具体的で固有の表現を意識する。戦略的表現や感情的なやる気論の言葉だとKPIが設定しにくくなる。

❸売上の顧客視点KPI、利益の顧客視点KPIの聞き出し方

売上、利益のKSFが出てきたら、それぞれ「顧客視点KPI」を聞き出す。この時のポイントは、複数出たKSFから一番重要かつ効果的KSFは何かを聞き出し、優先順位をつける。そして、一番優先されるKSFから「顧客視点」につながる行動プロセスの数量を決めてもらう。

「顧客視点KPI」では、先に決めたKSFの内容から「既存顧客に関する行動」と「新規顧客に対する行動」で、重要かつ効果性の高い行動プロセスに対して、行動数量化、指標化を行う。この顧客視点KPIを見れば、「どういう行動数量を増やすか」が明確になり、その行動数量の先にはKGIの目標達成につながることがイメージできなければならない。

❹売上の業務プロセスKPI、利益の業務プロセスKPIの聞き出し方

業務プロセス視点KPIも顧客視点KPI同様の進め方になる。「業務プロセス視点KPI」では、顧客視点以外の業務プロセスや社内体制や段取り、仕組みなどの行動内容を決め、それを数値目標化する。

(7) 車両製造業における業績の公式とKGI-KSF-KPI体系

ここで車両部品製造販売業を事例に、「業績の公式」からのKGI-KSF-KPI設定について解説する。（108～111ページ図参照）

この企業は、表にあるように売上高5億円、経常利益3,000万円の製造業である。これを3年ビジョンで売上5億5,000万円、粗利益を1,000万円増やしたいという。それによって、経常利益を維持したいという堅実的な目標だ。それは、今後の人件費増や原料高を読んでいるからだ。

この経営目標に対して出た「売上KGI」がA商品のB地域でのシェア30％だった。この地域のシェアを確実に奪取することが売上に貢献するからだ。これはSWOT分析で明らかになった。今はまだシェア20％程度だったので、その地域でナンバーワンになるには30％が必要である。

「業績の公式」からの KGI‐KSF‐KPI 設定

No.	顧問先名	売上 KGI		売上 KGI 直結の
例	(株) ○○工業	A 商品の B 地域でのシェア 30%	提携先と営業同行増加	シェア拡大の戦略商品開発
		利益 KGI		利益 KGI 直結の
		加工費に占める外注費率 15% 未満	計画的別注品の予製の管理	外注先の技能育成
No.	顧問先名	売上 KGI		売上 KGI 直結の
1				
		利益 KGI		利益 KGI 直結の

Chapter 3：KPI監査の効果を高める工夫と手順

売上を決める各要素を書き、その中の顧客に関するKSFと、業務プロセスに関するKSFを記入

KSF		顧客視点 KPI 目標
旧商品のストアカバレッジ拡大	シェア拡大につながる新商品拡大	● 営業勉強会数：延 50 回 / 月 ● 営業同行回数：延 30 回 / 月
		業務プロセス視点 KPI 目標
		● 新商品開発アイデア数：10 件 / 月 ● 新商品試作数：20 品 / 年
KSF		顧客視点 KPI 目標
購入品の代替え	外注先毎の事前工程管理の徹底	● 予製品のライン外生産で 70％実現
		業務プロセス視点 KPI 目標
		● 指定外注先への技能実習や指導回数：5 回 / 月（技能評価付き）
KSF		顧客視点 KPI 目標
		業務プロセス視点 KPI 目標
KSF		顧客視点 KPI 目標
		業務プロセス視点 KPI 目標

← KSFの具体的なプロセス数値目標を設定（各行に対応）

売上を決める各要素を書き、その中の顧客に関するKSFと、業務プロセスに関するKSFを記入

KGI-KSF-KPI体系図

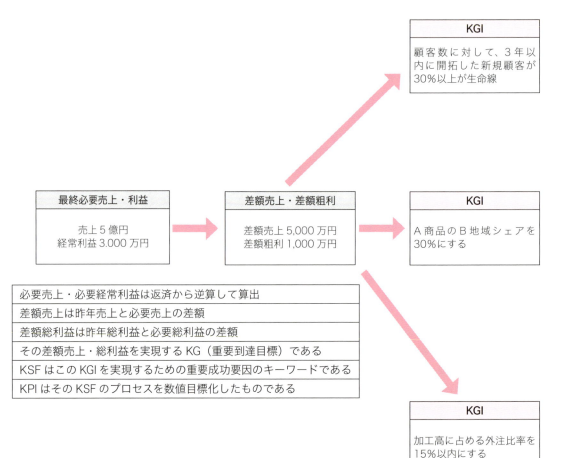

Chapter 3：KPI監査の効果を高める工夫と手順

KSF 1	→	KPI
展示会集客と会員登録を拡大する		顧客からの紹介新規先を営業部で、展示会前に10名以上の名簿収集
	→	KPI
		展示会名刺獲得50枚/回、メルマガ登録数20件以上/回

KSF 2	→	KPI
提携先と営業同行を増やす		提携先での営業勉強会、説明会回数…5回/月
	→	KPI
		提携先営業との新規客同行回数…30回/月

KSF 1	→	KPI
シェア拡大の新商品の開発		商品開発アイデア収集…10件/月
	→	KPI
		商品開発試作数…20品/年

KSF 2	→	KPI
旧製品でストアカバレッジ拡大		A商品BtoC直販販売先登録数20名
	→	KPI
		A商品の特売取扱店舗…20店

KSF 1	→	KPI
外注先毎の事前工程数値管理の徹底		初期工程表順守率…70％以内
	→	KPI
		事前外注先手配率…80％確定

KSF 2	→	KPI
計画的別注品の予製の徹底		計画的予製別注品のライン外生産率…70％以上
	→	KPI
		年間計画での概算予製売上、3,000万円以上

B地域のA商品シェア30％にするためのKSFは

> ①販売提携先との営業同行の強化
> ②A商品のシェアアップに必要な「きっかけ戦略商品」の開発
> ③旧商品を安くして、粗利が悪くてもB地域の顧客拡大でストアカバレッジを上げる
> ④シェア拡大に必要な商品バリエーションの拡大

などが挙げられた。そして、その中で「顧客視点KPI」として、①の提携先との営業同行を増やすための勉強会の回数と同行回数がKPI設定された。

また「業務プロセス視点KPI」では戦略商品の開発が急務だが、そう簡単に開発できない。そこでKPIは、商品アイデア提案数、製造での試作数を設定した。

同じように「利益KGI」では、加工高に占める外注比率が高いことが粗利率改善のネックになっているということだった。そこで利益のKSFは、

> ①別注品でも計画的に出てくる製品を在庫が多少増えても予定製造をする
> ②外注先はかかった時間分を請求していることから、丸目で依頼するための技術教育の実施
> ③自社製造から購入品の切り替えで労務費の削減
> ④外注先ごとの事前工程管理の徹底で「いきなり外注」での外注費増を抑制

というKSFになった。そして、これらの利益KSFからの「顧客視点KPI」は、「予定製造品は通常のラインで流すと製造工程が狂うので、ライン外の実施率を70％」と設定した。また、外注先での技能教育を生産管理部門が担当し、教育研修会回数をKPIにした。

この車両部品製造会社では、前記のKGI-KSF-KPIだけではなく、もっと多くの検証可能な対策が出てきた。それが110～111ページの体系図である。

このようにKGI-KSF-KPIを体系図にして、経営者や幹部に理解できるように進めるのがわれわれの「KPI監査」の特徴である。

6 KPI監査のアプローチ③ ——ボトルネックからのKPI設定

(1) ボトルネックとは

「瓶の首が細くなっている部分」を「bottleneck」と言い、各業務や作業のなかで、業務の停滞遅延や低生産性を招いている工程や箇所のことを指す。つまり、一番の「問題個所」である。ボトルネックを放置して他の対策をしても効果が限定的になり、本質の改善にはならない。また、ボトルネック改善のために表面的な弥縫策を繰り返しても、その課題はすぐ再発する傾向がある。つまり、ボトルネックは本質的な解決が求められる。

ボトルネックを議論すると、「そんなことがボトルネックだとは知らなかった」という経営者はほとんどいない。経営者や幹部はうすうす気づいているし、わかっていることが多いのだ。ただ、わかっていても手を付けずにいるから問題がどんどん表面化し、それが業績阻害要因になっているという「後回し病」の結果、にっちもさっちもいかない課題になっていることが多い。

(2) ボトルネックが改善されない理由

なぜボトルネックは改善されないのか？　それにはいくつかの理由が挙げられる。

❶社長の思い込みで対策を考えてしまう

ボトルネックが改善されない理由の1つに、「問題の限定」や「問題の確定」が間違っている場合が多い。現場を見ていない社長の場合、「社長の思い込み」と「現場の課題」のズレとして起こる。社長の思い込みの中には、「もっとできるはずだ」「努力が足りないのではないか」など、現場の意欲不足をボトルネックの原因にしている場合もある。ところが現場は、意欲の問題以上に物理的、根本的な課題があると認識している。

そして、社長の思い込みによる指示のもと、改善を図るための各種施策や設備、人員を投入するが、なかなか効果は出ない。社長の思い込みが優先し、現場の感覚との乖離が大きいことで、せっかくの改善アイデアや投資も現場が活用しないことはよくある。悪いことに、そういうことが起こると社長はますます現場のレベルの低さを嘆き、より自分の価値観でボトルネック改善を図ろうとし、より一層意識ギャップが拡大する。

　その結果、社員や幹部クラスが「社長の方針についていけない」として、やがて退職につながっていくから要注意だ。

❷**本当の原因追及がなされない**

　ボトルネック改善は確かに「人材レベルの低さ」が要因として挙げられることは多い。しかし、人材レベルは容易に改善できないし、「ヒトの問題」にしている限り、物理的改善は進まない。

　また、「機械稼働率が悪い」とか「DXができていないから」とか、設備投資をすればボトルネックの改善につながるケースはあるが、実際にはそれでもなかなかうまくいかない場合がほとんどだ。

　なぜ、成果の上がるボトルネック改善箇所がピンポイントでわからないのか？

　それは「原因追及」が不足しているからである。

　「問題」すなわち「解決策」という浅い議論や表面的な発想のせいで起こる。本来なら「なぜなぜ分析」を何回も行い、仮説検証を繰り返すことで課題がピンポイントでわかるものだ。

　その仮説検証の結果、必要設備やDX、人材投入や教育訓練等の対策がわかれば、必ず効果が出てくるはずである。ところが、多面的かつ深く原因を追及するよりも短絡的な解決策を急ぐあまり、ボトルネックがいつまでも改善されない現象が続いてしまう。

❸**経営リソースの重点集中をしない**

　原因追及でわかった課題箇所に必要なリソースを集中しないこともボトルネックが改善しない大きな原因である。

　ある作業や工程で問題が判明し、必要な教育や作業レベルを緊急で上げなければならないとする。すると、社長はそれを担当幹部に指示したり、何らかの研修をするだろう。だが、ボトルネックの原因となっている工程が全社的にわかった

わけだから、社長自ら陣頭指揮に立つとか、その工程改善に資金や他部門の応援を投入するとか、「皆でその箇所を改善していく」という行動が欠かせないはずである。しかし、

「そんなことを言っても他の部門も忙しいから、応援できない」

「おカネがないから投資ができない」

「社長はそこだけを見るわけにはいかないから、現場で何とかしてほしい」

こういう言い訳がまかり通ると、ボトルネック改善は遠のく。

「問題とわかっているのに、手を打たない会社」——ある調査では、若手が辞める要因になっている大きな原因の1つは、じつは「変わらない会社には未来がない」と諦めた時だという。ボトルネックの放置は有能な社員の離職にもつながるのである。

(3) ボトルネックからの KSF-KPI 設定フレーム

このボトルネックフレームでは、次のことを意識して記載する。

- 部門名……該当する部門を書く（例：営業部、製造課等）
- KGI（重要到達目標）部門目標……最終収支目標でなく、収支に直結する目標
- 要素別の業績阻害要因（優先問題点、ボトルネック）……経営者、幹部が認識している優先課題、物理的課題（具体的な対策がとれないものは外す。例：人材の資質や姿勢はここでは外す）
- もっと活かすべき「強み」……ボトルネック改善に活かすべき、今ある「強み」をさらに伸ばせば、業績貢献できる具体的な事項を書く。
- 重要成功要因（KSF）……ボトルネックや強み伸張箇所から、KGI 達成に有効かつ具体的な KSF を選択。複数でも可。
- KPI（KSF の行動指標化）……KSF を具体的に進捗させる行動プロセス目標を設定（とりあえず月間で行動チェックができることを優先する）
- KPI 基準指標・目標指標……経営者、幹部が考える「これくらいやってほしい」という数値基準、行動数量を設定。

ボトルネックからの KSF-KPI 目標設定

部門名	KGI（重要到達目標）…部門目標	要素	業績阻害要因（優先課題・ボトルネック）	もっと活かすべき「強み」
	最終収支目標ではなく、収支に直結する目標	顧客プロセス	経営者が認識している優先課題・物理的課題（具体性のある対策がとれないものは外す）	今ある「強み」をさらに伸ばせば、業績貢献できる物理的・具体的なこと
		業務プロセス（商品・仕組み等）		

部門名	KGI（重要到達目標）…部門目標	要素	業績阻害要因（優先課題・ボトルネック）	もっと活かすべき「強み」
	最終収支目標ではなく、収支に直結する目標	顧客プロセス	経営者が認識している優先課題・物理的課題（具体性のある対策がとれないものは外す）	今ある「強み」をさらに伸ばせば、業績貢献できる物理的・具体的なこと
		業務プロセス（商品・仕組み等）		

Chapter 3：KPI監査の効果を高める工夫と手順

重要成功要因（KSF）…KGIを決める具体的な行動要素	KPI（KSFの行動指標化）
ボトルネックや強み伸張箇所から、KGI達成に有効なKSFを選択。複数でも可	KSFを具体的に進捗させる行動プロセスの目標を設定（とりあえず月間で行動チェックができることを優先する）

重要成功要因（KSF）…KGIを決める具体的な行動要素	KPI（KSFの行動指標化）
ボトルネックや強み伸張箇所から、KGI達成に有効なKSFを選択。複数でも可	KSFを具体的に進捗させる行動プロセスの目標を設定（とりあえず月間で行動チェックができることを優先する）

117

(4) ボトルネックからのKPI設定 （調味料メーカーの事例）

実際にボトルネックを明らかにし、KPI監査につなげたケースを見てみよう。
この企業は乾燥野菜や調味料を製造販売しているメーカーである。前記(3)の書き方に沿って、経営者、営業責任者と協議しながら作成した。

Chapter 3：KPI監査の効果を高める工夫と手順

特に大事なことは、ボトルネック改善のために「今ある強みを活かしたKSF（重要成功要因）」を見出し、KPI設定することである。単に「弱み改善」や「しなければならない＝Must」を言うだけでは、現場は動かないものである。SWOT分析の項でも述べているとおり、「弱みはなかなか改善しない」という前提に立つと、「強みを活かす」ことに注力したほうがよいのである。

ボトルネックや強み伸張箇所から、KGI達成に有効なKSFを選択。複数でも可	KSFを具体的に進捗させる行動プロセスの目標を設定（とりあえず月間で行動チェックができることを優先する）	経営者、幹部が考える「これくらいやってほしい」という基準を設定

重要成功要因（KSF） …KGIを決める具体的な行動要素	KPI（KSFの行動指標化）	KPI基準指標・目標指標
●問屋営業マンに試食（うどんとセット）で要望を聞く回数を増やす（直行直帰も許可）⇒佐藤福岡等 ●問屋バイヤー要望⇒試作品⇒宿題⇒試作品の修正⇒再訪問（試作品の宿題を貰う回数）	●営業マンごと、問屋営業所での試食会回数＝	●月2回／人の試食会実施
	●試食会時に問屋営業マン個々に担当バイヤー把握⇒試食会を実施の翌日の日報で提出	●試食会ごとにバイヤー情報1件／営業所で新情報数は2件以上／月
●試作品早期化の為市販品の活用 ●要望が出てない独自試作品	●毎月の宿題からの試作、再試作の件数（複数のバイヤーの意見に対応）	●2週間に1回はフライヤーを使える時間で試作 ●特急の場合は臨時対応
	●独自の試作品製作	●年5品

重要成功要因（KSF） …KGIを決める具体的な行動要素	KPI（KSFの行動指標化）	KPI基準指標・目標指標
●詰めた時の色基準の下限を厳しくする ●営業は出荷計画で出した詰めた数量は売り切る（1タンクが残らないように） ●営業と協議して撤退商品を決めて元調味料を減らす ●夏場の着色調味料の活用方法（長期熟成調味料の開発）	●元調味料（9種類）を削減	●2024年8種類する ●上半期中に3種類削減 ●下半期中に3種類削減
	●長期熟成調味料醤油をスポット販売（非量販店）	●道の駅、物産館でスポット販売が月1回

重要成功要因（KSF） …KGIを決める具体的な行動要素	KPI（KSFの行動指標化）	KPI基準指標・目標指標
●既存商品の「読ませるパッケージネーミング」（ドンキ）で再販売	●既存商品の読ませるネーミングパッケージ変更	●調味料甘味料で2024年に5品目 ●上半期中に3品目ネーミング変更

119

7 KGI−KSF−KPI 体系

　KPI監査を実効あるものにするために、「SWOT分析」「業績の公式」「ボトルネック」からのアプローチでKSF（重要成功要因）を決め、そのKSFの行動数量化や基準指標をKPI（重要業績評価指標）として設定することを解説してきたが、ここでそれぞれのアプローチのKGI−KSF−KPIがどう体系化されているか確認する。この体系図は経営者、幹部の頭の整理だけでなく、社員や金融機関に説明する時に理解されやすいツールでもある。（110〜111ページ参照）

KGI−KSF−KPI体系図

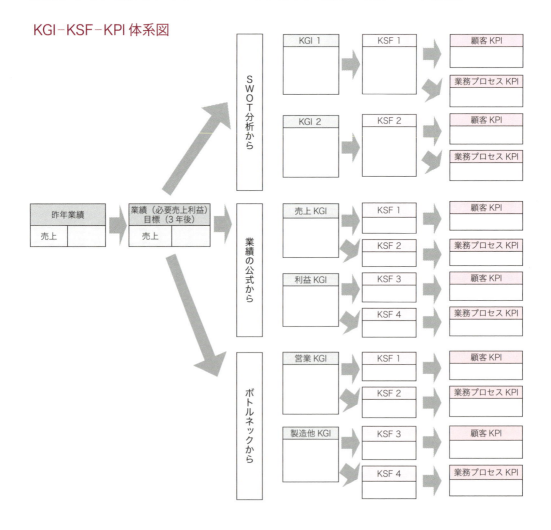

8 KPI監査モニタリングシート

(1) KPI監査モニタリングとは

　設定されたKPIは、誰かが定期的にモニタリングしていかないと、KPIのPDCAは回せない。この「誰か」とは第三者であるコンサルタント、税理士等の経営支援の専門家である。われわれはこの専門家を「KPI監査士®」と呼んでいる（KPI監査士はRE-経営の登録商標）。

　KPI監査モニタリングでは、KPI監査を中心とした業績検討会議でPDCAを回していく。KPI監査モニタリングで大事なことは以下のとおりである。

❶ 一度決めたKPIは組織での決め事がないまま、じり貧にしない

　KPI監査をしていくうちに、当初決めたとおりに進まず、他のことが忙しくなって、いつの間にかKPI自体を意識しないようになることが多々ある。せっかく議論して可能性のあるKSFを見出し、KPIを設定したのに、知らないうちに誰も気にしなくなる。

　なぜそうなるのか？　それは、どんな状況でもKPIをチェックする人がいないからだ。またKPI自体が1年前とずれているのに修正しないから、実態と合わず意味がないと感じ始めるからかもしれない。

　そうした時、誰かが適切な措置をしないと、KPI監査はいつの間にか雲散霧消してしまう。

❷ KPIが未達成の場合は必ず修正行動計画を決める

　KPI監査をすると必ず予定どおりに行かないことが頻回する。予定どおり行かないことのほうが多いものだ。そんな時は当事者を責めるのではなく、次回に向けた修正行動計画を立てることが重要である。

　予定どおりKPI行動が進行しなかったのは、目標のハードルの高さが原因か、KPI達成のための行動計画が甘かったのか、いずれにせよ、修正行動計画を責任

者に再度決めてももらうようKPI監査士®は誘導する。

❸ KPIが達成した時も「達成した理論的な理由」を検証する

　KPI監査モニタリング時、いくつかのKPIが達成するという報告が上がる。それはよいことだが「よかった、よかった」とスルーしないようにする。

　KPIを達成したのには理由があるはずだ。その理由は横展開可能だし、そのKPI達成の行動の中で「新たな気づき」や「新情報」があったかも知れないからだ。当然その新たな気づきや新情報の活用の仕方も、次回までの修正行動計画に反映させなければならない。

❹ KPIを変更する時、KPIを止める時は明確にする

　一度決めたKPIでも、期中に不要になったり、状況が変わったりすることもある。すなわち、毎回のKPI監査モニタリングの必要性がなくなったKPIも出てくる。その時は「このKPIはいったん中止する」「このKPIは変更する」とけじめをつけて、常に新しいKPI監査モニタリングを進めていく。

(2) KPI監査モニタリングシートの使い方

❶ KPI監査モニタリングシートの書き方

　KPI監査モニタリングシート（次ページ）には、「SWOT分析」「業績の公式」「ボトルネック」からそれぞれKSF（重要成功要因）が各フレームに記載されている。その中からそれぞれ主要なKSFが「実施項目（何をどうする）」に転記される。

　また、それぞれのアプローチには「顧客視点KPI」「業務プロセスKPI」が決定されているはずなので、それをそのまま「KPI内容」に転記し、KPI推進責任者の名前を「担当者」の欄に記入する。

　その欄の右側には「各月の計画と実績と対策記入欄」がある。各月の「計画」では、KPIの中身を見て数値目標を判断し、実績を監査時に記入する。

　例えば、
- 年間で達成するような目標なら毎月監査しても意味がないので、「四半期ごと」か「半期」単位に分けてKPIの数値を入れる。
- KPIの実施年度が翌年度なら、当該年度には書かず、翌年度から記入する。
- 毎月の計画は季節変動指数や繁忙期、閑散期で変更することもある。

以下がKPI監査モニタリングシートのフレームであるが、第4章以降の上級KPI監査士®による事例紹介ではもっと詳細に書かれているので、それを参照していただきたい。

KPI監査モニタリングシート

アプローチ	実施項目（何をどうする）	視点	KPI内容	担当者	2025年度								
					4－5月			6－7月			8－9月		
					計画	実績	対策	計画	実績	対策	計画	実績	対策
SWOT分析から		顧客視点											
		業務プロセス視点											
		顧客視点											
		業務プロセス視点											
業績の公式から		顧客視点											
		業務プロセス視点											
		顧客視点											
		業務プロセス視点											
ボトルネックから		顧客視点											
		業務プロセス視点											
		顧客視点											
		業務プロセス視点											

前ページの表の中で、一番上段の「SWOT分析から」を見ると、具体的には以下のようになる。

KPI監査モニタリングシート

	実施項目 (何をどうする)	視点	KPI内容	担当者	4―5月		
					計画	実績	対策
SWOT分析から	既存客にA商品のインストアシェアを上げるため、デモ販売を強化	顧客視点	●デモ機を持って毎月5回以上の営業同行デモ				
		顧客視点	●主要代理店N社、K社、U社へ毎月5回の営業同行（月間15回以上）		10	10	営業同行の告知が遅れた。再度5月GW明けに電話と訪問でプッシュ。5月末までに同行計画書を提出
		業務プロセス視点	●代理店先でのデモ勉強会、毎月3回以上		6	4	デモ勉強会でマニュアルがわかりにくいと反応。初期動画マニュアルを5月末までに6本アップ
		業務プロセス視点	●ユーザーマニュアル動画アップ、毎月4本		8	6	
	フードフェスタなどのイベント時に、新規開拓の実施	顧客視点	●7月の〇〇フードフェスタでの名刺交換枚数100枚/3日				
		顧客視点	●イベント後のアポで訪問面談する件数 10件/回				
		業務プロセス視点	●ブース前無料提供物配布数＝500個/3日間				
		業務プロセス視点	●事前のWebサイトでイベント参加者の事前登録50社				
	主要顧客へ主要商品の値上げ	顧客視点	●第2次（6月～）値上げ受け入れ先、4月までに5社		5		
		顧客視点	●ポーションダウンでステルス値上受け入れ先、4月までに5社		5		
		業務プロセス視点					
	焼きそば用ベジフライ新商品の開発	顧客視点	●問屋、バイヤーへ焼きそば野菜フライの試食会実施 5回以上/月				
		顧客視点	●ユーザー調査アンケート 5月までに100枚集収集		100		
		業務プロセス視点	●焼きそば野菜フライ試作数 3品目/月		6		
		業務プロセス視点	●特売実施数 5回/月				

2024年度						
6－7月			8－9月			
計画	実績	対策	計画	実績	対策	
10	4	デモ準備が遅れたので、6月10日までにデモ営業開始。とりあえずA地区代理店から開始	10	10	A地区代理店の顧客の反応がよかった。B地区の20顧客に向けて9月より開始	
10	12	K社の営業同行が全体に50％だった。N社とU社の社長に6月末までに再プッシュ	10	8		
6	4		6	8		
8	10		8	8		
50						
10			10			
6			6			
			10			

9 KPI監査の業績検討会議の進め方

(1) 経営会議と業績検討会議は分ける

　一般的に経営会議や収支結果や財務課題、それ以外の人事や戦略等を議論する。また集中討議する課題もある、とにかく議論が多岐にわたっている。だからKPI監査などの具体的なPDCAを回す検討会は経営会議で行わず、別途「業績検討会議（KPI会議）」という会議で議論するのが望ましい。小規模事業者の場合なら「経営会議兼業績検討会議（KPI会議）」を一緒にすることもあり得る。

　会計事務所がMAS業務としてKPI監査を提案するなら、「業績検討会議（KPI会議）」として別途提案したほうが有料化しやすい。

(2) KPI監査において直接「モニタリング」する場合

　コンサルタントや税理士がKPI監査する場合、2つのやり方がある。

　1つは「直接モニタリング」である。小規模企業の場合は、「業績検討会議」をコンサルタント、税理士が主導し、直接ヒアリングしながら「結果」を聞き、対策を記入する。進め方としては、モニターやプロジェクターを用意し、コンサルタント・税理士のノートPCに入ったこのExcelシートを投影し、そのままヒアリングしながら入力する。司会と書記はコンサルタント・税理士が行うカタチで、主導的にKPI監査を進める。特に「対策欄」の記入では、

- KPIが達成したら、結果枠には緑を未達なら赤と、見てわかりやすくする
- 実績が目標に行かなかった具体的原因を箇条書きに書く
- 次回監査までの、誰が、何を、どのように、どんなものを、いつまでに用意して、どのような行動結果を出すかを聞き出し、箇条書きにする
- Excelの枠が多少大きくなってもよい（紙なら限界があるがExcelならOK）

KPI の数にもよるが、コンサルタント・税理士主導で行う場合、最低 2 時間程度はしっかり議論をしたい。

(3) KPI 監査において結果の「モニタリング」をする場合

これは少し企業規模が大きく、KPI も部門に分かれていたり、コンサルタント・税理士が主導的にできず、クライアント側で PDCA を回すケースである。

この場合、クライアントが自ら行った KPI 監査モニタリングシートの達成の色（緑か赤か）を見て、対策コメントを発表してもらい、それに対してコメントや課題を提案することになる。

ここで重要ことは、「なぜ達成されたのか」「なぜ達成しなかったのか」「翌月達成するため対策欄の行動計画の現実性」などを聞き出すことである。特に「今月達成できなかった KPI が来月達成できる根拠の行動」はしっかり発表させる。

基本的に部門数と KPI 数を絞り込む。ただし、この「間接的な KPI 監査」だけを続けると、KPI 監査契約は短期間で解約されてしまう。そこで間接的な KPI 監査では、経営者と「個別面談」を必ず行い、各部門の KPI 監査の課題や経営者の悩みなど、しっかりコミュニケーションをとる必要がある。

(4) 何回も KPI が達成されない場合

直接的な KPI 監査でも間接的な KPI 監査でも、「毎回のチェックで赤（未達）が続く」場合がある。これは KPI の行動内容が合っていないのか、他の忙しい事案の影響で KPI 達成の行動ができていないのかである。

そこでの判断は、

- 他の KPI は飛ばして、赤の KPI につながる行動内容を深く検討する（できない理由を塗り潰す議論をする）
- KPI 設定が現実的でないなら、設定目標を議論したうえで変更する
- 当面この KPI の行動ができないなら、保留で棚上げし、毎回の KPI 監査から外す。特に人が辞めたり、業務負担が大きく変わると KPI も変わることがある。そのあたりは当初決めた KPI に固執せず、柔軟に対応する

10 KPI監査結果を賞与に反映する仕組み

(1) KPI設定は部門長が決めた目標

　KSF-KPIの設定では、経営者だけでなく役員幹部、部門長も交えて検討する。
　われわれが行うのはさまざまなフレームに沿って、コーチングとファシリテーションをしながら、部門長本人に発言を促し、本人にKPI目標を言ってもらうよう誘導している。決して、経営者やコンサルタントがトップダウンで「このKPIをやるべき」といった指示はしない。
　トップダウンの指示では、部門長も「言わされ感」「やらされ感」が残り、自らのコミットメントが弱くなる傾向があるからだ。
　あくまでも「SWOT分析」「業績の公式」「ボトルネック」など現状認識と、あるべきKPIを設定したのは部門長自身なのだから、というスタンスで進めるのがコツだ。
　部門長の評価を「結果主義」で一刀両断する企業もあるが、売上や利益の結果は正直、外部環境や運不運に左右されることが多い。それをそのまま部門長評価に反映するのは酷であり不合理なこともある。
　ここ数年のインフレ環境では、自社努力だけでは成果も出しにくいこともあるし、災害や戦争などで一気に消費マインドが冷え込むこともある。だから「結果主義」一辺倒だと、不合理なことでの評価はモチベーションダウンになることもあるのだ。しかし、KPIはあくまでも行動プロセスの指標なので、外部の環境はある程度無視できる。KPIの達成は本人次第だからだ。
　したがって、KPIの達成度は部門長の業績評価に使うほうが理にかなっていると考える。しかも部門長の意見を中心に設定されたものであり、「自分で決めた行動プロセス数量」だからだ（ただし、彼らのお任せで決めたKPIではなく、コンサルタントが誘導したKPIではあるけれど）。
　部門長のマネジメントや想いの強さで、メンバーが行動し、その努力の結果でのKPIの達成・未達成は部門長の責任である。だから部門長の人事評価に是非

とも導入したい。

業種によっては、営業マン個人の評価にKPIを設定することもあるので、そこはケースバイケースで検討する。

(2) 半期に1回、部門長の賞与評価に反映

各KPIの達成度を1〜5点で評価する。この基準も部門長と協議しながら決めてもらう。各点数の評価基準は次のとおりである。

> 5点……この期間中、最高のKPIを達成し大きく業績に寄与
> 4点……KPIの目標を完全にクリアし、相当な努力と評価できる
> 3点……普通によい。KPIの最低限の目標はクリアしている
> 2点……不足。KPIの最低限の目標もクリアできず、努力不足である
> 1点……明らかに問題。KPIの行動をやっているとは言えないレベル

各点数の間の0.5点は「どちらの点数とも言い難い」時に使う。

このような基準で各KPIの採点基準を作成したのが、76〜77ページのKGI-KSF-KPI体系およびKPI評価による「賞与評価基準」である。

11 ベーシックKPI監査の仕組み

(1) ベーシックKPI監査

　これまで説明してきたKPI設定は「クロスSWOT分析」「業績の公式」「ボトルネック」という3つのアプローチからのものだった。その1つ、クロスSWOT分析だけでも結構ヘビーと感じる方もいる。

　そこで、もっと簡単にKPI監査の仕組みを導入するために「ベーシックKPI監査」という手法がある。これは、会計事務所のMAS担当者がKPI監査を進めやすい仕組みにしようと10年前に編み出したものだ。

　ベーシックKPI監査のポイントは、絞られた売上や利益に質問（売上に関する質問5つ、利益に関する質問5つ）から即KSFを見出し、それをそのままKPI設定するというシンプルなものだ。

(2) ベーシックKPI監査モニタリングシート

　ベーシックKPI監査モニタリングシートの特徴は、たった1枚のシートで完結する仕組みである。（134～135ページ参照）

　その1枚に質問のヒントからKSFとKPI設定、KPIの毎月の目標設定、KPI結果、そして対策をExcelのシートに書いていくだけである。

(3) ベーシックKPI監査モニタリングシートの書き方

❶ KSFを聞き出すヒント

　シートの中盤にある「KSFを聞き出すヒント」、左側に「売上の5つの質問」と右側に「利益の5つの質問」がある。詳細は（5）、（6）で解説するが、この質問の答えに対して「深掘り」した結果、KSFが生まれるのである。

❷モニタリングするKSF（業績直結の公式）

売上および利益の5つの質問からKSFが決まれば、右上の「モニタリングするKSF」に固有名詞で記載する。このKSFの欄には、その企業の売上や顧客拡大に直結する対策が書かれていなければならない。

❸ KPI項目

❷のKSFはそのまま下段のKSFに転記され、そのKSFを実現するための行動プロセスと行動数量の指標であるKPIを誘導する。

その聞き方としては、

- そのKSFを実行しようとすると、どういう行動プロセスが必要か
- その行動プロセスの第一段階は何か
- その第一段階の行動プロセスを実行しようとすると、どの行動数値を上げる必要があるか

これらの質問から「KPI欄」に導く。

❹目標・結果・対策の書き方

- 各月の目標欄は、下記質問から誘導する。
  - その行動数や数値をKPIにした場合、当面どれくらいの数値目標が妥当か
  - その数値目標が妥当な理由は何か
- 各月の結果欄は、下記質問から誘導する。
  - 先月のこのKPIの結果数値はどうだったか
  - KPI実績は何か
- 各月の対策欄（モニタリング欄）は、下記質問から誘導する。
  - 事実に沿ったできた理由、できなかった理由を記載
  - KPI行動をした結果、顧客反応や現場で起こったリアルな事実を記載
  - 下段は来月、再来月までに実施する修正行動対策を5W2Hで記載
  - 上段と下段で色を変えるとよい

(4) ベーシックKPI監査事例（印刷会社）

　実際のベーシックKPI監査モニタリングを行ったある印刷会社のケースを見ていこう。

　この印刷会社では、売上の質問の結果、地元印刷会社として、自社メディアのフリーペーパーの売上と粗利が重要戦略なので、第1のKSFは「フリーペーパー広告先の新規開拓」だった。2番目は、ネット通販の商品に同梱する印刷物を狙うため、小規模通販会社の開拓。3番目は、比較的顧客の多い自動車販売とスーパー、パチンコ店の過去ノウハウを提案した企画書付き見積書を継続して出すことにした。

❶利益の質問の結果

　一番無駄な労務費が発生しているのが、時間がない状態で急な下版が起こり、製造現場が残業や休日出勤を強いられることであった。

　そこで、「顧客先に下版時間の交渉」という営業が主導するKSFが第1になった。2番目はデザイン制作で、毎回一から作業を行うことで制作時間がかかっていることから「デザインテンプレ化」を進めることになった。また、印刷物を挟む合紙の購入コストを減らせるはずという製造現場の提案から、これを3番目のKSFにした

❷売上KPIの中身

　「フリーペーパー広告の新規開拓」はわかりやすく、新規先に何件の見積書を出したかがKPIになった。

　「小規模ネット通販企業の開拓」では、ネット会社にメールと電話をした結果、「何件の見積書を出したか」に設定。

　「3業界の企画書付き見積書」では、実際の提出実数になった。

❸利益KPIの中身

　「下版時間交渉」では、営業が何件、下版時間の交渉をしたかを目標にした。

　「テンプレデザイン」では、いろいろなパターン別にテンプレとしてサーバーに上げた件数を設定した。

「購入用紙コスト」では、昨年同月比で何％削減したかをKPIに設定した。

❹モニタリング

ベーシックKPI監査の実際のモニタリングでは、次ページの表のように毎月監査し、修正行動計画を立てていった。その結果、KPIの達成率が徐々に上がり、低迷する業績の中で、指定したKSF項目の業績は増えた。

ただ、他の商材や顧客の低迷が大きく、構造問題は改善されなかったが、このKPI監査をしていなければ、銀行融資にも支障をきたし、さらに若手の離職が増えたかもしれない。

実際にKPI設定された後、ある営業パーソンは「やるべき基準ができてよかった。このまま毎月赤字とか売上未達という話ばかりで、正直このまま勤めることに不安を感じていた」と、部長にこぼしていたそうである。

ベーシック KPI 監査モニタリング

1	KSF とは、Key Success Factor の略で「重要成功要因」と呼ばれる
2	KPI とは、Key Performance Indicator の略で「重要業績指標」と呼ばれる
3	KPI は、売上、利益、KGI の目標を必達するために、必要な行動プロセスを指標化したもの
4	KPI の数値が改善されれば、おのずと売上、利益は上がる
5	監査時に KPI の状況を毎回チェックし、具体策を経営者と一緒に作り出すことを「KPI 監査」と呼ぶ
6	毎月、目標と結果を確認し、次月にどういう対策をするか、対策欄に記入する
7	来期の経営計画作成時の具体策やアクションプランに活用する

KSF を聞き出すヒント	
1	各商品の中で、一番短期間で業績貢献できる商品と目標は何か
2	ボリュームゾーンの顧客（担当）をどう強化・目標にしたら、3カ月で変化するか
3	既存客では、どの客層、地域などを集中的に営業（目標）を掛ければいいか
4	休眠開拓や BC ランク客へどんな商材アプローチと目標で行けば可能性が広がるか
5	新規開拓の成果を上げるには、どういう作戦と目標にしたらいいか

		KSF	KPI 項目	予実
売上	1	自社フリーペーパー「地元ニュース広告」の新規開拓	新規面談による見積提出数	目標 / 結果 / 対策
売上	2	ホームページ通販事業者の開拓（同梱印刷物の受注）	HP 業者へのメールと電話で見積送信数	目標 / 結果 / 対策
売上	3	3業界の企画書付き見積書提出（自動車ディーラー、スーパー、パチンコ）	3業界の企画書提出数	目標 / 結果 / 対策
利益	1	営業交渉による下版時間内提出で労務費削減	労務コストを掲示して顧客に営業交渉した件数（営業部）	目標 / 結果 / 対策
利益	2	デザインテンプレ集積と再利用	カテゴリー別標準テンプレアップ数	目標 / 結果 / 対策
利益	3	購入用紙のコスト削減	合紙購入費昨年同月比	目標 / 結果 / 対策

Chapter 3：KPI監査の効果を高める工夫と手順

モニタリングするKSF（業績直結の公式）		
売上		自社フリーペーパー「地元ニュース広告」の新規開拓
		ホームページ通販事業者の開拓（同梱印刷物の受注）
		3業界の企画書付き見積書提出（自動車ディーラー、スーパー、パチンコ）
利益		営業交渉による下版時間内提出で労務費削減
		デザインテンプレ集積と再利用
		購入用紙のコスト削減

地元印刷会社として、自社メディアのフリーペーパーの売上と粗利が重要戦略なので、第1のKSFは「フリーペーパー広告先の新規開拓」だった。
2番目は、ネット通販の商品に同梱する印刷物を狙うため、小規模通販会社の開拓。
3番目は、比較的顧客の多い自動車販売とスーパー、パチンコの過去ノウハウを提案した企画書付き見積書を継続して出すことにした。

利益では、一番無駄な労務費が発生しているのが、時間がない状態で急な下版が起こり、製造現場が残業や休日出勤を強いられること。
そこで1番目は「顧客先に下版時間の交渉」という営業が主導するKSFになった。
2番目はデザイン制作で毎回一から作業を行うために制作時間がかかっていることから「デザインテンプレ化」を進めることになった。
3番目は印刷物を挟む合紙の購入コストを減らせるはずという製造現場の提案からKSFにした。

6	粗利を改善するために、どんな商品、どんな顧客に、どんな価格を変えるべきか
7	利益率を変えるため、どんな原価（材料、外注、労務費、現場経費）対策をとるか
8	効率化し、手直し、品質の改善のために、どんな対策をとれば利益率改善が進むか
9	どの経費をどうコントロールすれば、コスト削減になるか
10	残業、時間外を減らすために何を、どんな目標ですればよいか

4月	5月	6月	7月	8月	9月
10	10	10	10	10	10
10	10	10	10	10	10
10	10	10	10	10	10
3	3	3	3	3	3
30	30	30	30	30	30
80%	75%	70%	65%	60%	55%

「フリーペーパー広告の新規開拓」はわかりやすく、新規先に何件の見積書を出したかがKPIになった。
「小規模ネット通販企業」の開拓ではネット会社にメールと電話をして、結果「何件の見積書を出したか」に設定。
「3業界の企画書付き見積書」では、実際の提出実数に。

「下版時間交渉」では、営業が何件、下版時間交渉したかを目標に。
「テンプレデザイン」では、いろいろなパターン別にテンプレとしてサーバーに上げた件数を。
「購入用紙コスト」では、昨年同月比で何％削減したかをKPIに設定した。

ベーシック KPI 監査での「対策欄」

		KSF	KPI項目	予実	
売上	1	自社フリーペーパー「地元ニュース広告」の新規開拓	新規面談による見積提出数	目標	
				結果	
				対策	
	2	ホームページ通販事業者の開拓（同梱印刷物の受注）	HP業者へのメールと電話で見積送信数	目標	
				結果	
				対策	
利益	1	営業交渉による下版時間内提出で労務費削減	労務コストを掲示して顧客に営業交渉した件数（営業部）	目標	
				結果	
				対策	
	2	デザインテンプレ集積と再利用	カテゴリー別標準テンプレアップ数	目標	
				結果	
				対策	

4月	5月
10	10
8	10
(1) 既存客から9月には5件の新規紹介訪問と10件の休眠先へ訪問 (2) 見積まで行ったのが、8件のみ (3) 広告効果に疑問があるという声が4件あった (4) 次月は「広告効果を地域の反応別に数値で書いたデータ表」を作成し再度訪問する（作成は部長）	(1)「広告効果を地域の反応別に数値で書いたデータ表」の作成が遅れ、見せたのは10件に止まる (2) 10件のうち、休眠と新規で反応があった (3) ある新規先から「お試し記事掲載」みたいなものを提案される (4)「お試し記事掲載」を10月20日からPR開始（作成は部長）
30	30
18	28
(1) この地域での通販をしている業者数が少なく、リストが増えない (2) 10月から地域をA県、B県まで増やしてメールを送る (3) 9月30日までに、AB県のリストアップと見込み客データに追記（A課長）	(1) A県B県へ増やしてメールした結果、問い合わせが3件あった (2) 問い合わせ後訪問したが、サンプルパッケージが少なく、B to Cのイメージサンプルを増やす必要がある (3) 10月20日までに「B to Cの5業種のサンプルを作成」(部長)して、再度持参する
3	3
5	2
(1) まず交渉しやすい顧客を選定し5社に交渉（入稿時間改善を約束してくれた顧客は2社） (2) 2社は「人手不足」と「上司決済」の遅れで入稿時間改善の約束ができないとのこと (3) 2社の「人手不足対策」としてテンプレデザインの提案を5月に行う	(1) 2社に「テンプレデザイン」の提案をしたが、「検討する」で決定ならず (2) 営業担当者が交渉するのでは埒が明かない顧客が多い (3) 営業部長同行で6月に再交渉する
30	30
42	20
(1) とりあえず今制作中の案件と先月入社したスタッフに集中してテンプレアップしたので結果が出た (2) カテゴリー分けができてないので、来月までにカテゴリーと使用検索ワードを決めて集積する	(1) 新人が業務でいっぱいになったので、思ったほど進まなかった (2) カテゴリー分けが途中まで(全体目次がまだ決まっていない) (3) 6月10日までにカテゴリー分けを課長中心に決定する

(5) ベーシック KPI 監査で聞き出す 5 つの質問①（売上編）

　売上は次ページの表にある 5 つの質問をして、先方の答えに対してロジカルに深掘りする。

　深掘り質問の基本は 5W2H で、ファクト（事実）中心に聞き出すことである。右欄の「ヒントの内容・聞き出すポイント」では、先方が考えやすいヒントとして、その業種に合わせてカスタマイズして、再質問や参考ヒントを出す。

	KSF を聞き出すヒント（売上）	ヒントの内容・聞き出すポイント
1	各商品の中で、一番短期間で業績貢献できる商品と目標は何か	キャンペーンなどで、重点商品にして販売結果が出やすいものは何か。また、季節商品、在庫商品で値段勝負できるものを対象とする。値段勝負できるなら、新規開拓に使える。
2	ボリュームゾーンの顧客（担当）をどう強化したら、3 か月で変化するか	ボリュームゾーンとは、一番売れている商品、売れている顧客層を指す。すでに売れている、認知度の高い商品や顧客に対して、どんなアプローチや提案、販促を仕掛ければ、売上増が可能かを聞き出す。
3	既存客では、どの客層、地域などを集中的に営業（目標）をかければよいか	営業地域がばらついていたり、顧客層がバラバラでも、貢献度の高い地域や顧客層がいるはずだ。そこに期間キャンペーンとして、どんな集中営業をかければ、既存客の掘り起こしが可能かを聞き出す。
4	休眠開拓や BC ランク客へどんな商材アプローチと目標で行けば可能性が広がるか	過去にお付き合いがあった顧客で、今は何らかの理由でご無沙汰している休眠客に、再アプローチするにはどんな商材でどんな売り方が妥当かを聞き出す。また B 客、C 客別のインサイドセールスや FAXDM などのツールを使って掘り起こしをするのは、どんな商材がいいかを聞き出す。
5	新規開拓の成果を上げるには、どういう作戦と目標にしたらよいか	新規開拓が停滞していたら、そのうちじり貧になる。どの地域の新規を優先的に狙うか、どの業種に集中するかを決め、そこにどんな商材や売り方をすれば、新規開拓が進むかを聞き出す。

(6) ベーシックKPI監査で聞き出す5つの質問②(利益編)

　利益に関する質問は、粗利率をベースに、販管費の質問を増やすと経費カットばかりになり、本来のKPIの意味が変わってくるので要注意。

	KSFを聞き出すヒント（利益）	ヒントの内容・聞き出すポイント
6	粗利を改善するために、どんな商品、どんな顧客に、どんな価格を変えるべきか	粗利率を悪くしている製品または顧客を列挙し、それぞれの価格改善の仕方や段階的な価格変更はどうすべきか聞き出す。競合が激しく価格改善がそのまま受注ダウンになる可能性があるので、主力以外から攻めるのも一つである
7	利益率を変えるため、どんな原価対策をとるか（材料、外注、労務費、現場経費）	利益率が悪い理由を原価の科目別に聞き出し、それぞれに原価率改善のアイデアを聞き出す ●原材料＝3者見積2社購買の徹底、原価を下げる業者交渉、ムダな原材料の発注や管理状況の徹底、生産計画と購買の調整 ●外注費＝工程表の早期化、生産管理の徹底、内製化率のバランス、外注価格の再確認、技能者の育成 ●労務費＝計画的に時間外の削減、残業時間の平準化、正味作業時間対策 ●現場経費＝水道光熱費の管理等
8	効率化、手直し、品質改善のために、どんな対策をとれば利益率改善が進むか	時間当たり作業量、一人当たり作業量を上げるために必要な具体策を聞き出す。また、手直しや再作業が頻回している作業項目やその理由を聞き出し、そこにどんな対策をすれば、その回数が減らせるかも聞き出す
9	どの経費をどうコントロールすれば、コスト削減になるか	販売管理費の中で、どの科目を管理すればコスト削減と営業利益貢献になるかを聞き出す。ただし経費の効果性と生産性とのバランスを聞き出し、単なる経費削減チェックだけにならないようにする
10	残業、時間外を減らすために何を、どんな目標ですればいいか	人件費の時間外削減と業務効率を上げるために必要な具体策を書き出す。どの部門のどんな作業が時間外につながっているのか、単に人を増やせば済むことではなく、現有人員でできる対策やポイントを聞き出す

12 上級KPI監査士®とその取り組み

(1) 1年間の訓練と成果

　本書前半のChapter 1～3のノウハウ部分は、株式会社RE‐経営の嶋田利広が担当した。Chapter 4～6は、弊社が認める「上級KPI監査士®」である共著者3名の方からのKPI設定からKPI監査までの実例報告である。

　この3名は1年間、毎月終日zoomで理論学習とロープレ、各人のクライアントを招き、一緒にクロスSWOT分析、業績の公式、ボトルネックからのKGI‐KSF‐KPI設定からKPI監査モニタリングまでを完成させた。

　KPI監査については、2024年6月から㈱RE‐経営主宰の「KPI監査士®検定初級コース」が始まり、中小企業診断士や税理士が受講・受験されている。この3名は何回も実践を経験した方で、KPI監査のマスターという位置づけである。したがって彼らを「上級KPI監査士®」と認定している。

　Chapter 4からその実践に基づいたリアルな内容が報告されているので期待していただきたい。

(2) 上級KPI監査士®が目指すもの

　上級KPI監査士®は、中小企業にマッチしたKPI経営の推進とKPI監査を通じて、業績改善に寄与する専門家である。本書を通じて、多方面での活躍を期待している。

　この上級KPI監査士®は、名実共にKPI監査の専門家となり、KPI監査の初級者への指導や中小企業のKPI経営の推進者として、講演や経営支援ができる。また、RE‐経営が主宰している「KPI監査士®検定　初級コース」の認定委員となり、KPI設定の是非や内容等の指導をしていただく。

Chapter 4

KPI監査の実例❶

― 建設会社 ―

1 担当上級KPI監査士®のプロフィール

《担当上級KPI監査士®のプロフィール》

　本事例の筆者は、エリア・サーベイ合同会社代表社員の長野研一である。昭和39年に大分市で生まれ、慶應義塾大学法学部法律学科を卒業後、同大学院経営管理研究科修士課程を修了し、経営学修士（MBA）を取得した。その後、不動産鑑定士および中小企業診断士の資格を取得し、大分県を中心に活動している。

　キャリアの原点は、第一鑑定法人や長嶋不動産鑑定事務所での約11年に及ぶ不動産鑑定士としての勤務経験にある。不動産の鑑定評価を数多く手掛けるなかで、経営課題に直面する多くの経営者と出会い、「もっと早い段階から関与できていれば……」と経営支援の重要性を強く感じた。

　平成22年に独立し、不動産鑑定業務と経営コンサルティング業務の両輪で中小企業を支援する現在のスタイルを確立した。特に、中小建設業に特化したコンサルティングを行い、強みを引き出して相乗効果を生む戦略設計を得意としている。

《現在の業務と心がけていること》

　私（長野）が心がけていることは、経営者の視点に立ち、経営課題を解決するだけでなく、その会社が持つ強みを活かして持続可能な成長を実現することである。具体的には、以下のような取り組みを行っている。

- 経営計画の策定支援：戦略的な経営計画を立て、それを実行可能な形に落とし込むサポート。
- KPIを活用した経営支援：業績評価指標を用いて成果を測定し、改善プロセスを管理。
- 事業承継のサポート：経営者のビジョンを次世代に引き継ぐための計画と実行支援。

　座右の銘は「自分を救えない者が人を救うことはできない」。

その理由は、筆者自身が経営者として自社の課題と向き合うなかで、実践を繰り返して成長することで初めて他者を支援できるという実感を得たからである。書籍などから得た知識と、自ら試行錯誤して体得したセンスやノウハウには、雲泥の差があることをも痛感した。

　この経験を通じて、「まず自分自身が救われ、成長し続ける存在でなければ、他者を真に支援することはできない」という確信を深めた。以来、自らも経営者として積極的な戦略に取り組む姿勢を大切にしている。

　ビジョンを掲げ、それを目指して計画を立て、スピード感をもって実行する。それができない者に経営計画支援の勘所はわからないと思うのだ。学びへの投資を惜しまないことがこの信念の表れであり、経営者の気持ちを深く理解し、実体験をもとに支援できる存在でありたいと考えている。

《上級 KPI 監査士®を目指した経緯》

　私が上級 KPI 監査士®を目指すきっかけとなったのは、「知識が経営者に寄り添う邪魔になることがある」という気づきである。支援者が知識やスキルに囚われすぎると、経営者の本当の悩みに気づけず、結果として相手の強みや潜在的な課題を見逃すことがあるとわかったからである。

　この反省から、私はコーチングメソッドを取り入れた経営支援を導入したのである。経営者自身の知識や経験を活かしながら、重要成功要因（KSF）を抽出し、適切な KPI を設計することで、経営者の視点を尊重したアプローチを実現している。

　また、自分の思考の癖を修正し、経営者の声に深く耳を傾ける努力を重ねていることも付け加えたい。解決策を提示するだけでなく、経営者が自ら答えを見つけられる環境を整えることが、本当に意味のある支援であると信じている。

　具体的には、知識に頼りすぎてしまう自分の癖を見直すために、コーチングやファシリテーション（会議円滑手法）のスキルを積極的に学んだ。経営者が自分で考えた答えには、自信と行動力が伴うことを何度も目の当たりにした結果、このアプローチに対する確信が深まった。

《今後のコンサルティング業務の展開》

　上級 KPI 監査士として、私は以下のようなサービスを展開している。

- KPI監査の体系化：経営者が直面するボトルネックを明確にし、具体的な解決策を提示する監査プロセスを確立。
- 業種特化型支援：中小建設業における強みを活かした経営戦略の提案。
- 教育研修プログラムの提供：幹部社員向けのKPIモニタリングスキル向上研修。
- 持続可能な成長支援：経営者が自身の価値観やビジョンに基づいて経営を行えるようサポート。
- 生成AI活用支援：中小建設業の生産性向上のための生成AI活用方法の支援。

これらの取り組みにより、「単なる課題解決に留まらず、経営者が経営の方向性を確信をもって歩むための支援」を目指している。

また、これらのサービスを提供するなかで、経営者との信頼関係をより深めることにも注力している。信頼関係は、真に有益なアドバイスを行うための土台であり、それを築くことこそが、私の支援を成功に導く鍵であると考えているからだ。

《X建設を選んだ理由》

X建設との出会いは、宮崎県の税理士K先生の紹介がきっかけである。X建設の社長との初対面では、経営者としての悩みや挑戦する姿勢が率直に語られ、その情熱に深く感銘を受けたことを覚えている。

初対面にもかかわらず、社長は「自らの経営の限界」を感じている点や社内人事に関する悩みを率直に語ってくれた。その姿勢は、現状に甘んじず挑戦を続けることの大切さを体現しているように感じた。特に印象的であったのは、「たとえ優良企業であっても挑戦をやめたらどうなるか」と語る社長の言葉である。挑戦を続けたいというその決意に触れたとき、この会社のKPIマネジメントにぜひ貢献したいと強く感じた。

また、X建設は非常に多忙な企業であり、最初に社長に会うまでのプロセスも一筋縄ではいかなかった。税理士事務所の監査担当者を通じて取締役に説明を行い、信頼を得るまでに何度も足を運んだ。そして、社長との初対面の場で一度に深い話ができたのは、この事前の準備や段取りを踏んだことが功を奏したと思っている。

さらに、X建設が抱える課題は、KPI監査の効果を示すうえで、最適な事例でもあった。私の知識と経験（建設・不動産業関連のクライアントが多いこと）を活かし、この会社の成長を支援することで、KPI監査が中小建設業においてどのような価値をもたらすかを示す好例をつくりたいという思いもあった。

　私の使命は、経営者の思いに寄り添い、企業が持つ強みを最大限に活かすことである。本書を通じて、読者がKPI経営の具体的な手法を学び、組織の改善に役立てることを心から願っている。本章を通じて、X建設におけるKPI監査の実践的な取り組みを紹介し、多くの読者がその効果を理解するきっかけとなることを期待している。

　X建設のケースは、単なる成功事例ではなく、KPI監査がどのように企業の課題を解決し、成長を促すかを示す実践的な指針となる。読者の皆さまがこの事例を通じて、自社に適用可能な洞察を得られることを願ってやまない。

2　X建設の概要

　X建設株式会社は宮崎県北部の工業都市に本社を構える建設業者である。
　昭和50年に創業し、同53年に法人化した。創業当初は戸建て木造住宅の新築を主業務としていたが、現在では、比較的大規模な建築物の造作工事を主力事業としている。2025年には創業50周年を迎える。
　主な取引先は大手ゼネコンおよび地場の大手建設業者である。これらの顧客から公共施設、病院、宿泊施設、学校などの造作工事や家具・建具の製作を受注している。
　同社は"ものづくり"への強い志を持ち、顧客や取引先、従業員に対しても誠実に接する姿勢を貫いてきた。これにより、長年にわたり顧客からの信頼を得ることに成功し、多くの施工実績を積み重ねてきた。
　現在の事業内容は、RC造や鉄骨造建築物の造作工事全般、一般木造住宅の新築・増改築、家具建具の製作・取り付けである。直近の売上高は約13億円、従業員は常用を含め35名を数え、粗利率は20%を維持している。

(1) KPI監査に至った経営課題

　X建設の社長は73歳であり、自らも造作大工としてキャリアをスタートした人物である。彼は創業以来、大手ゼネコンの指定業者になることを目標とし、大規模プロジェクトへの挑戦を続けてきた。
　しかし近年、成長の停滞と経営課題が浮き彫りとなり、以下のような課題に直面していた。

- 方向性への不安：「当社は大きくなったが、今後どこに力を注ぐべきかがわからない」との声が役員幹部からあがる。
- 業績の見直し：一部の事業は成功を収めているものの、全体的に伸び悩みが見られ、どの分野にリソースを集中させるべきかを把握できていない。

- 内部の問題点の特定：「現在行っていることに欠点はないか、どの部分が改善の余地があるのかを明確にしてほしい」との要望が社員幹部からあった。社長自身は「情熱を注げる仕事がしたい」という想いを原点として経営を行ってきたが、近年の市場環境や組織の課題に対応するためには、外部の視点が必要だと感じていた。

(2) KPI監査に期待した経営者の想い

社長がKPI監査に期待したのは、以下のような具体的な成果や想いである。

> ①資金効率の見直し：5,000万円もの木材在庫を抱えていることは強みである一方で、資金効率の観点から改善の余地があるのではないか。
> ②粗利率の最適化：現在の現場粗利率は17％〜22％であり、20％強の粗利率を維持しつつ粗利額の最大化を目指したい。
> ③得意分野の強化：難易度が高く大規模な現場や家具建具が少ない仕事では、高粗利を実現することがあり、この分野の比重を高めたい。
> ④現場管理体制の改善：経験の浅い現場管理者に対するフォローを強化し、納期やコストの管理を徹底する仕組みを構築する必要がある。
> ⑤営業の若返り：同業他社に比べて高い給与水準を維持しつつ、若手営業職を増やし、営業体制の強化を図りたい。

また、社長は「当社はもっと早い段階でプロジェクトに関与し、デザイン提案を行える体制を目指したい」と述べており、将来的な成長戦略にも期待を寄せていた。

(3) 実施スケジュール

以下は、X建設におけるKPI監査の実施スケジュールである。（P.150に続く）

> ①2024年4月：KPI監査の導入に向けた初回ミーティングを実施し、目標設定と関係者の役割を明確化。
> ②2024年5月：既存の業務プロセスの分析を開始し、強みと課題を抽出。

X建設（株） KPI監査実施スケジュール

段取り	実施内容	誰に	2024年4月	2024年5月	2024年6月	2024年7月	2024年8月
KPI監査学習	RE経営のマスターコースで訓練開始	著者	毎月1回終日の研修とロープレ				
ターゲット根回し	経営者への説明と了解	K税理士 X社長	K先生に依頼文を添えて紹介依頼	K先生からX社長に打診			
公開コンサルティング	マスターコースのzoom研修に招聘し、嶋田から直接ヒアリング入力実施						
動機付け	KPI監査の説明	S取締役			面談をセッティングいただくが私のコロナ罹患で流れる	窓口のS取締役に資料持参し詳細説明	
SWOT分析1	強みフレーム記入とヒアリング	X社長 S取締役				「強み分析」シートを見ながら記入	再度「強み分析」に補完検討
SWOT分析2	機会フレーム記入とヒアリング	X社長 S取締役				「機会分析」シートを見ながら記入	再度「機会分析」に補完検討
SWOT分析3	積極戦略フレーム記入とヒアリング	X社長 S取締役					積極戦略の候補案を出す
業績の公式	業績の公式フレーム記入とヒアリング	X社長 S取締役					フレームへ記入
ボトルネック	ボトルネックフレーム記入とヒアリング	X社長 S取締役					
体系図整理	SWOT分析、業績の公式、ボトルネックからの体系図の整理確認	X社長 S取締役					
KPI監査モニタリングシート	KPI監査モニタリングシートへの記入とヒアリング	X社長 S取締役					
説明会	幹部社員へKPI監査内容に説明会実施	X社長 S取締役					
KPI監査モニタリング開始	KPI監査モニタリングシートに沿って第1回目監査実施	X社長 S取締役					
KPI監査モニタリング開始	KPI監査モニタリングシートに沿って第2回目監査実施	X社長 S取締役					
KPI監査を活用した人事評価	KPIを入れた部門別人事評価制度のヒアリング						

2024年9月	2024年10月	2024年11月	2024年12月	2025年1月	2025年2月	2025年3月
公開コンサルに招聘し、長野からヒアリング入力実施						
文言の整理作業						
積極戦略中身の議論と記入						
内容の再吟味						
フレームへ記入	内容の再吟味					
	社長とフレーム記載内容確認まとめ	内容を社長と最終確認				
	モニタリングに向けた打ち合わせ					
		社長が月初の会議で趣旨説明				
			工務・営業合同で開催			
					工務・営業合同で開催	

③ 2024 年 6 月：経営陣とのディスカッションを通じて KPI 設計案を提示。
④ 2024 年 7 月：現場スタッフや管理者を対象としたワークショップを開催し、新しい KPI の導入方法を説明。
⑤ 2024 年 8 月：試験的な KPI モニタリングを開始し、初期データを収集。
⑥ 2024 年 9 月：初期モニタリング結果のフィードバックを経営陣に提供し、改善点を議論。
⑦ 2024 年 10 月以降：定期的なモニタリングと改善活動を実施し、KPI 経営の定着を図る。

このスケジュールに基づき、X 建設では段階的に新しい KPI 経営の仕組みを構築し、成果を上げていく計画である。

X 建設の概要と課題を通じて、KPI 監査の必要性が浮き彫りとなった。本節では、同社の経営情報、直面する課題、経営者の想い、そして具体的な実施スケジュールを整理した。

次節では SWOT 分析を行い、さらに具体的な戦略的意義と改善アプローチについて解説する。

3 SWOT 分析とその成果

(1) SWOT 分析の流れ

　X 建設における SWOT 分析は、社長の問題意識を起点に始まった。
　「先の読めない仕事に苦労しているが、単価以外で勝負できる強みを伸ばし、企画段階からプロジェクトに参画できる体制をつくりたい」と社長は語った。その表情は、目の前の課題だけではなく、将来への展望を模索する真剣なものだった。
　「私たちは造作工事の技術に自信を持っていますが、それだけでは戦えない気がしてきました。他社との差別化を考えたい」という一言が、SWOT 分析のスタートの言葉だった。

(2) 深掘り質問で核心を抽出する

　そこでまず、X 建設のこれまでの実績や現状の業務内容を整理した。
　内部環境では、自社の技術力、人材、設備、財務状況を丹念に洗い出した。一方で、外部環境については、地域市場の特性、大手ゼネコンとの関係性、観光業界の需要動向などを調査し、強み（Strengths）、弱み（Weaknesses）、機会（Opportunities）、脅威（Threats）を明確にしていった。
　心がけたのは、あるファクト（事実）が社長から出てきたときに、それが示唆するものが明らかになって KPI 候補が生成されるまでは、深掘り質問を繰り返すことである。そこに至らないのに「ほかに何かありますか？」という話題転換は極力しないようにしたのである。
　もちろん、隠れた強みにつながるファクトを尋ねているときに、隠れた機会に関する話が出てくることもある。しかし、その話を遮る必要はない。筆者が Excel フォームの機会の欄に入力すればいいだけのことだからである。
　社長との対話は、時に脱線しながらも、彼が語るエピソード 1 つひとつに重要なヒントが潜んでいた。「家具不況の時代を乗り越えた話」「ゼネコンとの信頼構

築の舞台裏」「現場での職人たちの働きぶり」……これらを会話のなかで私が深掘り質問することで、社長自身も改めて「自社の強み」に気づき始めていた。

ある質問で社長が答えたことに対して「造作工事の効率性が高いというが、それをもっと具体的に言うと？」と私が問うと、社長は少し考え込んだ。そして「工場で形をつくり、現地では取り付けるだけだから、短時間で完成できる。これが他社にはできない強みだ」とはっきりと言葉にした。

こうして経営者が1つの事実を言うたびに、私は「それはなぜか？」「もっと具体的に」「過去どんなことがあったのか」を深掘りしていった。

(3) 経営者の反応

SWOT分析の結果を共有した際、社長の反応は率直で、時に驚きを隠せない様子だった。

「こうして見ると、当社がこれまで築いてきたものが見えるようになる。今まで意識していなかったが、他社にはない強みがたくさんあるんだな」と。

特に、木材加工技術や工場での効率的な生産体制といった強みを再認識したとき、社長の表情は一瞬明るくなった。その後、「でも、これをどう生かすかが問題だな」とすぐに現実的な課題に目を向けるため、表情はもとに戻る。こういうやり取りが何回も続いた。

社長が出した意見の「和モダンデザインを活用した内装提案」という「機会」を私が改めて投げかけると、社長は熱心に耳を傾け「これは設計事務所と直接つながるよい手段になるかもしれない」と言った。そして、その場で取締役に「早速、プロモーションツールの試作に取りかかるよう指示を出そう」と具体的なアクションを決めた。

このようにして会話はどんどん具体的になり、経営改革のいくつかの兆しが見え始めた。

(4) コンサルタントからの問いかけで出てきた気づき

幹部社員も参加したSWOT分析を進めるなかで、いくつかの問いかけが重要な気づきを引き出した。

①「施主の反応で特筆することがありますか？」の質問に、「どうしてこんな

に仕上がりが違うのか」と施主が感嘆したというエピソードが出てきた。この言葉に社長は「当社の収まりが違うからだ」と胸を張り、自信を深めた。

②「現場作業を効率化できる仕組みは？」の質問に、他社が現地で組み立てを行うのに対し、X建設では工場で形を作り上げる。私がこの点を強みに挙げると、社長は「短時間で仕上げることで信頼を得られている」と語り、これが競争優位の重要な要素であることを認識した。

③「経営者としての反省点はありますか？」との質問に、社長は一瞬沈黙し、目を閉じて考え込んだ後、「私が現場に張り付いていて、営業をおろそかにしていることだ」と述べた。「若い頃、先輩に『金槌を置きなさい』と言われたのを思い出しました。経営者としての役割をもっと意識しなければならない」と自省したようである。

④「過去の成功体験が現在にどう影響していますか？」との質問に、バブル崩壊後の中抜きで直接下請けになった経験が語られた。社長は「これがあったからこそ今の信頼がある」と振り返り、この経験をさらに生かすための方向性を模索し始めた。

これらの問いかけと気づきを通じて、社長自身が潜在的な強みと新たな戦略を具体的に描けるようになった。こうして、「自社の強み」と「機会」を掛け合わせ、今後取り組むべき「積極戦略」を抽出したのが、次ページの表である。

(5) SWOT分析の掘り下げ不足などの反省点と成果

SWOT分析を終えた後、振り返るといくつかの課題が見えてきた。

①データの具体性不足：初回では、案件別粗利率や熟練技術者の数といった具体的なデータが不足していた。後日、これらを補完することで、SWOT分析に基づく戦略の説得力が大きく向上した。具体的には、同社の強みとして「〇〇加工技術が県内唯一」というファクトを確認できた。

②対話の深度：初回のセッションでは、経営者の考えを十分に引き出せなかった場面があった。しかし、2回目以降では、社長との対話に融和感が生まれ、「工場内での技術革新が営業戦略の核になり得る」との気づきが得られた。特に「短納期で高品質な工事を実現する仕組み」の重要性を再確認できた。（156ページに続く）

積極戦略（すぐに取り組む具体策）

組合せ	何を（商品商材）どうしたい（KSF）	顧客	
		ターゲット（顧客・チャネル）	今後の具体的なニーズ（買いたい理由）
6 × CD	●木材の表情が生かされた和モダンイメージの内装 ●複雑な切り抜き加工を生かして施設のコンセプトを表現する「和魂洋才」リフォームプラン（インバウンドが喜ぶ、和モダンオーダーメイドリフォーム戦略）	●別府、湯布院を主とする旅館・ホテルオーナー（施主）	●ゲストに評価される施設を目指し、リフレッシュ投資をしたいが、予算はかけられない。 ●宮崎県を訪れる外国人観光客の数が急増している。
	業務プロセス視点		
	マーケティング・販促戦略	プロダクト・販売・体制構築の仕方	業務プロセス視点 KPI 1
	●設計事務所攻略目標先をリストアップし、DM送付、訪問、提案の流れをつくる	●デザイン提案要素のテンプレートを作り、それを施主にあわせてカスタマイズする	●施工写真のストーリー付きアップ数　2件/月

組合せ	何を（商品商材）どうしたい（KSF）	顧客	
		ターゲット（顧客・チャネル）	今後の具体的なニーズ（買いたい理由）
9 × AE	●設計事務所にとって都合のよいパートナー戦略（プロジェクトに必須のパートナーになる）	●宮崎・福岡のホテル・商業施設などの大型物件を得意とする設計事務所	●設計上の制約と限界の中で見栄えのよい内装が提供できる ●デザインイメージに合うように設計変更に随時短時間で対応 ●設計士が現場のおさまりのイメージがつかない場合もわかりやすく提案
	業務プロセス視点		
	マーケティング・販促戦略	プロダクト・販売・体制構築の仕方	業務プロセス視点 KP 1
	●施工物件の内覧会にターゲット設計事務所を同行、案内	●設計部門の協力する余力の確保 ●営業部長を情報収集専任に（設計5人、積算4人のうち2名をプロジェクトメンバーに）	●設計事務所の検討依頼をもらうために物件用途別施工イメージ別（例えば和モダン）事例集を作成
		●「設計問題解決集」のデザイン、アップロードは外注業者を使う	●リストアップしたターゲット設計事務所に年間1冊「物件用途別施工イメージ事例集」を送る

Chapter 4：KPI監査の実例❶　建設会社

視点				KGI
求める具体的なサービス・付加価値・課題解決	顧客視点 KPI 1	顧客視点 KPI 2		
●インバウンドに対応した和のイメージのファサード、エントランス、特別室の改装	●カタログ持参訪問件数年間18件、提案件数年間5件 ●設計事務所へのアピールツール作成	●実績と施工例をアピールするプロモーション動画を制作する ●実績のブランディング動画のアップ数		●設計事務所指名での受注比率が20％（現ゼネコン下請け100％）→売り上げが読めるようになる
	主要行動キーワード・実施行動項目名			関連業績・個数・粗利率・粗利等
業務プロセス視点 KPI 2				
●デザイン提案要素のテンプレート　2件/月	●施工写真のストーリー付きアップ数　2件/月	●プロモーション動画		●2027年　設計事務所指名受注額3億円
	●デザイン提案要素のテンプレート　2件/月	●設計事務所開拓		

視点				KGI
求める具体的なサービス・付加価値・課題解決	顧客視点 KPI 1	顧客視点 KPI 2		関連業績・個数・粗利率・粗利等
●設計事務所のわがままデザイン対応木工製作家具を提供 ●施主との打ち合わせが具体化した段階で、設計事務所のアイデアを形にする。夢を現実にする。	●過去実績から設計上のコツ（設計問題解決集）をホームページに年間10件アップロード	●リストアップしたターゲット設計事務所に年間1冊「設計問題解決集」を送る		●2025年に宮崎・福岡でターゲット設計事務所各1件の取引実績
	主要行動キーワード・実施行動項目名			関連原価・経費予測（掛かる設備投資、原価、必要経費等）
業務プロセス視点 KPI 2				
●設計事務所が気軽に問い合わせできる「トライアル検討依頼シート」をホームページに掲載	●設計問題解決事例集	●ホームページの充実とトライアル検討依頼		●販促物提供（制作、配布）当初300万円
●トライアル検討依頼を年間10件受ける	●物件用途別施工イメージ事例集			●ウェブデザイナーと協議してホームページ改良費を年間予算化

③時間配分の課題：短いセッションを多く行うよりも、長時間の集中した対話が効果的であると実感した。実際に、4時間にわたる2回目のセッションでは、エンドユーザー視点に立った議論が深まり、「設計事務所との連携」という新たな戦略的方向性が具体化した。

④エンドユーザー視点の補完：初回ではゼネコンや設計事務所との関係性に焦点を当てていたが、2回目以降は「施主の先にいる顧客のニーズ」にも視点を広げた。この結果、「和モダンデザイン」という切り口が生まれ、積極戦略の骨子が明確になった。

これらの反省などを活かし、SWOT分析の成果として以下の点が挙げられる。

- 新たな積極戦略の構築：「和モダンデザイン提案」や「設計事務所向け営業ツール」のアイデアが具体化し、行動計画に落とし込まれた。
- 経営者の意識改革：社長自身が「経営者としての役割を果たす」という自覚を持ち始めた。
- データに基づく戦略提案：具体的なデータを基にした議論が可能となり、説得力が増した。

(6) SWOT分析のまとめ

　SWOT分析は、「X建設の強みと機会を体系的に整理」し、X建設らしい独自性を活かした具体的な積極戦略を導き出す有効な手段となった。特に、和モダンデザインの提案や設計事務所との連携強化といった具体的な戦略が明確化され、経営者の意識改革にもつながった。

　また、初回では不十分だったデータや対話の深度が、セッションを重ねるなかで補完され、分析の質を高めることができた。しかも、私自身が新たな提案をしたわけでもなく、社長の潜在意識を「オモテ化」して、社長自身が納得をするというカタチだったことで、本人の納得性が非常に高いものになった。

　一方で、当初からデータ収集やエンドユーザー視点を強化していれば、さらに効果的な議論が可能であったことも事実である。この経験をふまえ、今後の分析では準備段階をさらに充実させ、より迅速かつ的確な戦略提案を行うべきだと考える。

　次節では、SWOT分析の結果をもとに作成した「業績の公式のシート」を通じて、X建設の経営課題を具体的に紐解いていく。

4 「業績の公式」の分析

(1) 分析の流れ

　X建設における「業績の公式」の分析は、売上と利益の2つの視点から行った。最初に社長と取締役を交えたヒアリングの場で、具体的な売上と利益に影響を与える要素を洗い出した。

　売上のKGI（Key Goal Indicator）は「設計事務所からの受注のため、大手設計事務所の地方拠点3事務所を新規開拓する」を設定した。このKGIを達成するためのKSF（Key Success Factors）として、以下の項目を挙げた。

- 設計事務所担当者の認知度を高める
- 毎月「パーツ別の画像入り実績事例集」を作成し、配布する
- ブランディング動画を活用し、設計事務所の顧客によいイメージを持ってもらう
- 設計事務所担当者が問い合わせしやすい環境を整える（トライアル検討依頼シートを用意）

　これらをもとに、顧客視点のKPI（Key Performance Indicator）として「福岡の全国的有力設計事務所3事務所に月1回顔出しをし、年間計画に基づいて実績事例集を持参する」を目標に掲げた。

　業務プロセス視点のKPIとしては、以下を設定した。

- パーツ別の動画を制作し、ホームページに掲載する
- 「パーツ別の画像入り実績事例集」を毎月1つ作成する

（160ページに続く）

「業績の公式」からのKSF-KPI設定

No.	顧問先名	売上KGI		売上KGI直結
1		●設計事務所からの受注であるので、新規開拓は大手設計事務所の地方拠点３事務所	●設計事務所担当者の認知度を高める	●「毎月パーツ別の画像入り実績事例集」を作成し、紹介先に配布
		利益KGI		利益KGI直結
		●熟練度の低い代理人の粗利率を２％上げる	●事前の段取りやスケジュールでチェックリストで管理（ベテランによる前乗りチェックも併用）	●見積積算の拾い漏れ防止（事例集作成後、継続的に物件反省会で周知する）

のKSF		顧客視点KPI目標
●ブランディング動画を見ていただき、設計事務所の顧客によいイメージをもってもらう	●設計事務所担当者が問い合わせしやすくする（トライアル検討依頼シートを置いてくる）	●福岡の全国的有力設計3事務所に月1回顔出しをして「毎月パーツ別の画像入り実績事例集」を持参（年間計画で）
		業務プロセス視点KPI目標
		●パーツ別の動画を制作しホームページに掲載 ●「パーツ別の画像入り実績事例集」を毎月1つ作成する
のKSF		顧客視点KPI目標
●収まりと工期に余裕がないので、前段取り励行、最初に追い込む、早期に先が見えるように詰めていく	●現場訪問頻度の高いAさん・Tさんを模範にする（クレーム率は現場に行く頻度に反比例）	●現場規模別標準訪問頻度100％
		業務プロセス視点KPI目標
		●3,000万円以上工事の物件反省会（工務会議で）開催数100％

一方、利益のKGIとして掲げたのは、「熟練度の低い代理人の粗利率を2％（2ポイント）上げる」ことである。具体的には、現在の実績粗利が18％の場合、それを20％に引き上げることを目標とした。
　「それ以上の粗利率を望んではいませんし、望むべきでもないと考えています。この粗利率でもって、粗利益額の最大化を目指したい」（経営幹部）

利益KGIを達成するためのKSFとして、以下を挙げた。

- 事前の段取りやスケジュール管理をチェックリストで徹底する（ベテランによる前乗りチェックを併用）
- 見積積算の拾い漏れを防止する（事例集を活用し、物件反省会で周知徹底する）
- 収まりと工期に余裕を持たせるため、前段取りを徹底し、早期にスケジュールを固める
- 現場訪問頻度の高いベテラン代理人を模範とする（訪問頻度とクレーム率に反比例の関係が確認されている）

　このように、売上と利益の公式を明確にすることで、業績改善に向けた具体的なアクションプランが描けるようになった。

(2) 経営者の反応や気づき

　売上KGIについては比較的スムーズに設定が進んだが、「この売上KGIを構成する要素を4つほど挙げてください」と私が尋ねたとき、社長は少し考え込んだ。
　「御社でいえば、契約金額×粗利率×工事受注件数＝粗利額のような公式ではないでしょうか？」と助言すると、社長は困惑しながらも、「なるほど、そういう視点で考える必要があるのですね」と応じた。
　また、具体的なKSFを挙げる段階では、「設計事務所との関係構築が弱い」という課題に社長自身が気づき、「営業部長と協力して、具体的なアクションを起こそう」と意欲を示した。さらに、ブランディング動画の活用や画像入り事例集の制作についても、「こうした資料は当社にはなかったが、確かに説得力がある」

と納得していた。

　利益KGIについては、熟練度の低い代理人の粗利率改善という課題に、社長はもともと強い問題意識を持っていたので、議論は活発であった。「収まりと工期の余裕を最初に詰めるべきだ」という考えが示されると、「これはまさに私が現場で感じていたことだ」と共感が得られた。また、現場訪問頻度が高い代理人ほどクレーム率が低いというデータに触れ、「現場を見て回ることの大切さを改めて感じる」との感想が寄せられた。

　「業績の公式」という概念自体には当初戸惑いを見せていたが、売上KGIに関する一連の議論を通じて趣旨を理解したようである。特に、自身の「肌感覚」をデータや言葉に落とし込むプロセスが、「経営者としての視点を広げる経験になった」と語った。

(3) 「業績の公式」についてのまとめ

　業績の公式を明確にする作業は、X建設の経営改善に向けた重要な一歩となった。売上KGIと利益KGIの設定を通じて、経営者が抱える課題が具体的に浮き彫りになり、それを克服するためのKSFとKPIが明確化された。

　特に、売上面では「設計事務所との関係構築」という新たな方向性が示され、これが同社の中長期的な成長戦略の核となる可能性が高い。一方、利益面では、現場管理の改善や代理人の熟練度向上が重点課題として認識され、実践的な解決策が提案された。

　このプロセスを通じて、社長自身が自社の課題を客観的に捉え直し、具体的な改善アクションをイメージできるようになったことが最大の成果である。

　次節では、これらの分析をもとに、X建設のボトルネックを特定し、さらなる戦略的アプローチを検討していく。

5 ボトルネックの特定

(1) ボトルネック分析の流れ

　X建設のボトルネック分析は、営業部門、工務部門のKGI（Key Goal Indicator）達成を阻む要因を整理する形で進められた。

　まず、営業部門では「ゼネコン所長との面談率の向上」、工務部門では「積算システムの適正化による失注回避」をそれぞれのKGIとして設定した。

　営業部門のボトルネック分析では、KGIを阻む要因として以下の点が浮かび上がった。

> - 元請から情報を引き出し、提案ができる営業パーソンが不足している（5名中2名のみが可能）。
> - 価格だけの駆け引きではなく、案件実現に向けた協議提案ができる営業担当者が足りない。

　一方で、もっと生かすべき強みとして、Nさんという営業担当者の存在が挙げられた。

　Nさんは訪問のたびに所長と面談できるノウハウを持ち、「あんたが一番熱心だ」と所長に信頼されている。この強みを生かすために、Nさんの行動を「Nメソッド」として分解し、マニュアル化、営業工程表の作成を提案した。

　また、営業工程を具体化し、訪問回数や提案頻度を設定することで、全体的な営業力の底上げを目指した。

　導き出したKPIは、「営業工程表を作成し、工程ごとの接触回数目標達成率を70％以上にする」というものである。

　工務部門のボトルネック分析では、KGI達成を阻む要因として以下が挙げられた。

- 指定単価で積み上げると他社より高くなる。
- 一部の工務担当者が現場をしっかり見ておらず、適切な原価管理ができていない。

これに対して、熟練工務担当者であるAさんとTさんの積算見積の実績を活用し、彼らのチェックリストを標準化、徹底させることを提案した。また、工務担当者が現場対応の具体的な行動を管理するチェックリストの作成も進めた。

導き出したKPIは、「3,000万円以上の物件では、AT式積算見積チェックリストに基づき、工務部長が100%チェックし指導する」というものとなった。

(2) そのボトルネックを経営者が指摘した理由

社長は当初、「今やっていることに問題はないのか」「力を入れるべきところを間違えていないか」という漠然とした不安を抱いていた。この疑問が具体的な問題意識を引き出す契機となった。

営業部門では、「提案型営業の不足」が課題として浮かび上がった。特にNさんの成功事例に触れたことで、「営業力を組織全体で底上げすべきだ」という意識が芽生えた。社長は「現場事務所の所長に信頼される営業力が必要だ」と強調し、この点が営業部門のボトルネック選択の決め手となった。

一方、工務部門では「積算の精度不足」が課題であることが明確になった。特に追加工事の見積提示が遅れることで、クレームや値引きが発生している点に問題意識が集まった。社長は「小さな積算漏れが大きな信頼損失につながる」と述べ、これを改善すべき最優先事項とした。

いずれの部門においても、経営者の直感とデータが一致するポイントを整理することで、ボトルネックを効果的に特定できた。

KPI目標設定シート

			最終収支目標ではなく、収支に直結する目標 ↓		経営者が認識している優先課題・物理的課題（具体性のある対策が取れないものは外す） ↓	今ある「強み」をさらに伸ばせば、業績貢献できる物理的具体的なこと ↓
部門名		KGI（重要到達目標）…部門目標		要素	業績阻害要因（優先問題点・ボトルネック）	もっと活かすべき「強み」
営業	→	ゼネコン所長との面談率の向上	→	顧客	● 元請から情報を引き出し、提案ができる営業マンが不足している（5名中2名しかできていない） ● 価格だけの駆け引きではなく、Nさんら2名のように、元請さんに案件実現に向けた協議提案ができる営業担当者が足りない	● Nさんは訪問するたびに所長と面談できるノウハウがある ● 足をしっかり運んで信頼を勝ち取る「あんたが一番熱心だ」 ● 現場事務所の所長が抱える不安に応える ● どの段階で情報把握しているか ● どの段階で引き合いがあるか
				業務プロセス（商品・仕組み等）	● クレーム処理対応を誤ると信頼を失うおそれが大きい	● いまでもクレーム処理に対する意識が高いことで、ゼネコンからの信頼が厚い（自社の責任で処理して完了できるから信頼感が厚い）

			最終収支目標ではなく、収支に直結する目標 ↓		経営者が認識している優先課題・物理的課題（具体性のある対策が取れないものは外す） ↓	今ある「強み」を更に伸ばせば、業績貢献できる物理的具体的なこと ↓
部門名		KGI（重要到達目標）…部門目標		要素	業績阻害要因（優先問題点・ボトルネック）	もっと活かすべき「強み」
工務	→	積算システムの適正化による失注回避	→	顧客	● 指定単価で積み上げると他社よりも高くなる ● 工務担当者の一部が現場をしっかり見て、職人や元請とコミュニケーションがとれていない。適時の資材搬入ができていない。人工や外注費など適切な原価管理を細かく見れる人が少ない	● 目的意識をもって動いている従業員 ● 熟練した工務担当者2名（Aさん、Tさん）が積算見積すると適正価格で受注できる
				業務プロセス（商品・仕組み等）	● 追加工事、数量増減の社内共有が遅れ見積提示が遅くなるから、追加工事代金の請求値引きが起こる ● 連絡前に工事着手してしまう ● 工務が小さな追加工事の積算の見落としがある ● どんなIT（業務システム）を装備しているか	● 総務経理がしっかりしているので、追加工事の見積請求チェックができる ● 社長が持っている知識、経験、判断を文書化して共有する

Chapter 4：KPI監査の実例❶　建設会社

会社名	X建設株式会社
作成日	2024/9/20

ボトルネックや強み伸張箇所から、KGI達成に有効なKSFを選択。複数でも可

KSFが具体的に進捗させる行動プロセス目標を設定（取り敢えず月間で行動チェックができる事を優先する）

重要成功要因（KSF）…KGIを決める具体的な行動要素

- Nメソッドを行動分解し、言語化、マニュアル化し、営業工程表をつくる
- 営業の工程を決めて、工程ごとに何回訪問し、何回提案するかを決める

KPI（KSFの行動指標化）

- 営業工程表を作成して、工程ごとの接触回数目標達成70％以上

- 過去に起こったクレームを分析し、類似のクレームを発生させない（随時の打ち合わせで迅速対応）

- クレーム処理満足度100％を目指すために、クレーム処理台帳を作成し、記入率100％と物件反省会での情報共有100％

ボトルネックや強み伸張箇所から、KGI達成に有効なKSFを選択。複数でも可

重要成功要因（KSF）…KGIを決める具体的な行動要素

- Aさん、Tさんが実践している積算見積チェックリストの徹底
- 工務担当者の現場対応チェックリスト化

KPI（KSFの行動指標化）

- 3,000万円以上物件ではAT式積算見積チェックリストに沿っているか、工務部長が100％チェックし指導

KSFが具体的に進捗させる行動プロセス目標を設定（取り敢えず月間で行動チェックができる事を優先する）

- 少額追加工事がわかった時点で工務日報に記載し、見積を作成する（総務経理は工務日報をみて追加見積のプッシュを行う）

- 日報の書式に「追加工事発生」欄を追加し、必ず見積提出予定期日を記入して、それを総務が間接チェックする：チェック率100％
- 工務部長が週2回各担当者に追加がないか確認する：チェック率100％

(3) 経営者の反応と気づき

　ボトルネックの整理が完了したとき、社長の表情には明確な手応えが感じられた。「これなら具体的に手を打てる」との言葉には、課題が整理されたことへの安心感と、それを克服する意欲が滲んでいた。
　営業部門については、「Nメソッド」の導入に特に期待を寄せた。「Nさんのやり方を全員に伝えることで、全体の営業力が底上げされる」と確信し、「早速、営業会議でこの話を共有しよう」と言葉にした。
　また、訪問回数や提案頻度を具体的に管理するKPIに対しても、「これなら現場感覚に合う」と評価した。
　工務部門では、積算システムの精度向上に向けた取り組みに強い関心を示した。「AさんとTさんのやり方を標準化するのは、工務部全体の底力を上げる大きなチャンスだ」と語り、チェックリストの作成や管理体制の構築に前向きな姿勢を示した。また、「追加工事を見逃さずに請求する仕組み」が整備されることで、「細かい改善が大きな利益につながる」との気づきを得た。
　このように、ボトルネック分析を通じて、X建設の経営者は自社の課題を具体的に捉え、それを克服するための道筋を見出した。
　「課題は明確化すれば解決できる」という手応えが、社長の自信を深めることとなった。

(4) ボトルネック特定についてのまとめ

　ボトルネックシートの作成と分析は、X建設の経営課題を具体化し、克服のための方向性を示す重要なプロセスであった。
　営業部門では「提案型営業の不足」、工務部門では「積算精度の課題」がそれぞれ明確化され、具体的なKPIとアクションプランが設定された。
　このプロセスを通じて、社長は経営の現場における課題を改めて認識し、その改善に向けた意欲を新たにした。特に、営業部門の「Nメソッド」や工務部門の「チェックリスト標準化」といった取り組みが、組織全体の効率性と信頼性を向上させる重要な鍵となることが示された。

6　KGI−KSF−KPI 体系

(1) 体系図の内容

　X建設のKGI（Key Goal Indicator）、KSF（Key Success Factor）、KPI（Key Performance Indicator）の体系図は、SWOT分析や業績の公式、ボトルネック特定から得られた洞察をもとに作成された。

❶ SWOT分析からのアプローチ

　最初に設定されたKGIは「設計事務所指名での受注比率を20％に引き上げる」ことであった。これにより、売上予測の精度向上が期待された。

KGI 1：設計事務所指名での受注比率を20％に引き上げる

KSFとして以下が選ばれた。

- 木材の質感を活かした和モダンイメージの内装デザイン
- 「和魂洋才」をテーマとしたオーダーメイドのリフォームプラン

顧客視点のKPIは次のとおりである。

- カタログ持参訪問件数年間18件
- 提案件数年間5件
- 設計事務所へのアピールツールの作成
- 実績と施工例をアピールするプロモーション動画の制作

業務プロセス視点のKPIは次のとおりである

- デザイン提案要素のテンプレート作成（月2件）
- 施工写真のストーリー付きアップロード（月2件）

KGI 2：宮崎・福岡のターゲット設計事務所各1件の取引実績をつくる

　この目標の達成には、「設計事務所にとって都合のよいパートナーになる」というKSFが重要とされた。

　顧客視点のKPIとしては、以下が設定された。

- 設計上の課題をまとめた「設計問題解決集」を年間10件HPにアップ

- リストアップした設計事務所に「設計問題解決集」を年間1冊送付

業務プロセス視点のKPIは次のとおりである。
- 物件用途別の施工イメージ事例集の作成と送付
- 「トライアル検討依頼シート」をHPに掲載し、年間10件の検討依頼

❷業績の公式からのアプローチ

KGI 3：設計事務所から受注するため、大手設計事務所の地方拠点3事務所を新規開拓

売上向上に直結するこのKGIには、以下のKSFが挙げられた。
- 「毎月パーツ別の画像入り実績事例集」を作成して、紹介先に配布
- ブランディング動画を見てもらい、設計事務所の顧客によいイメージを抱いてもらう

顧客視点のKPIは、福岡の3つの全国的有力設計事務所に月1回顔出しして「毎月パーツ別の画像入り実績事例集」を年間計画で持参することである。

業務プロセス視点のKPIは以下のとおりである。
- パーツ別の動画を制作しホームページに掲載する
- 「パーツ別の画像入り実績事例集」を毎月1つ作成する

KGI 4：熟練度の低い代理人の粗利率を2ポイント上げる

利益向上に直結するこのKGIには、以下のKSFが挙げられた。
- 段取りやスケジュールの事前管理を強化するチェックリストの活用
- 工期に余裕を持たせる前段取りの励行

顧客視点のKPIは、規模別の標準訪問頻度を100％達成することである。

業務プロセス視点のKPIは以下のとおりである。
- 3,000万円以上の物件については、物件反省会を100％開催
- 現場訪問頻度の記録をデータ化し、モニタリング

❸ボトルネックからのアプローチ

KGI 5：ゼネコン所長との面談率の向上

営業部門のKGIであるこの目標に向け、KSFとして以下が選定された。
- Nメソッド（所長との信頼構築手法）の標準化と営業工程表の作成
- クレーム対応の迅速化

顧客視点のKPIは以下のとおりである。

- 営業工程表を作成し、工程ごとの接触回数目標達成率70％以上

業務プロセス視点のKPIは以下のとおりである。
- クレーム処理満足度100％を目指し、クレーム処理台帳を作成し、記入率100％を達成
- 物件反省会での情報共有率100％を維持

KGI 6：積算システムの適正化による失注回避

この工務部門KGIには、以下のKSFが挙げられた。
- Aさん、Tさんが実践している積算見積チェックリストの徹底
- 工務担当者の現場対応チェックリスト化
- 少額追加工事がわかった時点で工務日報に記載し、見積を作成する（総務経理は工務日報を見て追加見積のプッシュを行うこととする）

業務プロセス視点のKPIは以下のとおりである。
- 3,000万円以上の物件ではAT式積算見積チェックリストに沿っているか工務部長が100％チェックし指導する
- 日報の書式に「追加工事発生」欄を追加し、見積提出予定期日を必ず記入して、それを総務が間接チェックする。そのチェック率を100％励行する
- 工務部長が週2回各担当者に少額追加工事がないか確認するチェック率を100％とする

(2) KGI–KSF–KPIの体系が整理された時の経営者の反応

KGI–KSF–KPIが体系的に整理された図を見た社長は、その視覚的な整理に感心した。「こうして全体が見えると、課題も目標もより明確だ」と述べ、自社の取り組み方針に自信を深めた様子であった。

特に、「営業は頑張っていると思っていたが、こうやって数値化されると、まだやれる余地が多いことがわかる」とのコメントは印象的であった。また、「営業部の目標達成率を70％以上にする」というKPIには、「これなら現場感覚に合う」と納得の表情を見せた。

S取締役は、「この体系図のおかげで、従業員にも目標が見えやすくなりますね。何をすべきかが具体的で、成果の追い方も明確だと思います」と評価した。さらに、具体的なKPIを通じて、「自分の仕事が会社全体の成果にどう影響するのか」を従業員が実感できるようになる点を強調した。

KGI-KSF-KPI 体系図

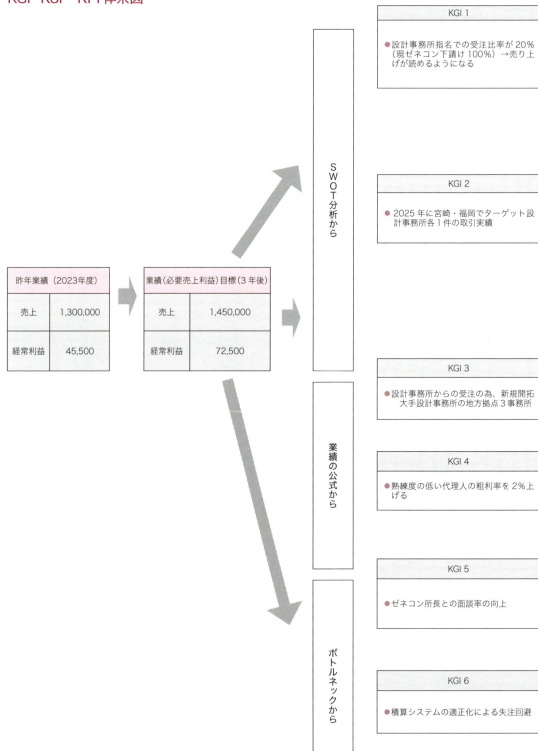

Chapter 4：KPI監査の実例❶　建設会社

KSF	顧客KPI / 業務プロセスKPI
KSF 1 ● 木材の表情が生かされた和モダンイメージの内装 ● 複雑な切り抜き加工を生かして施設のコンセプトを表現する「和魂洋才」リフォームプラン（インバウンドが喜ぶ、和モダンオーダーメイドリフォーム戦略）	**顧客KPI 1** ● カタログ持参訪問件数年間18件、提案件数年間5件 ● 設計事務所へのアピールツール作成
	顧客KPI 2 ● 実績と施工例をアピールするプロモーション動画を制作する ● 実績のブランディング動画のアップ数
	業務プロセスKPI 1 ● 施工写真のストーリー付きアップ数　2件／月
	業務プロセスKPI 2 ● デザイン提案要素のテンプレート　2件／月
KSF 2 ● 設計事務所にとって都合のよいパートナー戦略（プロジェクトに必須のパートナーになる）	**顧客KPI 1** ● 過去実績から設計上のコツ（設計問題解決集）をホームページに年間10件アップロード
	顧客KPI 2 ● リストアップしたターゲット設計事務所に年間1冊「設計問題解決集」を送る
	業務プロセスKPI 1 ● 設計事務所の検討依頼をもらうために物件用途別施工イメージ別（例えば和モダン）事例集を作成 ● リストアップしたターゲット設計事務所に年間1冊「物件用途別施工イメージ事例集」を送る
	業務プロセスKPI 2 ● 設計事務所が気軽に問い合わせできる「トライアル検討依頼シート」をホームページに掲載 ● トライアル検討依頼を年間10件受ける
KSF 1 ●「毎月パーツ別の画像入り実績事例集」をつくって、紹介先に配布	**顧客KPI 1** ● 福岡の全国的有力設計3事務所に月1回顔出しをして「パーツ別の画像入り実績事例集」を持参（年間計画）
KSF 2 ● ブランディング動画を見ていただき、設計事務所の顧客によいイメージをもってもらう	**業務プロセスKPI** ● パーツ別の動画を制作しホームページに掲載 ●「パーツ別の画像入り実績事例集」を毎月一つ作成する
KSF 3 ● 事前の段取りやスケジュールでチェックリストで管理（ベテランによる前乗りチェックも併用）	**顧客KPI** ● 現場規模別標準訪問頻度100％
KSF 4 ● 収まりと工期に余裕がないので前段取り励行、最初に追い込む、早期に先が見えるように詰めていく	**業務プロセスKPI** ● 3,000万円以上工事の物件反省会（工務会議で）開催数100％
KSF 1 ● Nメソッドを行動分解し、言語化、マニュアル化、営業工程表をつくる ● 営業の工程を決めて、工程ごとに何回訪問し、何回提案するかを決める	**顧客KPI** ● 営業工程表を作成して、工程ごとの接触回数目標達成70％以上
KSF 2 ● 過去のクレームを分析し、類似のクレームを発生させない（随時の打ち合わせで迅速対応）	**業務プロセスKPI** ● クレーム処理満足度100％を目指すために、クレーム処理台帳を作成し、記入率100％と物件反省会での情報共有100％
KSF 3 ● Aさん、Tさんが実践している積算見積チェックリストの徹底 ● 工務担当者の現場対応チェックリスト化	**業務プロセスKPI** ● 3,000万円以上物件ではAT式積算見積チェックリストに沿っているか工務部長が100％チェックし指導
KSF 4 ● 少額追加工事がわかった時点で工務日報に記載し、見積を作成する（総務経理は工務日報をみて追加見積のプッシュを行う）	**業務プロセスKPI** ● 日報の書式に「追加工事発生」欄を追加し、必ず見積提出予定期日を記入して、それを総務が間接チェックするチェック率100％ ● 工務部長が週2回各担当者に追加がないか確認するチェック率100％

一方で、社長は「こういう整理ができると、次にやるべきことが明確になる。しかし、これを現場にどうやって浸透させるかが重要だ」と述べ、組織全体での展開を課題に挙げた。

　「まずは営業会議でこの体系図を共有しよう。そして、各部門で具体的な行動計画に落とし込む必要がある」と具体的な提案を行った。

　また、工務部門の目標についても、「AさんやTさんのやり方を全員が共有できるようになると、現場全体の質が上がる」と期待を寄せた。「追加工事の見積を見逃さない仕組みが整備されることで、細かい改善が大きな利益に結びつく」との考えに合致し、非常に前向きな姿勢を示した。

　最後に、社長は「この体系図を見ると、われわれの目指すべき方向がはっきりしてくる。これからも、目標達成に向けて全力で取り組みたい」と力強い決意を述べた。この発言は、社長自身のリーダーシップを従業員に示し、組織全体のモチベーションを高める原動力となると確信した。

7 KPI 監査モニタリング

(1) KPI 監査モニタリングの内容

KPI 監査モニタリングシートは、X 建設における KPI 達成状況を振り返り、計画・実績・対策の 3 つの観点から分析を行うためのツールである。

モニタリングは 2 か月単位で行い、行動の進捗を可視化することを目的としている。短期間では成果が見えにくい場合でも、2 か月ごとに振り返りを行うことで、意欲を保ちながら課題を明確にする仕組みである。

具体的な項目には以下のような内容が含まれる。

❶ KPI 項目とその目標値

例えば、設計事務所への訪問件数、デザインテンプレートの作成数、クレーム処理台帳の記入率など。

❷ 計画・実績・対策

計画：KPI 達成のために立てた行動計画
- 実績：実際に達成した進捗状況
- 対策：計画と実績のギャップを埋めるための改善策

責任者と締切
- KPI ごとに担当者を明確化し、締切を設定

このシートは、単なる進捗確認だけでなく、行動の改善と方向修正を行うための重要な手段として活用されている。

KPI監査モニタリング（1）

	実施項目 （何をどうする）KSF	視点	KPI内容	担当者	主要行動キーワード・実施行動項目名	計画
積極戦略とKSFからのKPI	●木材の表情が生かされた和モダンイメージの内装 ●複雑な切り抜き加工を生かして施設のコンセプトを表現する「和魂洋才」リフォームプラン（インバウンドが喜ぶ、和モダンオーダーメイドリフォーム戦略）	顧客視点	●カタログ持参訪問件数年間18件、提案件数年間5件 ●設計事務所へのアピールツール作成		●カタログ作成 ●プロモーション動画 ●デザイン提案要素のテンプレート ●設計事務所開拓	●カタログの骨子作成 ●デザインテンプレート作成数2個/月
		業務プロセス視点	●デザイン提案要素のテンプレート2件/月		●ホームページ用施工写真のストーリー付きアップ数	●デザインテンプレート作成数2個/2か月の指導
	●設計事務所にとって都合のよいパートナー戦略（プロジェクトに必須のパートナーになる）	顧客視点	●過去実績から設計上のコツ（設計問題解決集）をホームページに年間10件アップロード		●設計問題解決事例集 ●物件用途別施工イメージ事例集 ●ホームページの充実とトライアル検討依頼	●問題解決事例作成数 1 個/月
		業務プロセス視点	●設計事務所の検討依頼をいただくために、物件用途別施工イメージ別（例えば和モダン）事例集を作成		●物件用途別施工イメージ別事例集	

Chapter 4：KPI監査の実例❶　建設会社

2024年度		2025年度					
11-12月		1-2月			3-4月		
実績	対策	計画	実績	対策	計画	実績	対策
●カタログに載せる物件は確定、目次や体裁は未確定 ●デザインテンプレート作成数0個/2か月	●12月末までにカタログの写真データとコピーライティングを印刷会社に提出 ●デザインテンプレートの概念が決まっておらず、どれをテンプレにするか設計がわかっていない。1月工務会議でテンプレの中身を提示して再開する	●カタログ納品、持参開始 ●デザインテンプレート作成数4個/2か月	●デザインテンプレ2個/2か月	●1月末にカタログが納品されたので、2月から持参開始 ●テンプレの理解は進んだので、3月から予定通り毎月2件を上げる予定	●カタログ持参訪問2件/月		●営業ツールの持参営業スタート
●12月にコンサルから施工写真のストーリテリングやコピーライティングを学習	●1月からAホテル、Bレストランの施工写真のストーリテリングをホームページに掲載	●施工写真のストーリテリングの掲載2件/月	●施工写真のストーリテリング計算1件/月	●ストーリテリングの内容の確定に時間がかかったので1件止まり（理由：毎回社長にまで確認するから時間がかかる。今後は取締役が判断する）	●施工写真のストーリテリングの掲載2件/月		
●工務会議で事例作成の流れを決定	●工務会議で「施工方法の提案による問題解決事例」のネタを持ち寄って、社長代理がまとめることに決定。毎月1件ずつアップロード	●問題解決事例作成数1個/月 ●ホームページ改訂の骨子を決定	●問題解決事例作成数0個/月 ●業者らとホームページ改訂打ち合わせ	●事例にすべきネタを社長代理が担当者に作成指示する ●Nさんがホームページで九州全域カバー可能。木材在庫量、営業拠点網、職人数のアピール文を作成し、総務がアップロード	●問題解決事例作成数1個/月 ●ホームページ改訂		
		●社長代理を議長に、営業と工務で事例集作成手順と分担を打ち合わせ	●日程調整つかず、打ち合わせ未実施	●他の取り組みが軌道に乗るまでいったん棚上げする			

KPI監査モニタリング（2）

		実施項目 （何をどうする）KSF	視点	KPI内容	担当者	主要行動キーワード・ 実施行動項目名	計画
業績の公式KSFからのKPI	売上KGI	●設計事務所からの受注の為、新規開拓　大手設計事務所の地方拠点3事務所	顧客視点	●福岡の全国的有力設計事務所3事務所に月1回顔出しをして「毎月パーツ別の画像入り実績事例集」を持参（年間計画で）		●福岡の全国的有力設計事務所事例集持参営業	●月1回福岡に出張営業
			業務プロセス視点	●パーツ別の動画を制作しホームページに掲載 ●「パーツ別の画像入り実績事例集」を毎月1つ作成する		●パーツ別の動画制作 ●パーツ別の画像入り実績事例集	
	利益KGI	●熟練度の低い代理人の粗利率を2％上げる	顧客視点	●現場規模別標準訪問頻度100％		●契約前実行チェックリスト ●現場規模別標準訪問頻度	
			業務プロセス視点	●3,000万円以上工事の物件反省会（工務会議で）開催数100％		●物件反省会	

Chapter 4：KPI監査の実例❶　建設会社

2024年度		2025年度					
11−12月		1−2月			3−4月		
実績	対策	計画	実績	対策	計画	実績	対策
●福岡出張1回し、3事務所を訪問		●月1回福岡に出張営業	●福岡出張1回し、3事務所を訪問				
		●社長代理を議長に営業と工務で事例集作成手順と分担を打ち合わせ	●日程調整つかず、打ち合わせ未実施	●まずは事例集よりも動画制作を先行させる	●動画制作に向けて業者選定、打ち合わせ		
		●物件反省会開催のためのオリエンテーション実施	●日程調整つかず未実施	●3/3の会議終了後にオリエンテーション実施を決定	●物件反省会開催のためのオリエンテーション実施		

KPI監査モニタリング（3）

		実施項目 （何をどうする）KSF	視点	KPI内容	担当者	主要行動キーワード・実施行動項目名	計画
ボトルネックKSFからのKPI	営業販売	●Nメソッドを行動分解し、言語化、マニュアル化し、営業工程表をつくる ●営業の工程を決めて、工程ごとに何回訪問し、何回提案するかを決める	顧客視点	●Nメソッドを行動分解し、言語化、マニュアル化し、営業工程表をつくる ●営業の工程を決めて、工程ごとに何回訪問し、何回提案するかを決める		●Nメソッドのマニュアル化 ●営業工程表（工程と工程ごとにやるべきことがみえる一覧表）	
		●過去に起こったクレームを分析し、類似のクレームを発生させない（随時の打ち合わせで迅速対応）	業務プロセス視点	●過去に起こったクレームを分析し、類似のクレームを発生させない（随時の打ち合わせで迅速対応）		●クレーム処理台帳	
	製造他	●Aさん、Tさんが実践している積算見積チェックリストの徹底 ●工務担当者の現場対応チェックリスト化	顧客視点	●Aさん、Tさんが実践している積算見積チェックリストの徹底 ●工務担当者の現場対応チェックリスト化		●AT式積算見積チェックリスト ●現場対応チェックリスト ●工務部長によるチェック	
		●少額追加工事が分かった時点で工務日報に記載し、見積もりを作成する（総務経理は工務日報をみて追加見積のプッシュを行う）	業務プロセス視点	●少額追加工事が分かった時点で工務日報に記載し、見積もりを作成する（総務経理は工務日報をみて追加見積のプッシュを行う）		●少額工事の見える化 ●日報の「追加工事発生」欄追加 ●総務による間接チェック ●工務部長によるチェック	●日報に「追加工事発生」欄を追加 ●総務による間接チェック ●工務部長による週2回チェック

Chapter 4：KPI監査の実例❶　建設会社

2024年度		2025年度					
11-12月		1-2月			3-4月		
実績	対策	計画	実績	対策	計画	実績	対策
●日報に「追加工事発生」欄を追加完了 ●総務による間接チェック率は50％以下 ●工務部長によるチェックは月1回にとどまる	●締日、支払日直前は間接チェックが手薄になるので、後日総務責任者がチェック状況を確認する ●工務部長によるチェックを最低毎週金曜日の終業時に固定する	●総務による間接チェック ●工務部長による週2回チェック					

❸ **KPIごとの計画・実績・対策の概要**

X社のKPIごとの計画・実績・対策について見ていく。

①カタログ持参訪問件数年間18件、提案件数年間5件

計画：11〜12月：カタログに掲載する物件と写真データを確定し、デザインと構成案をまとめる。
　　　1〜2月：カタログ納品後、営業部が計画的に持参訪問を開始する。

実績：11〜12月：写真データは確定したが、体裁やデザインは未完成でカタログ未完成。訪問件数はゼロ。
　　　1〜2月：カタログ納品後、2件の訪問を実施。

対策：デザインテンプレートの具体化を最優先タスクとし、3月の営業計画に基づいて訪問頻度を増加。訪問記録のフォーマットを営業部長が準備し、進捗確認を効率化。

②デザイン提案要素のテンプレート作成（2件／月）

計画：11〜12月：概念の共有と骨子作成を進める。
　　　1〜2月：実務レベルのテンプレートを2件作成。

実績：11〜12月：テンプレートの概念共有が遅れ、進捗なし。
　　　1〜2月：目標2件のうち、1件が完成。

対策：テンプレートの内容確認を取締役が担当し、社長確認を不要化。
　　　工務部と連携し、実現可能なテンプレート内容の検討を進める。

❹ **設計問題解決集の年間10件アップロード**

計画：11〜12月：問題解決事例の作成プロセスを工務会議で確定。
　　　1〜2月：毎月1件ずつ事例を作成し、ホームページへアップロード。

実績：11〜12月：工務会議で作成フローは確定したが、事例作成は未実施。
　　　1〜2月：ネタ集めは進行したものの、アップロードはゼロ。

対策：工務会議で優先順位を設定し、具体的な作成担当を割り当て。
　　　総務が事例入力を補助し、アップロード作業を迅速化。

❺ **物件用途別施工イメージ事例集の作成**

計画：11〜12月：営業と工務で事例集の骨子を確定。
　　　1〜2月：初期デザイン案を作成し、分担して進行。

実績：11〜12月：打ち合わせ未実施。進捗なし。

1〜2月：優先度の低下により棚上げ。
　対策：他のKPIの進捗が一定基準を超えた後に再着手。次回会議で再検討。

❻福岡設計事務所への月1回訪問（年間計画）
　計画：毎月1回訪問し、年間計画に沿って進行。
　実績：11〜12月：1回の訪問を実施し、3事務所と接触。
　　　1〜2月：訪問を継続し、追加で3事務所と面談。
　対策：訪問計画の具体性を高め、提案資料を充実させる。
　　　設計事務所ごとのフォロー体制を強化。

❼パーツ別動画制作および実績事例集作成
　計画：動画制作を優先し、事例集作成と並行。
　実績：11〜12月：動画制作が遅延し、事例集作成も進まず。
　　　1〜2月：動画制作の初期作業を開始。
　対策：動画制作を短期間で進行させるため、専門チームを設置。
　　　事例集作成の取り組みは4月以降にシフト。

❽現場規模別標準訪問頻度100％
　計画：工務部長が訪問頻度をモニタリングし、全社で進捗を確認。
　実績：訪問記録が不徹底な部門があり、全社統一が未達。
　対策：記録フォーマットを統一化し、週次確認を徹底。

❾3,000万円以上工事の物件反省会開催数100％
　計画：オリエンテーションを経て、月次反省会を実施。
　実績：11〜12月：オリエンテーション未実施で進捗なし。
　　　1〜2月：日程調整が難航し、未実施。
　対策：次回会議で具体的な開催スケジュールを確定。

❿営業工程表作成および接触回数目標達成70％
　計画：営業工程表を作成し、行動計画を明確化。
　実績：工程表作成が未完了、接触回数も未達成。
　対策：Nメソッドを反映した具体的行動案を策定。

⓫クレーム処理満足度100%を目指す
　計画：クレーム処理台帳の記入率を100%にする。
　実績：記入率50%、台帳の運用が不徹底。
　対策：総務が記入進捗を監視し、定期チェックを導入。

⓬3,000万円以上物件のAT式積算見積チェックリスト利用率100%
　計画：工務部長がチェックリストを全案件に適用。
　実績：一部案件で未適用。
　対策：チェックリストの使用義務化と定期指導を実施。

⓭日報「追加工事発生」欄の記入率100%
　計画：記入率とチェック率を完全達成。
　実績：記入率50%、チェック頻度が不足。
　対策：総務が記入状況を定期確認するよう、経理チェッカーが声がけする。
　　　　工務部長が週次報告を徹底。

(2) 第1回KPI監査モニタリング会議のドキュメント

　初回のKPI監査モニタリング会議は、社長をはじめ幹部社員が参加するなかで行われた。会議の冒頭、社長は次のように述べた。
　「われわれがどれだけの行動を起こしているか、そしてその行動が目標にどのようにつながっているかを、今日は全員で確認し合いたい。目標を掲げた以上、手をこまねいているわけにはいかない。課題があれば、それを乗り越える方法をここで一緒に考えようじゃないか」
　この言葉は参加者の緊張感を高めるとともに積極的な議論への呼び水となった。

❶進捗報告と反応
　S取締役がKPIモニタリングシートに基づき、11月〜12月の進捗状況を報告した。
　「全体的には初動が遅れており、特にデザインテンプレートの作成や営業訪問件数の目標未達が課題です。しかし、カタログの骨子作成が進み、具体的な方向性が見えてきた点は前向きに捉えたい」

この報告を受けて、工務部長は次のようにコメントした。

「テンプレートの作成が進まなかったのは、工務部側の理解不足もあります。1月の工務会議で具体案を提示し、全体で再始動させる準備を進めます」

一方、営業部長は訪問件数の遅れについて言及。

「訪問計画の立て方が曖昧だったことが反省点です。次回からは訪問先ごとに具体的な提案内容を準備し、効率的に行動したい」

❷課題と改善策の議論

デザインテンプレートの作成遅延については、責任分担の明確化が必要とされ、次回の工務会議で担当者を再確認することが決定された。また、訪問件数については、事前に訪問計画を立て、責任者が進捗を確認する仕組みを導入することとなった。

会議の締めくくりに、社長はこう述べた。

「遅れがあることを隠しても意味がない。重要なのは、今日ここで何を変えるかだ。1つひとつ改善して、次回にはもっとよい報告ができるようにしよう」

その言葉に一同が力強く頷き、初回のモニタリング会議は締めくくられた。

(3) 第2回KPI監査モニタリング会議のドキュメント

2回目のKPI監査モニタリング会議では、1～2月の進捗状況が報告された。

会議の冒頭、社長は再び熱い言葉を投げかけた。

「前回の会議での議論をもとに、今回はさらに具体的な成果を見せたい。何が進み、何がまだ遅れているのかを明確にして、次のステップを一緒に考えよう」

❶進捗報告と反応

S取締役が進捗を報告。

「デザインテンプレートの作成が進み、目標に近づいていますが、施工写真のストーリーテリング掲載は1件に留まりました。一方、カタログは納品され、持参訪問がようやくスタートしています」

この報告に対し、営業部長がコメント。

「訪問先でのアピールポイントがまだ弱いと感じます。テンプレートやカタログを使った効果的な営業手法を強化する必要があります」

また、工務部長は現場の対応について次のように述べた。

「反省会でのフィードバックが不足していると感じます。これを改善するため、月次の物件反省会を確実に実施する計画を立てます」

❷課題と改善策の議論

2回目のモニタリングでは、初回の課題に対する具体的な進捗が見られたものの、一部の項目で遅れが依然として課題となっていた。特にストーリーテリングや事例集作成の遅延については、優先順位を再検討する必要性が指摘された。

社長は議論の最後にこう締めくくった。

「よい流れが出てきている部分もあるが全体的にはまだスピードが足りない。今日話し合った改善策を全員で実行し、次回にはさらによい成果を共有しよう」

❸1回目のKPI監査で課題を出したことの改善実績がどうだったか

「設計事務所の検討依頼をもらうための事例集作成」というKPIについては、初回の会議で優先事項として挙げられたが、日程調整がつかず棚上げされたままである。その理由について、S取締役は次のように述べている。

「他の取り組みが遅れているなかで、事例集作成に十分なリソース（経営資源）を割くのが難しい状況でした。しかし、これを完全に放置するのではなく、優先度を見直して段階的に取り組む計画に切り替えました」

結果的に、このKPIは他のタスクが進捗するまで一時的に後回しとされ、リソース配分を適切に調整する判断が行われた。X社長もこの判断を支持し、「やれることから確実にやっていくことが重要だ」との見解を示した。

以上のようにKPI監査モニタリングの実施により課題が明確化され、具体的な対策が次回のモニタリングに向けて設定されている。目標未達成の理由についてもリソースの調整や責任者の再割当が進められ、改善の基盤が整いつつある。

X社は、モニタリング会議の結果、事例集作成というKPIを一時棚上げする決断をした。すべてのKPIを同時に進めることが困難な場合、優先度を再考し、進捗が見込めるタスクに注力することは賢明な選択である。

この柔軟なアプローチが最終的な目標達成を支えることになる。一度決めたKPIを絶対視せず、現実に即した調整を行うことこそ、持続的な改善の鍵であると考える。

8 KPI監査を行った経営者の反応と成果

(1) コンサルティングを通しての経営者の反応の変化

　X建設のKPI監査を通じて、経営者であるX社長は、目に見える変化を遂げた。最初は抽象的な目標や不安を抱えていたが、具体的な行動計画とモニタリングを重ねることで、彼の姿勢や考え方に明確な進化が見られた。

❶目標への真剣な取り組み

　X社長は、初回のKPI監査モニタリング会議後、次のように語っていた。

　「自分の中では会社の目標ははっきりしていると思っていたが、こうして具体的に落とし込むと、新しい視点が生まれるものだ。行動が伴わなければ、目標も絵に描いた餅に過ぎない」

　コンサルティングを通じて明確になったKGI-KSF-KPIは、X社長にとって行動の羅針盤となり、社員とのコミュニケーションにも変化をもたらした。

❷幹部との信頼関係の深化

　特にS取締役とのやりとりは大きな変化を見せた。当初は「何をすべきか」だけで議論が進んでいたが、次第に「誰が、いつ、何を」という具体的な話に移行していった。ある日、X社長はS取締役にこう話していた。

　「取締役としてお前がどれだけ踏み込めるかで、俺がどれだけ任せられるかが決まるんだ。俺は現場の人間だからこそ、現場の感覚を大事にしたいが、それだけでは会社の未来は築けない。だからこそ、お前の視点が必要なんだ」

　この言葉は、S取締役にとって、信頼と責任の大きさを実感させるものであった。

❸行動の具体化と加速

　KPIが明確化されるにつれ、X社長は社内で次のような行動をとるようになった。

> - 月初の全社会議で、社員1人ひとりに具体的なKPI目標を共有
> - 工務会議や営業会議で「この目標をどう達成するか」という議論を徹底
> - 自ら現場を訪れ、KPIの進捗を直接確認

これらの行動は、幹部だけでなく社員全体の士気を高めることになった。

(2) KPIを部門目標や人事評価に組み込む

KPI監査の結果をさらに組織運営に活かすための次なるステップとして、私はKPIを部門目標や部門長の業績評価の仕組みに取り入れることを提案した。

この提案には以下の3つの目的がある。

❶ 部門長の貢献度の可視化と評価

KPIをもとに、部門長がどのように部門をマネジメントし、目標達成に向けて貢献しているかを定量的に把握することが可能となる。

部門長の主な役割は、部下の行動を導き、全体としての成果を上げることである。そのため、部門長個人の行動ではなく、部門全体のKPI達成度を評価基準として設定し、マネジメントの質を正確に評価する仕組みを提案した。

❷ 部門間の連携強化

部門ごとにKPIを設定し、その達成度を評価することで、各部門の役割や目標が明確になる。同時に、部門長が自ら目標にコミットすることで、部門間の連携や協力が促進される。

このアプローチにより、組織全体としての一貫性が強まり、全社的な目標の達成が加速する。

❸ 業績向上を促進する仕組みづくり

KPI達成度を部門長の業績評価に反映させることで、部門長自身のマネジメントスキルの向上や、目標達成への強い意識が生まれる。これにより、部門単位の成果が積み重なり、最終的には全社の業績向上に直結する。

重要な点は、部門長が自らKPI目標に熱意をもって取り組む仕組みを構築す

ることである。KPIの評価を部門長の業績に焦点を当てることで、KPI目標の達成が組織全体の成果に結びつくとともに、部門長自身の成長を促進する。

なお、この評価は「業績そのもの」に焦点を当てたものであり、「職務能力」や「行動特性」に対する評価とは異なるので、賞与への反映に限定する提案とした。

❹ KPIを目標管理や人事評価に組み込む提案をした時の経営者の反応

X社長は私の提案を静かに聞きながら、しばらく考えた後、次のように述べた。

「この話は非常に興味深い。ただ、現段階ではKPI監査そのものに集中している状況だ。監査の結果や改善の進捗をもう少し見極めてから、この仕組みの導入を再考したいと思う」

この発言は、現場での状況を丁寧に見極めるというX社長の姿勢を物語っている。同席していたS取締役もこれに共感を示し、次のように付け加えた。

「社長のおっしゃるとおり、まずは現在のKPI監査の進捗を確認することが重要ですね。ただ、KPIを人事評価に取り入れることで従業員の意識がより一層高まり、目標達成に向けた行動が加速する可能性があります。今後の導入に向けて、準備を進めておくことも必要だと感じます」

X社長はS取締役の意見にも耳を傾け、「現場での反応や成果を見極めたうえで検討を進めよう」と結論づけた。

この一連のやり取りを通じて、X社長が持つ現場感覚と経営視点のバランスを再確認することができた。

❺ KPI人事評価を今後導入する工程説明

KPIを人事評価に取り入れるにあたっては、慎重かつ段階的なアプローチが必要である。以下は提案した導入プロセスである。

①現行KPI監査の徹底

現在のKPI監査を継続し、KPIが適切に機能しているかを確認する。特に、従業員がKPIをどのように認識し、行動に反映させているかをモニタリングする。

②KPI人事評価フレームの策定

KPIの達成度を1〜5点で評価する基準を作成する。この評価基準は、部門長や管理者との協議のうえで決定し、評価結果を賞与や昇進にどう反映させるかの比率を明確にする。

③パイロット導入

試験的に特定部門やプロジェクトに限定して運用を開始する。この期間中に課題を洗い出し、評価フレームを調整する。

④全社展開

パイロット導入の結果をもとに全社規模で展開する。初年度には全従業員への説明会を開催し、定期的にフォローアップを実施して、導入の効果を最大化する。

⑤継続的なモニタリングと改善

KPI人事評価の効果を継続的にモニタリングし、必要に応じて基準や運用方法を見直す。従業員からのフィードバックを積極的に収集し、改善に役立てる。

❻たたき台としての「賞与評価基準モデル」の提示

導入計画を説明する際には、具体的な事例が求められる。そこで、生成AIを活用して、KPIごとの5段階賞与評価基準モデルを作成した。

各KPIについて、3点を「及第点」（最低限の目標をクリアしている状態）と定義し、これを中心に評価基準を構築。例えば「クレーム処理台帳の記入率」では100%を基準値とし、達成度によって点数を変動させる仕組みを作成した。

X社長が「もう少しKPI監査に取り組んでから再考したい」と述べた背景には、組織改革への責任感と現場を重視する姿勢があった。この姿勢を尊重しつつ、私は準備段階から具体的な支援を行い、組織全体が次なる成長ステージへ進むための後押しを続けていきたいと考えている。

（3） KPI監査モニタリングでの学び

KPI監査モニタリングを通じて得たものは、筆者自身にとっても多くの学びとなった。

❶経営者の情熱と実行力

X社長の言葉や行動には、職人としての誇りと経営者としての責任感が強く表れていた。彼がこう語ったとき、その熱意が伝わった。

「このKPIが達成されることで、会社全体がどう変わるかを想像すると、手を止めている暇はない」

彼の経営姿勢は、全社的な目標達成に向けた強力な牽引力となった。

❷モニタリングの意義と可能性

　KPI監査モニタリングのプロセスは、単なる進捗確認に留まらず、課題発見と解決策の創出の場となった。特に印象的だったのは、S取締役がこう述べた場面である。

　「数字が示されると、いま何ができていないのかが明確になる。そして、それをどう変えるべきかが自然と見えてくる」

　この言葉は、KPI監査モニタリングの本質を物語っている。

❸継続的支援の重要性

　KPIの達成は一朝一夕で実現するものではない。筆者は、X社長の言葉にそれを強く感じた。

　「今日できることを1つずつ積み重ねていくしかない。それが最終的に大きな成果につながるんだ」

　この言葉を受け、筆者はKPI監査モニタリングの仕組みが長期的な支援体制において重要な役割を果たすことを確信した。

KGI–KSF–KPI体系およびKPI評価による「賞与評価基準」（SWOT分析によるもののみ掲載）

SWOT分析から

KGI 1
- 設計事務所指名での受注比率が20%（現ゼネコン下請け100%）→売り上げが読めるようになる

KSF 1
- 木材の表情が生かされた和モダンイメージの内装
- 複雑な切り抜き加工を生かして施設のコンセプトを表現する「和魂洋才」リフォームプラン（インバウンドが喜ぶ、和モダンオーダーメイドリフォーム戦略）

顧客KPI 1
- カタログ持参訪問件数年間18件、提案件数年間5件
- 設計事務所へのアピールツール作成

顧客KPI 2
- 実績と施工例をアピールするプロモーション動画を制作する
- 実績のブランディング動画のアップ数

業務プロセスKPI 1
- 施工写真のストーリー付きアップ数 2件/月

業務プロセスKPI 2
- デザイン提案要素のテンプレート 2件/月

KGI 2
- 2025年に宮崎・福岡でターゲット設計事務所各1件の取引実績

KSF 2
- 設計事務所にとって都合のよいパートナー戦略（プロジェクトに必須のパートナーになる）

顧客KPI 1
- 過去実績から設計上のコツ（設計問題解決集）をホームページに年間10件アップロード

顧客KPI 2
- リストアップしたターゲット設計事務所に年間1冊「設計問題解決集」を送る

業務プロセスKPI 1
- 設計事務所の検討依頼をもらうために物件用途別施工イメージ別（例えば和モダン）事例集を作成
- リストアップしたターゲット設計事務所に年間1冊「物件用途別施工イメージ事例集」を送る

業務プロセスKPI 2
- 設計事務所が気軽に問い合わせできる「トライアル検討依頼シート」をホームページに掲載
- トライアル検討依頼を年間10件受ける

		KPI達成度評価基準							
実行該当部門名	管理者名	5点	4.5	4点	3.5	3点	2.5	2点	1.5	1点
営業部	営業部長	●年間24件以上の訪問を達成 ●年間8件以上の提案を実施		●年間20～23件の訪問を達成 ●年間6～7件の提案を実施		●年間18件の訪問を達成（目標値クリア） ●年間5件の提案を実施（目標値クリア）		●年間15～17件の訪問を達成 ●年間3～4件の提案を実施		●年間14件以下の訪問 ●年間2件以下の提案 ●ツールを作成しない
実行該当部門名	管理者名	5点	4.5	4点	3.5	3点	2.5	2点	1.5	1点
営業部	営業部長	●実績・施工例を効果的に伝える動画を2本以上制作し、顧客評価を得た		●動画を1本制作し、顧客から一定の評価を得た		●動画を1本制作（目標値クリア）		●動画の完成が遅れ、品質に問題がある		●動画を制作しない
実行該当部門名	管理者名	5点	4.5	4点	3.5	3点	2.5	2点	1.5	1点
工務部	工務部長	●月3件以上の写真をアップロードし、顧客から好評		●月2件の写真をアップロードし、一定の評価を得る		●月2件の写真をアップロード（目標値クリア）		●月1件の写真をアップロード		●写真をアップロードしない
実行該当部門名	管理者名	5点	4.5	4点	3.5	3点	2.5	2点	1.5	1点
工務部	工務部長	●月3件以上のテンプレートを作成し、社内外で活用		●月2件のテンプレートを作成し、実務で活用		●月2件のテンプレートを作成（目標値クリア）		●月1件のテンプレートを作成		●テンプレートを作成しない
実行該当部門名	管理者名	5点	4.5	4点	3.5	3点	2.5	2点	1.5	1点
工務部	工務部長	●年間15件以上をアップロードし、継続的にアクセス数が増加		●年間11～14件をアップロードし、一定の閲覧者評価を得た		●年間10件をアップロード（目標値クリア）		●年間6～9件をアップロード		●年間5件以下しかアップロードしない
実行該当部門名	管理者名	5点	4.5	4点	3.5	3点	2.5	2点	1.5	1点
工務部	工務部長	●目標設計事務所に加え、新たなターゲットにも計3冊以上送付し、評価を得た		●既存のターゲット事務所に2冊送付し、反応が得られた		●年間1冊送付し、目標の設計事務所からポジティブなフィードバックを得た（目標値クリア）		●年間1冊送付したが、反応が薄い		●設計問題解決集を送付していない
実行該当部門名	管理者名	5点	4.5	4点	3.5	3点	2.5	2点	1.5	1点
営業部	営業部長	●施工イメージ事例集を3件以上作成し、複数のターゲットに送付。反応率が高い		●施工イメージ事例集を2件作成し、送付後に一定の評価を得た		●施工イメージ事例集を1件作成し、送付（目標値クリア）		●施工イメージ事例集を1件作成したが、送付件数が少ない		●施工イメージ事例集を作成していない
実行該当部門名	管理者名	5点	4.5	4点	3.5	3点	2.5	2点	1.5	1点
営業部	営業部長	●年間15件以上の検討依頼を獲得		●年間11～14件の検討依頼を獲得		●年間10件の検討依頼を獲得（目標値クリア）		●年間6～9件の検討依頼を獲得		●年間5件以下の検討依頼しか獲得できない

Chapter 5

KPI監査の実例❷

── 解体工事会社 ──

1 担当上級KPI監査士®のプロフィール

《担当上級KPI監査士®のプロフィール》

　本事例の筆者は、株式会社サポートブレイン代表取締役で、税理士の奥山和弘である。大学卒業後、東京都内の信用金庫で個人・法人の渉外・融資業務に従事した後、税理士事務所で25年間法人・個人の税務申告、税務相談、事業承継など税務・会計に関連する業務を行ってきた。

　企業経営をサポートしたいという思いで、大学卒業後に勤務した信用金庫では、実際の融資申請の際には、顧問税理士に相談する経営者が圧倒的に多い現実に直面。より経営者に近い仕事を行いたいと願い税理士事務所に転職。

　ところが、税理士事務所の業務の中心は、税理士の定型業務である過去の数字の分析・決算書の作成であった。

　この状況を打破するため、「経営計画書で会社をよくする志を持った会計人の勉強会」に参加し、経営計画書の作成と経営改善の手法を徹底的に学んだ。そこで得たものは、「従業員・社長はもちろん従業員の家族や取引先などのステークホルダーを含む、会社を取り巻くすべての人を幸せにする」という理念に強く共鳴し、社長の伴走支援型税理士という新たな価値を見出した。その提供を通じて事業拡大をサポートすることを決意し業務の軸足を移した。

《現在の業務と心がけていること》

　現在は、税務相談・会計指導・申告業務のチェックのほか、経営計画の作成サポート及び実行支援、月次決算書を利用した財務コンサルティング業務を行っている。

　常に心がけていることは、顧問先の社長がどのような未来を目指しているのか、会社と社員をどのように成長させたいと考えているのか、その想いに深く共感し理解することを最優先に考えている。

《上級 KPI 監査士®を目指した経緯》

　筆者が「上級 KPI 監査士®」を目指すきっかけとなったのは、以下の2点からである。

　①会計・税務の自動化・AI 化による既存の税理士業務の価値の低下

　会計ソフトやウラウドサービスの発展により、記帳や帳簿管理税務申告といった業務は短時間で簡単に行えるようになっていくことが予想される。AI の進化は過去のデータを活用して仕訳や経費の分類を自動処理し、人間の関与を減らすことが可能になっている。その結果、従来は専門知識が必要とされていた税務・会計業務がシステムを活用すれば誰でも行える状態が確実に近づいているのである。そうなれば既存の税務・会計を中心とした税理士業務の価値は確実に低下する。

　②予実管理を中心とした MAS 監査業務の限界

　これまでお客様に MAS 監査業務を提供してきたが、短期計画を立てて予算と実績のチェックを行うだけでは業績の改善にはつながらなかった。その後、アクションプランを決定してモニタリングを行ってきたが、事前のヒアリングが不十分で効果的なアクションプランを立てることができず、場当たり的な対応となってしまうことがあった。そこで SWOT 分析で顧問先の強みと機会を深掘りしたアクションプラン・KPI の設定と、その「行動プロセス」の改善こそ、「業績改善のきっかけ」になると考えた。

《上級 KPI 監査士®として今後どんなサービスを提供していくか》

　筆者は上級 KPI 監査士®として「会社の発展に寄与し、信頼される存在でありたい」。筆者の使命は、KPI 監査を通じた業績向上にある。目指すのは経営者、従業員、企業に関わる人の幸せである。最も大切なことは経営者の未来像を深く理解すること。「社長がどうなりたいか」「会社をどう成長させたいか」「社員にどのようになってほしいか」── その想いに共感し、信頼を築くことが重要だと考えている。

- 社長の対話から KSF を探る
- KPI を数値化し、全社的に浸透させる
- 財務だけでなく経営全体を見渡す

　「事業の未来」「組織の未来」「社員の未来」を、経営者と共に考える存在となり、KPI 監査を通じ企業の成長に貢献していく。

《当該企業を選んだ理由》

①3年前に社長に就任し、経営計画書を作成したが運用されなかった

経営計画書を作成したが、その後のモニタリングが行われていなかった。社長は現状の課題解決を目指しているが、その方法を模索していた。

そこで、SWOT分析やKPI監査を行うことで、課題解決の方法を具体化できるのではないかと考えた。

②売上・粗利が不安定で、利益が読みにくい

ハウスメーカーや工務店からの戸建解体は安定的にあるが、公共工事やゼネコンの下請け工事は工期が長い。完成工事基準で売上データを把握していたので、工事進行基準での業績把握や物件別利益の管理を行うことで、売上予測を行えると考えた。

③技術の承継を担う若手人材の不足

若手社員が定着せず、ベテランからの技術の承継が行われていない状況であった。経営方針・経営サイクルが確立されておらず、社員がそれを認識できていない。そのため、社内の教育の仕組みや採用・定着に関する課題解決が必要だと感じた。

2　K社（解体工事業）の概要

業種業態：解体工事業

取扱商品：木造戸建て解体工事/RCビル解体工事/斫り工事

社歴（創業からの経過）：45年

主な顧客：ゼネコン/ハウスメーカー/地元工務店/公共工事（地方公共団体）

直近売上：2023年度　売上高6億円

粗利率：20%

従業員数：20名

株式会社Kは1980年に設立され、地域に根差した総合解体業を展開している。現在のA社長は3代目で、3年前に代表取締役に就任した。

主力事業である解体工事を中心に、戸建住宅から商業施設、公共工事に至るまで幅広い案件に対応している。その業務は、単なる解体作業にとどまらず、廃材の適切な処理やリサイクルの推進、さらには地域社会や環境への配慮を徹底した施工が特長である。

主な解体工事は次の3種類である。

- 木造戸建解体工事：ハウスメーカーや地元工務店建築の既存住宅の解体工事が中心である。
- RCビル解体工事：ゼネコンや公共工事を中心としたテナントビルやアパート、公共施設などの解体工事。
- 斫り工事：コンクリートの躯体や土間コンクリートを削ったり壊したり穴をあける工事。

社員数は20名、中心年齢は40代で、20代の若手は2名。少数精鋭の熟練社員で構成されている。工事部には監理技術者の有資格者が3名おり、公共工事や大規模施設の解体にも対応できる高度な技術力を保有しており、これにより安定した受注を確保している。

40年以上の解体工事業の実績があり、確かな技術力と安全面の配慮、近

> 隣住民への対応の丁寧さなどが評価されている。工事部のベテラン社員は総合解体の知識も豊富であり、顧客に丁寧にアドバイスができる点も強みである。

(1) KPI監査に至った経営課題

K社には以下の経営課題があった。

❶営業・顧客・商品面の課題

木造戸建て解体は、ハウスメーカーや地元工務店から安定した受注があるが、RC解体工事や斫り工事については、ゼネコンや公共工事の入札状況によって大きく変動する。現場によっては、目標としている利益よりも大幅に利益が少なくなることがある。RC解体工事や斫り工事をゼネコンの下請けとして受注するだけでは、今後の経営が不安定になることにA社長は懸念を抱いている。

❷製造・開発・原価面での課題

A社長は、売上の増加を追うだけではなく、利益率の向上を目指していきたいと考えている。

木造解体工事と斫り工事は粗利率が10%程度と低く、ゼネコンからの解体工事と公共工事の大小によって売上・利益が大幅に変動するという状況である。

廃材処理コストが増加し、当初の見積時から原価が増加することがあることから、見積の精度を上げることも課題である。

❸マネジメント・組織人材面

若手社員の採用を増やしたいが応募が少なく、採用してもなかなか定着しない状況が続いている。

A社長は、社員の平均年齢が高くなっていることから、今後若い社員を増やしていかないと会社の将来について不安だと感じている。そこでA社長は人事評価制度の構築を行う必要性も考えているようであった。

「当社の社員の技術力・対応力・接客力には絶対の自信を持っている」とA社長は語っており、他の解体工事業者とは人材面で差別化できていると考えている。

筆者が接した社員は皆さん明るく朗らかで、人当りもよく楽しそうに働いている印象であった。

❹設備・コスト面
導入した重機の維持コストが高額であり、安定した受注が求められる。

❺資金・財務面
財務内容は良好で、金融機関は積極的に融資を提案してくる。

A社長は既存の解体工事だけではなく、周辺分野に目を向け、新たな事業を展開して、プラスαの価値提供を行いたいと考えていた。

(2) KPI監査に期待した経営者の想い

❶作成されたまま眠る計画書
代表就任時、A社長は5年の中期経営計画を立て、セグメントごとの売上と損益計画も細かく作成した。しかし、日々の業務に追われ、その経営計画は使われなかった。A社長には危機感があった。「利益を上げる方法を見つけなくては」── そう思いながらも、問題は山積みであった。

❷直面する課題と悩み
特に木造解体工事の低い利益率が悩みの種だった。B工事部長とコスト削減に取り組むも、現場対応では限界であった。従業員の採用と教育も難航し、若手の定着に苦戦。このままではいけない。だが、何を変えるべきか？ その答えが見つからない日々が続いていた。

❸筆者の提案とA社長の決断
筆者は提案した。「SWOT分析を試してみませんか。KPIを設定し、行動を数字でチェックしましょう」
A社長は半信半疑であった。
「本当に効果があるのだろうか？」
それでも、繰り返される提案に応じて動き出した。

❹ SWOT分析で見えた「強み」と「弱み」

A社長は、自社の状況を改めて見つめ直していた。ハウスメーカーやゼネコンとの取引関係や従業員の技術力が強み。だが、その価値を活かす方法は明確ではなかった。さらに、新たに採用するY顧問の役割を明確化したい。「どのように会社に貢献してもらうべきか？」その答えを探る機会にもなった。

❺ KPI監査への期待

A社長はKPI監査に新たな可能性を見出した。アクションプランを明確化し、結果を可視化。従業員が目標達成度を実感できる仕組みの構築。納期やコストを守った現場担当者を正当に評価する。努力が報われれば、モチベーションが上がる。それが採用や定着にもつながると期待した。

❻ 4つの柱と未来への展望

A社長は、今後解決すべき4つの柱を決定した。

①新規顧客の開拓
②利益率の改善
③コスト管理の徹底
④人材の採用と定着

KPI監査を通じてこれらを達成し、効率的な経営を実現する。
「これが会社をさらに発展させる第一歩だ」
A社長の挑戦は始まったばかりだ。目指すのは、社員が誇りを持ち、会社全体が成長する未来である。

(3) SWOT分析・KPI監査の実施スケジュール

❶ スケジュール調整

2024年4月下旬、私はA社長との面談を開始した。A社長は堅実な経営者であるが、忙しい彼との面談時間を確保するのは至難の業だった。

4月下旬になんとか初回の面談を実現。そこでSWOT分析とKPI監査の説明を行った。当初、A社長はあまり興味を示さなかった。しかし、3度目の依頼で

ようやく了承を得た。「筆者の熱意に押されて」とA社長は苦笑していた。

その後の面談も調整は苦労の連続だった。A社長は新たなプロジェクトに追われ、予定はたびたび変更された。

実現した面談日、A社長の表情には疲労の色が濃かった。それでも彼は真剣に向き合い、自社課題を整理しようとした。

❷対話から見えた変化

3度目の面談で、私は会社の「強み」と「機会」について質問した。A社長は1つひとつ丁寧に答え、自社の現状を振り返った。「話すことで頭が整理できた」と彼は喜んでいた。だが、その時点では表面的な話に留まっていた。現場を優先せざるを得ず、深い議論に踏み込む時間が限られていた。

それでもA社長の中に変化が現れ始めた。「会社の強みをもっと活かすには何が必要か？」忙しい中でも時間を確保し、面談に集中するようになった。

やがて、目の前の仕事だけでなく、将来のビジョンを語り始めた。

❸成長と未来への期待

A社長は、自分の考えを整理し、冷静に現状を見つめ直すようになった。「会社をよくしたい」という強い意思が伝わってきた。どこを改善すべきか、自ら考えるようになった。

面談は何度もスケジュール変更を挟みながらも、最終的には満足のいく内容となった。A社長は経営に対する理解を深め、会社の方向性を明確にできたと喜んでいた。

㈱K社　KPI監査実施スケジュール

段取り	実施内容	誰に	2024年4月	2024年5月	2024年6月	2024年7月
KPI監査学習	RE経営にマスターコースで訓練開始	著者	毎月1回終日の研修とロープレ			
ターゲット根回し	経営者への説明と了解		嶋田先生のYouTube動画を社長と一緒に視聴			
公開コンサルティング	マスターコースのzoom研修に招聘し、嶋田から直接ヒアリング入力実施					
動機付け	KPI監査の説明			社長に説明		
SWOT分析1	強みフレーム記入ヒアリング			「強み分析」シート見ながら記入	再度「強み分析」に補完検討	文言の整理作業
SWOT分析2	機会フレーム記入ヒアリング			「機会分析」シート見ながら記入	再度「機会分析」に補完検討	
SWOT分析3	積極戦略フレーム記入ヒアリング				積極戦略の候補案を出す	積極戦略中身の議
業績の公式	業績の公式フレーム記入とヒアリング					業績の公式の候補案を出す
ボトルネック	ボトルネックフレーム記入とヒアリング					
体系図整理	SWOT分析、業績の公式、ボトルネックからの体系図の整理確認					
KPI監査モニタリングシート	KPI監査モニタリングシートへの記入とヒアリング					
説明会	幹部社員へKPI監査内容に説明会実施					
KPI監査モニタリング開始	KPI監査モニタリングシートに沿って第1回目監査実施					
KPI監査モニタリング開始	KPI監査モニタリングシートに沿って第2回目監査実施					
KPI監査を活用した人事評価	KPIを入れた部門別人事評価制度のヒアリング					

2024年8月	2024年9月	2024年10月	2024年11月	2024年12月	2025年1月	2025年2月	2025年3月
ヒアリング							
論と記入							
業績公式中身の議論と記入							
	ボトルネックの候補案を出す	ボトルネック中身の議論と記入					
		体系図確認					
		KPI監査議論	KPIモニタリングシート記入				
			幹部説明会				
			KPI監査実施	チェックと対策			
					KPI監査実施	チェックと対策	
					人事評価ヒアリング		

3 SWOT分析とその成果

(1) SWOT分析実施時のドキュメント

2024年5月中旬の午後、A社長とSWOT分析を実施した。

K社のオフィスは整然として居心地のよい空間であった。この日は「強み」と「機会」を掘り下げる重要な日である。

❶「強み」の抽出

「会社の強みはどこにあると思いますか？」

A社長はしばらく考え込み、少し困ったように答えた。

「正直、あまり思いつきませんね」

表情には不安が漂っていた。

「例えば、既存のお客様との関係は？」（筆者）

すると、A社長は少しずつ話し始めた。

「うちはハウスメーカーと30年続いている付き合いがあります。地元の戸建解体はほぼうちが受注しています」

その言葉に自信が戻り、次第に話は広がっていった。

- ゼネコンH建設との取引
- 地元建設会社や不動産コンサルタントY氏の存在
- 自社社員の優秀さ

A社長は、自社の「強み」を再確認していった。

❷新たな「機会」への気づき

次に「機会」を尋ねた。

「既存のお客様との関係をさらに活かせる場面は？」

その問いに、彼は驚いたように顔を上げた。「ハウスメーカーともっと協力すれば新しい分野に進出できるかも」。

「他の部署の工事も受注するのはどうでしょう？」
A社長は新たな可能性に気づき始めた。

❸「強み」と「機会」を掛け合わせた戦略
「既存顧客との関係を深め、市場拡大を図るのはどうですか？」
この問いに、A社長は一瞬沈黙した。その間、彼の思考が深く巡っているのを感じた。やがて語り始めた。
「ハウスメーカーとの関係をさらに深めるのは重要。H建設と協力して、大型物件の受注を増やしたい」

❹「弱み」と「脅威」
次に「弱み」と「脅威」について議論した。A社長は、以下の点を課題として認識していた。売上が特定の顧客に依存していること。若手社員の採用と定着が難しいこと。管理システムがアナログで非効率なこと。
「新たな取引先の開拓と、公共工事を安定的に受注することが必要ですね」そうA社長は冷静に語った。

❺未来を切り開く一歩
SWOT分析の結果を1つずつフォームに記入していく。完成したフォームを見たA社長の表情には希望が宿っていた。
「自社の強みと可能性がはっきり見えてきました」
A社長の言葉には、自信と未来への意欲が感じられた。この午後の対話は、A社長が自社を再認識し、未来への道を切り拓く大きな一歩となった。

(2) 「強み」分析のポイント

「強み」の分析では、「お客様なぜ当社と取引をしているのか」という視点からK社の強みを深掘りした。自社の強みは競争力を支える確かな基盤になるものであり、非常に重要である。

❶信頼を築いた長期的な取引関係

K社の最大の強みの1つは、ハウスメーカーT社との長期的な取引である。30年以上にわたり、T者施工の地元の戸建解体を主にK社が担当してきた。

信頼と実績の積み重ねは他社には真似できない優位性を生む。このパートナーシップは安定的な受注だけでなく、新たなビジネスチャンスを生む基盤にもなる。

❷ゼネコンH建設との強固な関係

ゼネコンH建設からの信頼もK社の競争力を支える柱である。A社長が協力会の主要メンバーとして関係を深めている。継続的なプロジェクト受注が可能となっている。

❸金融機関からの顧客紹介

銀行からの顧客紹介もK社の大きな強みである。

ロータリークラブや金融機関の交流会を通じて築いた信頼関係があり、年間約10件の紹介がある、条件が合致した案件のみを受注し、成約率は10～20％と厳選した案件に集中している。

❹顧客からの高い評価

K社の「安心・安全な解体」は顧客から高く評価されている。廃棄物処理やアスベスト除去を法令遵守で徹底。近隣住民への配慮、工事の正確さ、現場対応の質が評価の源である。このトータルサービスの品質が新たな顧客獲得に寄与している。

❺明るく礼儀正しい社員、専門家との連携

社員の明るさと対応力のよさもK社の重要な強みだ。工事現場での近隣対応

の評判がよい。専門知識が豊富で、顧客からの信頼を得ている。

さらに、不動産コンサルタントY氏を顧問として迎えた。跡地利用や新規事業に関する専門的なアドバイスを受けている。Y氏のネットワークを活かして、新たな事業や新規顧客獲得を期待している。

❻強みを未来につなげる

K社の強みは過去の実績に留まらない。T社やH建設との関係をさらに深め、市場を拡大するきっかけとする。銀行との信頼関係を基盤に新たな案件の創出も増やせる。顧客評価を活かし、新たな事業につなげることもできる。

これらを活用することで、解体業界における確固たる地位を築く。そこから解体業の周辺業務への進出も視野に入れている。K社の未来は、その強みをどれだけ深掘りし、活かせるかにかかっている。

「強み」分析のポイント

	カテゴリー	ヒント
		強み（内部要因）と
A	既存顧客、既存チャネルの強み	● 顧客台帳・リスト数・DM先数・アポが取れる客数 ● 常連客、A客の数、ロイヤルカスタマーになった理由 ● 有力な顧客先となぜその顧客が生まれたかの要因
B	既存商品、既存仕入先、取引業者の強み	● この取扱商品を持っていることでのプラスの影響 ● この仕入先、外注先、取引先を持っていることでのプラスの影響 ● この販売エリア、マーケティングチャネルを持っていることのプラスの影響
C	技術、人材、知識、ノウハウ、経験の強み	● 技術、ノウハウの具体的な「強み」で顧客から評価されている事項 ● 顧客が評価する技術や知識、経験を持った人材の内容 ● 顧客が評価する社内の仕組み、システム、サービス
D	設備、機能、資産の強み	● 他社に優位性を発揮している生産設備、什器備品、不動産 ● 顧客が認める組織機能（メンテ、営業サポート、物流など）
E	外部から見て「お金を出してでも手に入れたい」と思われること	● もしM&Aされるとしたら、買う側はどこに魅力を感じるか ● 買う側が魅力に感じる顧客資産とは
F	外部から見て「提携」「コラボ」「相乗り」したいと思われること	● 協業を求める外部資本が魅力を感じる顧客資産・商材資産、組織機能資産

活かせる分野	
ヒントの答え	横展開の可能性
●ハウスメーカー（一般住宅、建替え）とゼネコン（大型物件）、公共工事（特定建設業で大型が多い） ●ハウスメーカーT社と30年の付き合い ●ゼネコンはH建設との継続的な取引がある。特定の大手企業の工事は当社が指名を受けて受注できるだけの信頼を得ている ●地元の建設会社や工務店との取引がある ●ハウスメーカーの解体を年間約80件行っている ●不動産コンサルタントのY氏を顧問として採用	●ハウスメーカーとの関係性を構築し、他部署の工事を受注できるように働きかける。ハウスメーカーに、戸建て、アパートの建築希望者を紹介して関係を深める ●地元住民や企業に、解体工事業者といえば当社だと言われるようにしたい ●地元の不動産会社、銀行の交流会に積極的に参加して、安全、安心な工事とその実績をアピールして新規の受注につなげる。地元の建設会社、工務店からの受注を増やす ●建築業者や施主は、安全、安心で環境に配慮した解体工事を求めている
●ハウスメーカーからは、技術と品質がよくて「きれいな解体」「スマートな解体」と評価されている ●解体工事での信頼性が高い（いまだに不法工事や死亡事故をする業者がいる） ●ハウスメーカーから過去数回総合優秀賞、特別賞、無事故賞などを受賞している（解体工事は品質のよさを出しにくい）	●「スマートな解体」と言われるのは、工期を守り、近隣クレームがない➡これが長年付き合ってくれる理由 ●「スマートな解体」と言われる一番の理由は、現場担当者（現場代理人）の対応がいい⇒解体の知識や工務担当者の相談相手になれる
●ゼネコンから当社の高品質な解体工事の信頼度が高い ●ゼネコン物件は事故が起きると重大だが、事故を起こした時の対応を真摯にしていることが評価されている ●総合解体なので何でも解体できる（特殊解体、土木、設備） ●エクステリア設計施工ができる社員がいる（造園施行管理技士、エクステリアプランナー資格取得を予定） ●若い社員、外国人実習生を採用して工事のスピードアップを進める ●ベテラン技術者の存在（現場で30年以上の経験を持つベテラン人材、特殊な工事案件を成功させてきた社員がいる）	●大型物件、賃貸物件の解体工事を増やすために、ハウスメーカーへの紹介案件を増やす ●エクステリアの提案営業から、ハウスメーカーの建替工事の受注につながる ●工事現場の近隣へのエクステリア工事の営業を行うことで、新規顧客の開拓
●解体工事と跡地利用を組み合わせた提案ができる ●見積をトコトン細かく出しているので信頼されている ●他社の解体の見積は雑。〇〇工事一式、解体△△坪 ●当社は工事の項目ごとに細かく出している	●地域でのイベントの参加や環境に配慮した解体工事の事例を伝えることで、地元企業から信頼される解体業者としての地位を築き、高単価での受注ができる ●解体後の土地活用について、ハウスメーカーや不動産会社との協力し、その後の受注につなげる
●大手ハウスメーカーや大手ゼネコンと30年以上継続的に取引している ●社長は解体工事業者で組織される協力会で若手リーダーとして影響力を発揮している ●建設業の人手不足に対して組織的な取り組みができている。優秀な協力会社が多数ある ●当社の安心・安全な工事技術は、得意先に認められている ●工事部と事務と作業分担してコミュニケーションがとれている。クレームなどもほとんどない	●優秀な協力会社との連携を生かし、エクステリア工事の受注を増やす ●解体業者の協力会で、環境に配慮した解体工事や品質管理についてリーダーシップを発揮して、協力会内での影響力を高める ●新たな工事技術を学び、特許を取得して、安心・安全な工事をアピールすることで受注につなげる
●リサイクル事業者との連携（廃材のリサイクル、販売、処分） ●環境に配慮する解体工事を掲げているので、自治体や環境に配慮する会社から注目されている ●解体後の再建築案件につなげるため、ハウスメーカーや地元の工務店・建築会社との相互紹介が見込める	●地元の工務店や建築会社との提携を強化して、地域のイベントやセミナーを開催して、お客様やパートナー企業との関係性を強化する ●地元企業と協力して、ジョイントベンチャーで公共工事の受注を増やす ●自治体と協力して、空家解体と跡地利用の事業を展開する

(3) 「機会」分析のポイント

「機会」の分析では、今後の需要や可能性の深掘りに時間を費やした。
K社が見出した「機会」は、以下のようなものだった。(212〜213ページ参照)

- 地元建設会社や銀行からのエンドユーザー紹介の増加
- 空家の片付けから解体、整地までのワンストップサービスの需要増
- 解体現場周辺の近隣住民からのエクステリア工事の潜在需要
- 市街地での大型物件建替えに伴う安心・安全な解体ニーズの高まり
- 環境保護視点からの低環境負荷解体やリサイクル需要の増加

これらの中で特に注目すべきは、以下の4点である。

❶エンドユーザーの増加

近年、地元の工務店や銀行からエンドユーザー紹介が増加している。これまでBtoB中心だった事業に直接顧客のつながりが加わる。地域の企業や住民からの信頼を向上させ、安定した収益基盤を築く。A社長もこの機会に強い関心を抱いていた。

「直接アプローチで信頼を得て、地域での存在感を高めたい。エンドユーザーとの信頼関係は、長期的なビジネスチャンスを生む」

これは口コミによる新たな顧客獲得にもつながる。

❷エクステリア事業への進出

解体工事後の土地利用提案は、新たなビジネスチャンスとなる。エクステリア分野は、解体後の空間デザインで付加価値を提供。建物解体と補完的な関係を持ち、高いシナジー効果が期待できる。

A社長は言う。「解体後の土地利用を提案できれば、新たな強みになる」。顧客に提供する価値を深め、他社との差別化を図れると確信していた。

さらに、社員のスキル向上にもつながる。新たな技術の習得が社員のモチベーション向上に寄与する。社員の成長が会社全体の競争力強化につながる。

❸深まる顧客価値

「エンドユーザーの増加」と「エクステリア事業」は、異なる方向から企業の成長を支える。エンドユーザーとの直接的なつながりは、信頼強化と顧客基盤拡大を実現することになる。エクステリア事業は、解体後の付加価値を提供し、K社の競争力を向上させる。両者に共通するのは、「顧客に対してより深い価値を提供する」ことである。

❹未来を切り開く取り組み

これらの機会を最大限に活かすために必要なのは、積極的な取り組みだ。社内体制を強化し、新たな分野への挑戦を推進する。

A社長は語る。「解体から新たな価値を生み出すことが未来へのカギだ」。

K社は解体業の基盤を活かし、新たな分野に進出することで、安定的な成長を目指している。

(4) 絞った「積極戦略」とは（216〜219ページ参照）

❶「強み」と「機会」を掛けたKSF ── 経営者がそれを選択した理由

■テナントビル、賃貸物件の解体工事の受注を増やす

このKSFを設定した背景には、市場の変化と成長の機会があった。ゼネコンやハウスメーカーとの関係は強固で安定している。しかし、特定顧客への依存はリスクを伴う。「現状の安定は確かだが、それだけでは危うい」。A社長は、顧客基盤を広げることが不可欠だと判断した。新規顧客を開拓し、安定的で持続可能な収益を目指す。「顧客の多様化こそ、未来を切り開く鍵だ」とA社長は語った。

成長への決意：このKFSは、リスクを回避しながらも成長を促進する戦略である。既存の強みを活かしつつ、新たな収益源を確保する。変化する市場の中で、柔軟に対応できる体制を構築する。「会社を守りながら成長させる」。A社長の挑戦は、顧客多様化という新たな一歩を踏み出した。

■ターゲット（顧客・チャネル）の「機会」説明からどう導いたか

低い利益率の課題：ハウスメーカーの戸建部門は施工件数が多い。しかし、利益率が低い。そんな中で、A社長は新たな可能性に気づいた。ハウスメーカーのテナントビルや賃貸部門。この部門ならば利益率の改善が期待できる。

「機会」分析のポイント

		機会（O）…これから求められる
No.	深掘りする質問	聞き出すヒント
1	B、Cランク客の具体的なニーズ	● めったに買いに来ないお客が求めるニーズ ● 日ごろ購入する業者で買わず、少量・臨時の購入で自社に来た理由
2	予期せぬ成功・新たな可能性	● まさかそんな使い方をしているとは… ● そういうアイデアを顧客が持っているとは…想定していなかったニーズ
3	既存客・新規見込み客が使ううえでいら立っていること（困りごと）	● なぜそこまで時間がかかるのか、なぜそんなに高いのかの不満は何か ● どこも対応してくれないから仕方なく顧客が諦めていること
4	そこまで要求しないから、もっと低価格のニーズ（そぎ落としの低価格需要）	● 必要な機能やスペックはここだけで、他はいらないと顧客が思っていること ● ムダな機能やスペック、過剰なサービスを減らしても顧客が喜ぶもの
5	おカネを払うから、もっとここまでしてほしいニーズ（高価格帯需要）	● 顧客が困っていることに適応するなら高くても買う理由 ● こんな顧客ならこんな高スペックや高品質の商品を買うだろう
6	こんな商品あったら買いたい・こんな企画ならいけそうというニーズ	● このターゲット顧客が喜びそうな商品とは ● このターゲット顧客なら、こんなイベントや販促、企画、アフターサービスを求めるだろう
7	他社がやっている企画・商品で真似したいこと	● あの同業者のあの商品の類似品ならいけそうだ ● 二番煎じでもいけそうな商品とターゲット顧客
8	知り合い（同業者・関係先・仕入先・コンサル・税理士等）から聞いた善意の提案	● 顧客以外から聞いた新たな提案 ● 新たな気づきの善意の提案は何があるか
9	その他、新しいビジネスモデルでの要望	● コロナ禍で生まれた新たなニーズ ● これからの顧客が求める商品サービスとは

Chapter 5：KPI監査の実例❷　解体工事会社

ニッチ分野、顧客が費用を払うニーズ

どんな顧客が (どんな特性の顧客が)	具体的に何があるか	なぜそう思うのか、理由は何か（具体的に）
● 工事を行った施主 ● ゼネコン ● ハウスメーカー ● 取引銀行の支店長	● 銀行からのエンドユーザーの紹介、地元の工務店の紹介が増えている ● 大手のゼネコン、ハウスメーカーと取引していることで認知度が高まっている ● 市街地のビルの建替時の解体工事の案件が増加	● 安心、安全を徹底した工事を行っている。地元で約50年の実績が評価されている ● 総合解体なので何でも解体（特殊解体、土木、設備）できる。自社に施工技術があるので、条件面で問題なければ断ることがない ● 社長がロータリー、協力会社会などで役職を引き受け、関係性を深める活動をしている
● ハウスメーカー ● 地元不動産や工務店 ● 工事の近隣住民	● 空き家のごみの片づけと解体整地までの要望が増えている ● 建替えや親の家の解体後に迷惑にならない整地を行っている ● 工事の近隣住民からの直接受注に繋がった	● 空き家問題の関心が増え、今後、空家解体のニーズが増えるから ● 近隣住民への挨拶、騒音・粉塵対策の徹底が評価されて、近隣住民から解体工事の直接受注を受けた実績がある
● 工事の近隣の住民 ● ハウスメーカー	● 工事によっては音がうるさいと近隣住民から言われることがある。特定の個人の意見ではあるが、騒音を小さくすることを気にかけている	● 騒音、振動について、個人の感覚にもよるが、それを求められることがある ● コストに反映できないケースがあるため、相手との交渉しだい
● 工事の施主 ● ハウスメーカー ● ゼネコン	● 過剰な近隣挨拶・近隣対策は不要というお客様もいる	● お客様によって要望が違うので、事前のヒアリングと打ち合わせで条件確認を行っている
● 工事の施主 ● ゼネコン ● 地元の工務店	● 近隣に迷惑のかからないように安心・安全な解体が求められる ● 戸建てが減り、市街地の大型物件が増えると、より安全性が求められる ● 廃材や有害物質の安全な処理 ● 解体後の土地の建替えや駐車場への転用の提案	● 目的が解体で後に残るものではないが、解体作業時に近隣に迷惑をかけないことや関係性を悪化させないことが重要。騒音や揺れを抑える仕組み・商品があればニーズはある ● 環境に対する意識が高まっている ● 解体のみの受注の場合には、その後の土地利用までニーズがある
● ハウスメーカー ● 解体工事の近隣住民	● ハウスメーカーへの建替え希望者の紹介 ● 工事現場の近隣住民向けに外構のエクステリア工事を提案する ● 顧問のY氏がエクステリア工事に関する資格を取って事業化する ● 建物の建替え需要があれば、ハウスメーカーに建替えたいお客様を紹介できる	● 顧問のY氏は、土地探しから建物建築まで人脈、ノウハウがあるので、それを生かして営業を行える ● 建替までは行わなくても、カーポートやIT化、趣味のためのエクステリア工事のニーズがあるのでそれを取り込みたい
● 公共工事の受注 ● 空家の解体に特化した解体業者	● 公共工事の件数を増やしたい。増やすには、管理技術者の増員が必要 ● 空家の解体工事受注を増やす	● 公共工事は金額が大きく利益率も高い。現在の受注数は年間2件程だが、年間4件〜5件受注できれば利益の増加も見込める ● 顧問のY氏のネットワークで、空家で困っている所有者からの直接受注を増やせる ● 空家所有者向けに土地活用、建築の提案までできる
● 工事の近隣住宅の居住者 ● 地元の工務店、不動産会社の社長	● 社員の服装、対応がしっかりしている。言葉遣いが丁寧。他の解体業者と違う	● 社員教育はZ部長を中心に定期的に行っている ● 採用時に人柄を重視して採用している
● ハウスメーカー ● 地元の工務店 ● 不動産会社	● 環境に配慮した解体工事 ● 空家や老朽化した建物の解体	● SDGs(持続可能な開発目標)への意識が高まり、環境に配慮する工事がより求められている ● 空家問題が話題になっており、その解体ニーズは高まっている。解体後の土地活用やハウスメーカーへの建替え希望者の紹介にもつながる

213

地元での評価の高まり：地元銀行からの紹介で解体工事の受注が増加。同社の技術力や対応力が施主から高評価を得ている。直接受注が増え、地元での信頼が高まっている。新規顧客を開拓し、地元での受注をさらに拡大する。

■今後の具体的なニーズ（買いたい理由）
　テナントビルや賃貸物件の解体需要が増加している市場動向もKSF設定の重要な要素であった。特に都市部において老朽化したビルや賃貸物件の再開発が進んでおり、これらの解体需要が今後も増加することが予想されている。
　この市場の成長機会を逃さず、積極的に新規顧客を取り込むことで、売上の拡大を図りたいと考えている。
　既存顧客からの受注に頼るだけでなく、テナントビルや賃貸物件の新規顧客からの直接受注といった新しい市場に積極的に参入することで、事業の拡大を目指す。

■求める具体的なサービス・付加価値・課題解決
　K社は市街地でのRC解体の高度な技術を持ち、RC以外の建物や設備の総合解体が可能である。この点は、顧客に対して非常に重要な付加価値を提供している。また、小規模なビルの解体にも柔軟に対応できる体制を整えていることから、規模や条件に応じたサービスの提供が可能である。これにより、顧客の期待に応え、信頼を築くことができる。安心・安全に工事を進めることで、顧客からの評価を得て、次の受注にもつなげることができる。

■顧客視点KPI①（そのKPIに至った理由）
　ハウスメーカーや地元の建設業者へのRC解体の引き合い物件を増やすことが重要である。そのためには、富裕層に対して信頼性を示すPV動画を作成し、ウェブサイトにアップする。安心・安全な解体工程の気配りを示す動画は、年間5本を目標に公開し、視覚的に顧客の信頼を得ることを目指す。
　このようなコンテンツを提供し続けることで顧客からの信頼を得られ、引き合い物件の増加につながると考えた。

■マーケティング・販促戦略（そのKSFの売り方）
　金融機関からの紹介を増やすため、定期的に工事事例を紹介し、支店長やキーマンとの接点を増やすことが重要であると考えた。地元の建設会社や工務店との

交流会にも積極的に参加し、自社の実績や特徴をアピールする。

　地元の顧客との接点を増やし、信頼関係を強化することが、安定した受注基盤の構築につながる。また、積極的な情報発信を行うことで、新規顧客の開拓と既存顧客のフォローをバランスよく進める。

■製造・販売の体制（製造販売体制をどう構築するか）

　顧客との接点を増やすために『会社通信』を発行する。取引先の建築会社や解体工事の近隣住宅に月間100枚の配布を目標とした。定期的に情報発信し、工事のビフォー・アフターをわかりやすく説明することで信頼を得る。

　また、担当者の人柄のよさをアピールし、顧客との信頼関係を築くことを目指す。さらに、ウェブサイトのリニューアルを行い、実績や施工事例をわかりやすく掲載し、オンラインでの情報提供を強化することで、顧客の理解を深める。

　これにより、顧客の信頼を勝ち取り、受注率の向上を図る。アナログとデジタルを両方活用し、同社を知ってもらう活動を増やすことが重要だと考えた。

■業務プロセス視点KPI①　（そのKPIに至った理由）

　『会社通信』に解体工事の工種別配慮事例を掲載することで、同社の工事技術の高さと安心感を示す。また、ウェブサイトには事例やPV動画を作成・掲載し、オンラインでの信頼性向上を図る。

　金融機関の支店長や地元建設会社との会食の機会を増やして、パートナーシップを強化する。これらの取り組みにより、顧客や金融機関との関係性を深める。その積み重ねが持続的な事業成長につながる。

　「工事の満足度アンケートを実施し、満足度90％以上を達成する」という目標も設定した。この目標は、顧客満足度を向上させることで、長期的な取引関係を築き、リピート案件や紹介を促進するために設定された。

　解体工事業は、安心・安全が求められる業種であり、顧客からの信頼が何よりも重要である。工事の満足度を高めることにより、顧客との強固な関係を構築することが可能となる。

積極戦略（すぐに取り組む具体策）(1)

組合せ	何を（商品商材）どうしたい（KSF）	顧客	
		ターゲット（顧客・チャネル）	今後の具体的なニーズ（買いたい理由）
1×A	●総合解体、安心・安全な解体で高額物件、優良物件に相応しい解体 ●テナントビル、賃貸物件の解体	●既存のハウスメーカーが市街地ビル建て替えに参入 ●金融機関の紹介顧客、地元の建設会社・工務店からの紹介	●市街地の大型物件の建替え（耐震）で解体が増える ●安心安全な解体、近隣対策を徹底して行っていることが評価されている

組合せ	業務プロセス視点		
	マーケティング・販促戦略	プロダクト・販売・体制構築の仕方	業務プロセス視点 KPI1
1×A	●ビジネスマッチングで銀行からの紹介が増えているので、定期的な工事事例の紹介を行う	●イメージのよい「会社通信」を発行 ●工事のビフォー、アフターをわかりやすく説明 ●担当者の人柄のよさをアピール	●毎月1回の会社通信を発行（100部／月）解体の工種別配慮事例を掲載
	●金融機関の支店長と接点を増やす ●地元のゼネコン・工務店の勉強会・交流会へ参加し、自社の特徴・実績をアピール	●ウェブサイトのリニューアル。実績や施工好事例をわかりやすく掲載	●金融機関の支店長との会食

視点			KGI
求める具体的なサービス・付加価値・課題解決	顧客視点 KPI 1	顧客視点 KPI 2	公共工事以外の売上高　6億円
			関連業績・個数・粗利率・粗利等
●市街地のRC解体の技術があり、見積が可能（RCビルにも対応） ●市街地での小規模ビル解体にも対応できる	●ハウスメーカーへのRC施工引き合い物件を増やすため、富裕層に納得してもらうPVを作成し、動画をHPにアップ。年間5本（安心・安全な解体の工程別の気配り、配慮）	●社員の1日の業務の動画。高校生に対して ●2か月に1回以上、工業高校に出前授業を行い会社紹介	●新規顧客獲得3件（建設会社・工務店） ●銀行の紹介案件については粗利率30％以上
業務プロセス視点 KPI2	主要行動キーワード・実施行動項目名		関連原価・経費予測（掛かる設備投資、原価、必要経費等）
●工事実績のカタログ作成 ●工事の満足度アンケートを実施⇒満足度90％以上	●事例、技術と品質の配慮に関する記事作成	●PVと動画作成	●会社通信の発行 ●PV動画作成　100万円 ●事例集め、写真撮影、記事作成
●自社の工事実績の説明	●ウェブサイトで「解体工事のトラブルを避ける方法」「よくある質問」などのコンテンツの作成、情報発信	●金融機関、異業種との勉強会、交流会への参加	●勉強会・交流会への参加　30万円⇒名刺交換を15社/月以上

積極戦略（すぐに取り組む具体策）(2)

組合せ	何を（商品商材）どうしたい（KSF）	顧客	
		ターゲット （顧客・チャネル）	今後の具体的なニーズ （買いたい理由）
6×C	●エクステリア提案から当社のエクステリア工事の受注及びハウスメーカーの住宅受注につなげる ●近隣への挨拶と同時にエクステリアのPRを行う	●解体工事現場の近隣住宅	●解体後にイメージのよい外構が出来上がるので、その物件との比較で、自宅の外構をもっと立派なものにしたいという欲求

	業務プロセス視点		
	マーケティング・販促戦略	プロダクト・販売・体制構築の仕方	業務プロセス視点KPI1
	●解体後の新築物件に合った近隣専用のエクステリアプラン（パース図）の作成	●営業担当者が解体工事現場の近隣住宅への訪問する	●解体案件ごとに近隣へ提案するエクステリアプラン提案面談数　月10件
	●地元のイベントなどでエクステリア相談会の開催 ●エクステリアのカタログ作成	●エクステリア工事、外構工事につながる住宅の困りごとヒアリング実施	●新規顧客からの問い合わせ件数　10件／月

視点			KGI
求める具体的なサービス・付加価値・課題解決	顧客視点 KPI 1	顧客視点 KPI 2	エクステリア工事成約数 20件/年
			関連業績・個数・粗利率・粗利等
●外構エクステリアの「見映え」のよい提案、リフォームの提案から、本格的な建替えにつなげる ●建替えによる解体工事・エクステリア工事の新規受注	●近隣挨拶を解体前、解体中、解体後の100％実施⇒近隣のエクステリア・建築ニーズ収集	●過去3年解体物件の近隣への外構、土地活用の提案DM配布＝月間10件	●自社のアプローチでハウスメーカーの営業同行回数＝3件/月 ●年間 ハウスメーカーの新築成約数 3件/年
業務プロセス視点 KPI2	主要行動キーワード・実施行動項目名		関連原価・経費予測（掛かる設備投資、原価、必要経費等）
●営業担当者の選定 ●営業担当者のエクステリア資格の取得	●ウェブサイトの無料見積フォームの作成	●エクステリアに関する勉強会実施	●近隣住民へ当社の紹介パンフレット作成 50万円 ●エクステリア資格取得のための教育費 50万円 ●社員に対する人事評価制度の導入 100万円
●見積依頼数 5件/月	●エクステリア工事のカタログ作成 ●既存顧客へのDM送付 ●お客様の声を収集	●解体工事の近隣住宅へのカタログ配布 ●お困りごとのヒアリング	●カタログ制作費 100万円 ●地元で認知度アップのための広告 30万円 ●工事後のトラブル対応や無料点検サービスを実施

■主要行動キーワード・実施行動項目（主要キーワードが選ばれた理由）

　技術と品質に関する配慮を示す記事をウェブサイトに掲載し、解体工事に関する「よくある質問」などのコンテンツを充実させる。

　お客様の不安や心配事を具体的に解決する情報を提供することで信頼感を得られると考えた。

　PVや動画を積極的に作成し、金融機関や異業種との勉強会、交流会に参加することで、社内外での情報発信を強化する。

■KGI（このKGIになった理由）

　SWOT分析を進め、A社長は「公共工事以外の売上高6億円」というKGIを設定した。

　KGIとして「公共工事以外の売上高6億円」とした理由は、売上高6億円を達成することが、K社の安定的な経営基盤の確立に直結すると考えたからである。売上高だけではなく、利益を確保するという意味では、粗利率も25％以上を目指す。

　現状での公共工事以外の売上は約4億円で、公共工事の受注件数や受注金額によって毎年の売上・利益が大きく変動する。公共工事の受注の増加も課題であるが、公共工事以外の売上を安定的に確保することが課題だと考えた。

■関連業績・個数・粗利率・粗利等（このKSFを実現することで増加する売上、個数、単価、粗利の根拠など）

　新規顧客の獲得3件（建設会社・工務店）：既存顧客への依存を減らし、顧客基盤の多様化を図る。現在、主要な取引先であるゼネコンやハウスメーカーとの関係は強固であり、安定した受注が得られている。

　しかし、特定の顧客に依存するリスクは大きい。そのため、新たな建設会社や工務店との取引を確立することで、収益源を多様化し、リスクを分散させることができる。

　銀行の紹介案件の粗利率30％以上：銀行からの紹介で利益率の高い案件を受注し、会社全体の収益性を向上させる。金融機関からの紹介案件は、信頼性が高く、顧客側からの要求も高いが、適切な価格設定が可能であることから、一定の収益を確保しやすい。新たな顧客との取引機会を増やすことも期待できる。

■関連原価・経費予測（掛かる設備投資、原価、必要経費等）

『会社通信』の発行、PV動画の作成、事例収集、写真撮影、記事作成には一定の経費が発生する。PV動画の作成等については社内にノウハウがないことから、外注する必要がある。勉強会や交流会への参加も新規顧客の獲得には欠かせない費用である。

これらの時間と資金の投資は、新規顧客の獲得と既存顧客の維持、そして会社のブランド向上のために必須である。

(5) SWOT分析を行ったあとの経営者の反応

SWOT分析を終えて、A社長に感想をうかがった。

強みの再確認：SWOT分析を終えたA社長は、多くの気づきを得たようである。「ハウスメーカーとの30年の関係の価値を再認識できた」。

RC解体など難易度の高い案件での信頼に誇りを持っている。この安定的な受注が競争激化の中でも支えになっている。一方で、特定顧客への依存がリスクであると気づいた。「依存はリスクだと再認識した」と率直に語った。

新たな挑戦への意欲：エクステリア事業は新しい成長の柱として期待されている。解体後の土地利用提案で顧客に付加価値を提供。「解体だけでなく、その先の未来を描ける会社になりたい」。市場分析の不足や競合との差別化を反省しつつも、「データと顧客ニーズをもっと深掘りしたい」と意欲を見せた。

ゼネコンとの関係強化：ゼネコン案件は今後の成長の鍵を握ると考えている。大型物件の解体で評価された経験を活かしたい。「ゼネコンとの関係を深め、大型物件の受注を増やしたい」。過去の成功がさらなるプロジェクトにつながる可能性に手応えを感じた。

地元ネットワークの活用：「地元の建設会社や工務店とのつながりを強化する」。新規案件を獲得し、地域での認知度とつながりを深め、安定した基盤を築く。「地元ネットワークを最大限に活用したい」。

成長への決意：A社長の反省は未来への意欲に変わった。「これまでの安定に頼りすぎていた部分がある」。「もっと新規顧客を開拓し、リスクを分散させるべきだ」。不安はあるものの、方向性が明確になったことで前向きだった。「やるべきことがはっきりしている。それが何より心強い」。

4 「業績の公式」の分析

(1) 「業績の公式」作成時のドキュメント

「業績の公式」からのKSF-KPI設定

No.	顧問先名	売上KGI	売上KGI直結のKSF				顧客視点KPI目標
1	K社	工期の10％短縮	解体工事の工程を細分化しスケジュール化 発注者への事前説明の徹底	若手や外注をうまく使って工期を短縮できる現場責任者の育成	若手社員の採用。高校、専門学校での出前授業の拡大	外国人技能実習生3名の採用と教育	●スケジュール通りに工事を完工した割合を95％以上 **業務プロセス視点KPI目標** ●若手社員、外国人技能実習生が早期戦力化させるため、毎週若手勉強会を実施する。月間4回開催
		利益KGI	利益KGI直結のKSF				顧客視点KPI目標
		粗利率25％	原価計算を徹底し、信頼性を持たせた見積の作成と交渉	工程管理や人員配置を効率化するためのソフトウェアを導入	追加工事には追加見積の提出	作業効率を向上させる機器や工法の活用	●工事部長による見積書チェック100％ **業務プロセス視点KPI目標** ●業務管理・原価管理ソフトへの入力100％ ●予定利益を下回った工事現場について反省会を100％実施

❶ 工期短縮が生む競争力

A社長は「工期を10％短縮する」という目標を掲げた。解体工事の迅速化で、競争力と売上を向上させたい。「1日短縮するだけで、コスト削減と利益率向上が期待できる」。ハウスメーカーの戸建工事は平均7～10日。1日短縮することで、追加の工事を受注できる可能性が広がる。

❷若手社員と技能実習生の活用

社員の平均年齢は40代後半。若い力が必要だと感じた。外国人技能実習生3名を採用し、即戦力化を目指す。

若手社員の採用には、高校や専門学校での出前授業を実施。「若手が現場で力を発揮する姿を見たい」と語った。さらに、短期アルバイト受け入れで採用ミスマッチを防ぐ計画も立てた。

❸工程の細分化と見える化

工期短縮の鍵は工程管理の効率化にある。「工程を細分化し、スケジュール化することで無駄を減らす」。発注者への事前説明でトラブルを防ぎ、理解を得る。建設業向け業務ソフトを導入し、アナログ管理から脱却する。これにより、日報や工事原価の集計時間を短縮し効率を向上させる。

❹現場責任者の育成

現場責任者の判断力とリーダーシップが工期短縮の鍵となる。若手や外注業者を効果的に活用し、作業の効率化を図る。「責任者の育成は、会社全体のスキル向上にもつながる」と考えた。

❺顧客の信頼確保を目指す

顧客視点では、スケジュール厳守が重要と再認識した。「完工率95％以上」を目標とし、顧客満足度を向上させる。信頼を得ることで、次の案件の受注につなげる戦略である。

❻若手育成の具体策

若手社員や技能実習生を早期に戦力化するために、月2回の若手勉強会を実施し、現場の安全意識を高める。合同説明会に年間3回参加し、高校生の採用を促進する。「若手のコミュニケーションを増やすことで離職率低下も期待できる」。

❼解体業の未来を描く

解体後の土地利用提案も視野に入れ、エクステリア事業へ進出する。解体だけでなく、その後の未来を描く提案が会社の付加価値になる。

❽全社員一丸で挑む決意

　A社長は「やり方を変える勇気が成長の鍵」と語った。全社員で工期短縮を目指し、売上向上を実現する。若手採用、現場責任者の育成、業務効率化を同時に進める。

(2)　「利益の公式」作成時のドキュメント

❶粗利率向上への挑戦

　A社長は「粗利率25％」を目標に掲げた。現状20％の粗利率を5％向上させる計画である。「利益率向上は事業継続の基盤」と強調した。売上増加だけでは不十分で、効率化と業務品質の向上が不可欠である。

❷原価計算の徹底

　利益確保の鍵は正確な原価計算にある。「見積精度の向上が顧客信頼を得る近道」と語る。工事部長による見積書の100％チェックを徹底することを決めた。見積内容を透明化し、交渉力を高める方針である。

❸追加工事の利益確保

　これまで曖昧だった追加工事対応を見直した。「追加工事には必ず見積を提出する」と決定。明確な契約と迅速な対応で利益を確保する。

❹デジタル化で効率向上

　工程管理と人員配置に業務ソフトを導入する。進捗をリアルタイムで把握し、無駄を排除できる。「デジタル活用で利益率向上を実現」と期待。

❺新設備と工法の導入

　効率化のための設備投資も重要視された。「新しい機材と工法でコスト削減を図る」。初期投資を抑えつつ、長期的な利益を目指す。

❻KPI目標で信頼と学びを強化

　顧客視点の目標として、以下を設定した。

- 見積書チェック率100％
- スケジュールどおりの完工率95％以上

業務プロセス視点では、以下を掲げた。

- 予定利益を下回った工事での反省会実施
- 原価管理ソフト入力の徹底

❼気づきと全社的取り組み

ヒアリングを通じて得た重要な発見として、「曖昧な対応が利益を逃していた」と反省。利益率改善は全社的な効率化と成長の鍵である。

❽社員とともに目指す利益向上

「目標達成は社員全員の意識向上につながる」

「利益改善で生産性と士気を高めたい」

粗利率25％は単なる数字ではない。会社全体の成長と競争力向上の象徴としての目標である。

5 ボトルネックの特定

(1) ボトルネック検討時のドキュメント

❶営業力強化への挑戦

　A社長が最初に直面した課題は営業力の偏りだった。「社長以外の営業力が弱い」ことが大きな課題だった。主要な営業活動がA社長1人に依存していた。「自分が動けないと受注が滞る」リスクを痛感した。

❷営業部の改革方針

　A社長は組織全体での営業力強化を決意した。営業研修やロールプレイングを導入する。顧客対応スキルを高め、自信を育む施策を実施。「営業力の分散が、会社成長のカギだ」と語った。

❸資格取得の重要性

　次に挙がった課題は工事部の「監理技術者不足」だった。資格者不足が公共工事の受注を阻んでいた。公共工事は高利益率で安定収益をもたらす分野である。「資格取得者の増加が成長の基盤だ」と認識した。

❹資格取得促進の取り組み

　A社長は資格取得を促進する方針を固めた。既存社員のスキルアップを支援。インセンティブ制度を導入し取得を後押し。資格取得は社員の成長と会社の未来をつくる。

❺組織全体で挑む姿勢

　当初A社長は「自分が頑張ればなんとかなる」と考えていた。しかし、組織の力を高める必要性を痛感した。「1人で抱え込むのは限界。組織の力が必要だ」。営業と資格の両輪を回す体制を整備する方針を示した。

❻**全社員で未来を切り拓く**

　営業力と資格取得は会社成長の二大柱となる。社員教育を通じて、個人と組織の力を育む。「社員が自立して成長できる仕組み」を構築する。

　A社長の言葉には、全社員とともに未来を切り拓く強い意志が込められていた。

❼**組織改革と新たなビジョン**

　ボトルネック特定は単なる改善策ではない。「社員と組織の成長戦略」としての第一歩である。自立した社員たちが会社を支える仕組みをつくる。A社長は新たなビジョンを掲げ、次の行動を進める準備を整えた。

(2) ボトルネック要素のポイント

❶**営業部の挑戦：テナントビル解体の直接受注を目指して**

　直接受注がもたらす価値：A社長が営業部のKGIに掲げたのは「年間10件の直接受注」。直接受注は中間マージンを削減し、利益率を大幅に向上。案件規模が大きく、1件ごとの売上も高い。「社員全員が一致団結すれば、十分に達成可能」と自信を見せた。

　営業力強化で成長する組織：直接受注の増加は営業部門のスキル向上にもつながる。顧客との交渉スキルを磨き、提案力を強化。ブランド力を高め、新たな案件受注の好循環を生む。

❷**工事部の挑戦：公共工事受注拡大**

　公共工事の重要性：工事部のKGIは「年間4件の公共工事受注」。公共工事は安定した受注が見込め、利益率も高い。「安定して年間4件受注できれば業績は安定する」と判断した。

❸**業績阻害要因（最優先課題・ボトルネック）なぜここがボトルネックなのか**

　営業部のボトルネック：「木造戸建解体は単価・利益率が小さいが件数が多い」という点が、営業部門の成長を妨げている。木造戸建解体は、件数は多いものの、単価が低いので、営業部門が多くの時間を割いても、得られる利益は小さい。この状況は、営業活動が効率的に行われていないことを意味する。

（230ページに続く）

KPI目標設定シート

部門名	KGI（重要到達目標）部門目標	要素	業績阻害要因（優先問題点・ボトルネック）	もっと活かすべき「強み」
営業部	テナントビル解体の直接受注数を年間10件	顧客	●木造戸建解体は単価・利益率が小さいが件数が多い ●テナントビル解体の顧客との直接的な交渉や提案の経験が少ない	●ゼネコンの下請としてテナントビルの解体実績が豊富 ●不動産コンサルタントY氏の人脈、知識、ネットワーク
		業務プロセス（商品・仕組み等）	●営業活動のノウハウ不足	●アスベスト対策解体業の中で「安心・安全」というイメージが地域では高い ●従業員の対応が丁寧で、工事現場の近隣住民からの評価が高い

部門名	KGI（重要到達目標）部門目標	要素	業績阻害要因（優先問題点・ボトルネック）	もっと活かすべき「強み」
工事部	公共工事の受注件数を年間4件	顧客	●同時に複数の案件を受注できない ●利益の見込める案件を逃すことがある	●公共工事の実施実績がある ●アスベスト除去など環境に配慮し、安心・安全な工事を行う評価を得ている
		業務プロセス（商品・仕組み等）	●リソース不足（社員・協力会社） ●監理技術者の資格取得者が少ない ●当社だけで同時に複数の大規模工事を行うことが困難	●監理技術者の資格取得者3名 ●共同で入札できる同業者がいる ●銀行の協力を得て運転資金を確保できる

Chapter 5：KPI監査の実例❷　解体工事会社

重要成功要因（KSF）KGIを決める具体的な行動要素
●地元の建設会社・不動産会社回りとハウスメーカーの賃貸部門への営業、情報収集 ●地域密着型のマーケティングを展開し、当社の情報提供を行う ●発注担当のキーマンとの会食
●自社の工事技術の高さと社員の人柄を知ってもらう ●お客様の声を集めて信頼を得る

KPI（KSFの行動指標化）
●地元の建設会社・不動産会社訪問とパンフ配布　5件／週 →月間20件
●安心・安全な現場で、施主や元請けから評価された事実をブログで毎週1回掲載

重要成功要因（KSF）KGIを決める具体的な行動要素
●利益の取れる入札情報の取得 ●工法に関する特許の取得
●協力会社の開拓と教育 ●若手の工事レベルの向上 ●ＪＶで地元の解体業者と協力

KPI（KSFの行動指標化）
●同業者のグループで工法に関する特許の取得勉強会を毎月実施
●工事技術習得のために、社内勉強会の開催　月4回

部門名	KGI（重要到達目標）部門目標	要素	業績阻害要因（優先問題点・ボトルネック）	もっと活かすべき「強み」	重要成
～業部	テナントビル解体の直接受注数を年間10件	顧客	●木造戸建解体は単価・利益率が小さいが件数が多い ●テナントビル解体の顧客との直接的な交渉や提案の経験が少ない	●ゼネコンの下請としてテナントビルの解体実績が豊富 ●不動産コンサルタントY氏の人脈、知識、ネットワーク	●地元メー ●地域社の ●発注
		業務プロセス（商品・仕組み等）	●営業活動のノウハウ不足	●アスベスト対策解体業の中で「安心・安全」というイメージが地域では高い ●従業員の対応が丁寧で、工事現場の近隣住民からの評価が高い	●自社ても お客

部門名	KGI（重要到達目標）部門目標	要素	業績阻害要因（優先問題点・ボトルネック）	もっと活かすべき「強み」	重要成
工事部	公共工事の受注件数を年間4件	顧客	●同時に複数の案件を受注できない ●利益の見込める案件を逃すことがある	●公共工事の実施実績がある ●アスベスト除去など環境に配慮し、安心・安全な工事を行う評価を得ている	●利益 ●工法
		業務プロセス（商品・仕組み等）	●リソース不足（社員・協力会社） ●監理技術者の資格取得者が少ない ●当社だけで同時に複数の大規模工事を行うことが困難	●監理技術者の資格取得者3名 ●共同で入札できる同業者がいる ●銀行の協力を得て運転資金を確保できる	●協力 ●若手 ●ＪＶ

「より利益率の高い案件に集中するべきだ」と感じており、木造戸建解体に過剰に時間と人員を投入することが、テナントビル解体の直接受注活動を阻害していたのである。

「テナントビル解体の顧客との直接的な交渉や提案の経験が少ない」という点も課題である。テナントビル解体は、顧客との直接的な交渉や提案が重要であり、顧客のニーズを的確に理解し、それに応じた提案を行うことが求められる。しかし、営業部の社員はこれまで戸建解体が中心であったことから、自信をもって提案できるスキルや経験が不足していた。

工事部のボトルネック：「同時に複数の案件を受注できない」ことが阻害要因となる理由は、公共工事は工期が長くなりがちであるからである。監理技術者の

人数によって複数の案件を同時に進行できないことがある。そのため、入札に参加したくても参加できないケースが生じていた。

「リソース不足（社員・協力会社）」も大きな業績阻害要因であった。公共工事の受注には十分な人員と協力会社のサポートが必要であるが、リソース不足により、十分な体制で対応することが難しい。このため、工期の遅延リスクや品質管理の不安が生じ、結果として受注機会を失ってしまうことがあった。

❹活かすべき「強み」──ボトルネック改善に向けて使える強みとその理由

「営業部で活かすべき強み」として、以下の点が挙げられる。

- ゼネコンの下請としてテナントビルの解体実績が豊富
- 不動産コンサルタントY氏の人脈、知識、ネットワーク

(達目標)票	要素	業績阻害要因（優先問題点・ボトルネック）	もっと活かすべき「強み」	重要成功要因（KSF）KGIを決める行動要素
解体の を年間	顧客	●木造戸建解体は単価・利益率が小さいが件数が多い ●テナントビル解体の顧客との直接的な交渉や提案の経験が少ない	●ゼネコンの下請としてテナントビルの解体実績が豊富 ●不動産コンサルタントY氏の人脈、知識、ネットワーク	●地元の建設会社・不動産会社回り ●メーカーの賃貸部門への営業、情報 ●地域密着型のマーケティングを展 社の情報提供を行う ●発注担当のキーマンとの会食
	業務プロセス（商品・仕組み等）	●営業活動のノウハウ不足	●アスベスト対策解体業の中で「安心・安全」というイメージが地域では高い ●従業員の対応が丁寧で、工事現場の近隣住民からの評価が高い	●自社の工事技術の高さと社員の人 てもらう ●お客様の声を集めて信頼を得る

(達目標)票	要素	業績阻害要因（優先問題点・ボトルネック）	もっと活かすべき「強み」	重要成功要因（KSF）KGIを決める行動要素
注件数	顧客	●同時に複数の案件を受注できない ●利益の見込める案件を逃すことがある	●公共工事の実施実績がある ●アスベスト除去など環境に配慮し、安心・安全な工事を行う評価を得ている	●利益の取れる入札情報の取得 ●工法に関する特許の取得
	業務プロセス（商品・仕組み等）	●リソース不足（社員・協力会社） ●監理技術者の資格取得者が少ない ●当社だけで同時に複数の大規模工事を行うことが困難	●監理技術者の資格取得者3名 ●共同で入札できる同業者がいる ●銀行の協力を得て運転資金を確保できる	●協力会社の開拓と教育 ●若手の工事レベルの向上 ●JVで地元の解体業者と協力

- アスベスト対策解体業の中で「安心・安全」という評価が地元で高い
- 従業員の対応が丁寧で、工事現場の近隣住民からの評価が高い

解体実績の豊富さは顧客に強い信頼感を生む。Y氏のネットワークで新規顧客を広げられる。既存顧客や地元での高評価は営業成績向上に欠かせない。従業員の丁寧な対応力が営業力全体を底上げする要素となる。

「工事部で活かすべき強み」として、以下の点が挙げられる。
- 公共工事等大規模工事の実績が豊富
- 監理技術者の有資格者が3名
- 公共工事の入札で協力できる地元の解体業者がいる

大規模工事の実績を活かし、顧客の信頼を拡大できる。資格保有者の存在で入札案件の幅を広げることができる。地元業者との連携で新たな受注を可能にする。

❺重要成功要因（KSF）── KGIを決める具体的な行動要素

KGIを決める具体的な行動要素として、以下を決定した。

営業部：地域密着のマーケティングを展開する。地元建設会社・不動産会社を訪問し、情報提供を実施。ハウスメーカー賃貸部への営業と情報収集を強化。テナントビル管理会社や不動産業者をターゲット顧客に設定。

工事部：入札情報の収集を強化し、案件数を増加。管理技術者資格取得者を3名増員。解体工法に関する特許取得を目指す。また、地元解体業者と連携し、JV（ジョイントベンチャー）で公共工事入札へ挑む。協力会社の新規開拓と教育体制を整備。

(3) ボトルネックを整理したあとの経営者の反応と気づき

A社長は整理されたボトルネックの資料を前に、「これまで漠然とした課題が、ここまで具体化されたのは初めてだ」と語った。その表情には、自信と期待が混在していた。

まず、営業部の課題として浮かび上がったのは、木造戸建解体案件の低収益性とテナントビル解体における直接営業の経験不足だった。この問題に関し、A社長は地域密着型マーケティングの重要性を改めて感じた。「地元の建設会社や不動産会社との接点を増やし、当社を市場に根づかせることが必要だ」と考えた。地元企業へのパンフレット配布や会食を含むKPIの設定について、「信頼は継続

「強み」	重要成功要因（KSF）KGI を決める具体的な行動要素	KPI（KSF の行動指標化）
請として の解体実 ルタント 口識、ネッ	●地元の建設会社・不動産会社回りとハウスメーカーの賃貸部門への営業、情報収集 ●地域密着型のマーケティングを展開し、当社の情報提供を行う ●発注担当のキーマンとの会食	●地元の建設会社・不動産会社訪問とパンフ配布 5件/週 →月間20件
策解体業 ・安全」 ジが地域 が丁寧で、 隣住民か	●自社の工事技術の高さと社員の人柄を知ってもらう ●お客様の声を集めて信頼を得る	●安心・安全な現場で、施主や元請けから評価された事実をブログで毎週1回掲載

「強み」	重要成功要因（KSF）KGI を決める具体的な行動要素	KPI（KSF の行動指標化）
施実績が 去など環 安心・安 う評価を	●利益の取れる入札情報の取得 ●工法に関する特許の取得	●同業者のグループで工法に関する特許の取得勉強会を毎月実施
資格取得 きる同業 得て運転 きる	●協力会社の開拓と教育 ●若手の工事レベルの向上 ●ＪＶで地元の解体業者と協力	●工事技術習得のために、社内勉強会の開催月4回

的な努力の積み重ねから生まれる」と納得した。

ブログで現場の取り組みを毎週発信する施策についても、「施工実績を顧客に見える形で伝えることは、ブランド価値向上につながる」と評価した。A社長の中では、営業活動が単なる受注活動ではなく、継続的な信頼構築の手段としての意識が芽生え始めていた。

❶営業と工事部の役割分担

ハウスメーカーとの戸建解体業務を工事部に一任する体制については、「これにより営業部はテナントビルの高付加価値案件に集中できる」「業務効率の向上と収益性アップを両立させる施策だ」と確信を持った。

❷工事部のボトルネックと対応策

一方で、工事部では管理技術者の不足と協力会社の確保が課題として浮かび上がった。資格取得に向けた投資について、A社長はこう語った。

「資格取得の推進は公共工事で競争力を高める基盤となる」

月1回の社内勉強会や進捗発表会の実施が、資格取得の確実な実現に向けた効果的な方法だと認識した。

❸協力会社と技術力の向上

協力会社との関係強化については、定期的な勉強会を開催し、協力会社を育成することで、施工体制の安定化を図る。また、ジョイントベンチャー（JV）による公共工事への入札を「大規模案件への突破口」と位置づけた。

さらに、特許取得を目指したKPIに関して、「新しい工法を開発することで、他社との差別化が可能になる」との期待を示した。

❹A社長の気づき

「営業部と工事部の役割が明確化されたことで、全社的な方向性がクリアになった」とA社長は語った。

ボトルネックの整理とKFS-KPIの設定が、目標を具体化し、進捗を数値で確認できる仕組みとして機能していることを高く評価した。

「当社が抱える課題を克服するための具体的な道筋が見えた」と語るA社長の言葉には、これからの行動計画に対する確固たる意志が感じられた。

6 KGI-KSF-KPI 体系

(1) KGI-KSF-KPIの体系が整理された時の経営者の反応

「SWOT分析」「業績の公式」「ボトルネック」のフレームを活用し、KGI-KSF-KPIを整理し、体系図にまとめた。

A社長は、体系図を確認して全体像が一目で見えてわかりやすいと感じたようである。それまで漠然としていた会社の課題や方向性が体系的に整理され、1つの図として視覚化されたことに大きな安心感を覚えたようであった。「今まで頭の中でバラバラに考えていたことが、こうして1つにまとまると、自分が何をすべきかが明確になった」との言葉をいただいた。

(2) SWOT分析からのアプローチ　KGI-KSF-KPI体系の構築

❶ SWOT分析からのアプローチ

SWOT分析を通じて自社の強みと弱みを体系的に整理したことについて、「自分たちの強みをもっと生かすために、具体的な行動が見えてきた」ようである。不動産コンサルタントY氏のネットワークや、地元での安心・安全なイメージを活用する戦略が浮かび上がり、「これを機に、営業活動にも自信が持てる」と前向きな姿勢を見せた。

❷ ボトルネックの特定と課題解決

また、ボトルネックの特定と改善に向けた取り組みを体系図に組み込んだことで、具体的に何が会社の成長を妨げているのかを文字化することでわかりやすくなったようである。

ボトルネックの整理を通じて、営業力や資格取得者の不足といった課題が明確化され、それに対する具体的な対応策を見つけることができたことに大きな満足感を得られていた。（238ページに続く）

KGI−KSF−KPI体系図

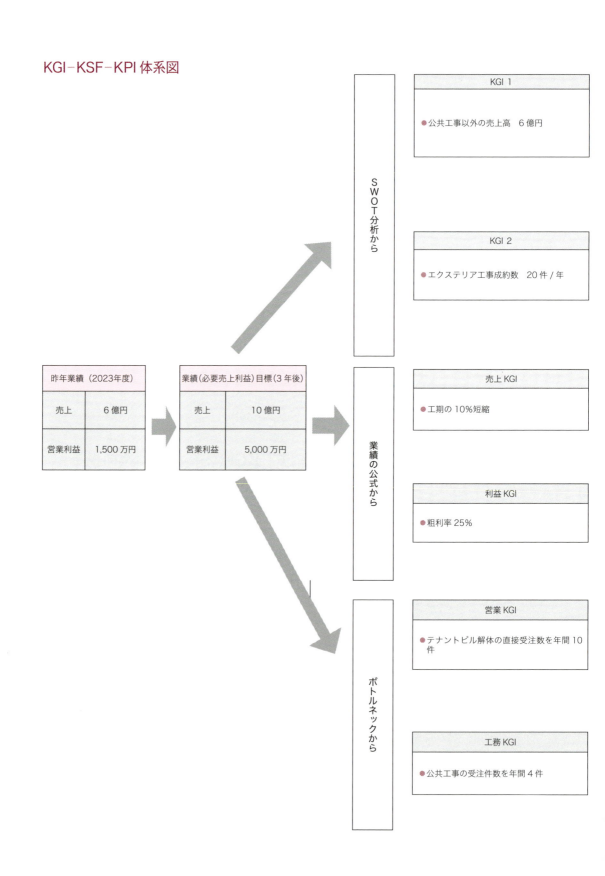

Chapter 5：KPI監査の実例❷ 解体工事会社

KSF 1	顧客 KPI 1
●総合解体、安心・安全な解体で高額物件、優良物件に相応しい解体 ●テナントビル、賃貸物件の解体	●ハウスメーカーへのRC施工引き合い物件を増やすため、富裕層に納得してもらうPVを作成し、動画をHPにアップ 年間5本（安心・安全な解体の工程別の気配り、配慮）

	顧客 KPI 2
	●毎月1回の会社通信を発行 100部/月 解体の工種別配慮事例を掲載

KSF 2	業務プロセス KPI 1
●エクステリア提案から、エクステリア工事の受注及びハウスメーカーの住宅受注につなげる ●近隣への挨拶と同時にエクステリアのPRを行う	●近隣挨拶を解体前、解体中、解体後の100％実施⇒近隣のエクステリア・建築ニーズ収集

	業務プロセス KPI 2
	●解体案件ごとに近隣へ提案するエクステリアプラン提案面談数 月10件

KSF 1	顧客 KPI 1
●若手や外注をうまく使って工期を短縮できる現場責任者の育成	●スケジュール通りに工事を完工した割合を95％以上

KSF 2	顧客 KPI 2
●若手社員の採用。高校、専門学校での出前授業の拡大	●若手社員、外国人技能実習生を早期戦力化させるため、毎週若手勉強会を実施する 月間4回開催

KSF 3	業務プロセス KPI 1
●原価計算を徹底し、信頼性を持たせた見積の作成と交渉	●工事部長による見積書チェック100％

KSF 4	業務プロセス KPI 2
●工程管理や人員配置を効率化するためのソフトウェアを導入	●業務管理・原価管理ソフトへの入力100％ ●予定利益を下回った工事現場について反省会を100％実施

KSF 1	顧客 KPI
●地元建設会社・不動産会社回りとハウスメーカー賃貸部門への営業、情報収集 ●地域密着型のマーケティングを展開し、情報提供を行う ●発注担当のキーマンとの会食	●地元の建設会社・不動産会社訪問とパンフ配布 5件/週間 20件

KSF 2	業務プロセス KPI
●自社の工事技術の高さと社員の人柄を知ってもらう ●お客様の声を集めて信頼を得る	●安心・安全な現場で施主や元請けから評価された事実をブログで毎週1回掲載

KSF 3	顧客 KPI
●利益の取れる入札情報の取得 ●工法に関する特許の取得	●同業者のグループで工法に関する特許の取得勉強会を毎月実施

KSF 4	業務プロセス KPI
●協力会社の開拓と教育 ●若手の工事レベルの向上 ●ＪＶで地元の解体業者と協力	●工事技術習得のために、社内勉強会の開催 月4回

❸ KGI-KSF-KPI 体系の効果

KGI（重要到達目標）-KSF（重要成功要因）-KPI（重要業績評価指標）を体系的に整理したことについては、「会社の目指すべき方向性と、それを実現するための具体的なステップが明確になった」と感じていた。

KGIを設定し、その達成のために必要なKFSとKPIを整理することで、何を目指し、どのように行動すべきかが明確化されたのである。この体系が、全社員で共有できる指針となり、目標達成に向けた一体感を生み出すことができるのである。

目標達成に向けた具体的な手段が整理されたことで、行動に移す際の迷いがなくなり、自信を持って前に進める。これまでは、どこから手をつければいいのかわからず、行動に踏み切れないことが多かったが、体系図によって優先順位が明確になり、A社長は今すぐにでも行動に移したいとの強い意欲を示した。

❹ 全社員との共有

また、「この体系図を全社員に共有することで、全員が同じ目標に向かって取り組むことができる」と、社内の一体感の向上に対する期待を寄せた。具体的な目標や指標が明確になることで、社員1人ひとりが自分の役割を理解し、責任を持って行動することができる。

A社長は「全員が同じ方向を向いて取り組むことで、会社全体の成長が加速する」との確信を持ち、「今後の経営判断が、この体系図を基に行うことで、一貫性と説得力を持つものになる」とも述べた。

これまでの経営判断は、その場の状況や直感に頼ることが多かったが、体系図によって、戦略的な根拠に基づいた判断が可能になり、「経営判断の質が向上する」との期待を示した。

この体系図は単なる目標設定のツールではなく、会社の未来を切り拓くための道しるべである。目標を達成するための具体的な手段が整理されたことで、今後の成長に対する自信と希望が湧く。「この体系図をもとに、社員全員で一丸となり、未来に向かって進んでいきたい」と、A社長は強い決意を語った。

7 KPI監査モニタリング

(1) KPIとアクションプランを整理した時の経営者の反応と気づき

　KPIの設定に関して、具体的な目標を持つことで、会社全体が同じ方向に進むことができる。KPIを設定することで、経営目標が明確化され、全社員が目標達成に向けた具体的な行動をとれるようになると感じた。これにより、業務の効率化とモチベーションの向上が期待できると認識した。

　次に、アクションプランに対して、これまで漠然とした行動が、具体的なアクションプランとして整理されたことで、自信を持って進めることができる。特に、営業部と工事部の両部門において、それぞれの役割が明確になり、目標達成に向けた具体的な行動が見える化された。

　数値目標の設定に関しては、数値としての目標が示されることで、達成状況を客観的に把握できる。数値目標があることで、達成のための進捗を測りやすく、適切なフィードバックが可能になる。目標達成のための行動が具体化され、成果が見えることで、社員のモチベーションがさらに高まる。

　各KPIに基づく具体的なアクションプランが整理されたことで、社員1人ひとりの役割と責任が明確化され、社員が主体的に取り組むための指針ができた。具体的な目標と行動計画が示されたことで、全社員が自身の役割を理解し、責任感を持って行動することが促される。

　A社長は「これまでの経営は感覚的な部分が多かったが、KPIの設定によって経営が科学的・数値的に管理できる」のではないかと期待している。経営の意思決定が数値に基づくことで、一貫性と説得力を持つ判断が可能になり、会社全体の成長に向けた確かな基盤が構築できるのである。

　KPI達成のために社員に求める具体的な行動が明示されたことで、「全員が同じ目標に向かって行動するための一体感が生まれる」との期待も寄せていた。社員がKPIを意識し、目標達成に向けて一丸となることで、会社全体の士気が高まり、成果がより大きくなると考えた。

「KPIをもとにした具体的な行動計画を全社員で共有し、全員で目標に向かって進むことが、会社の成長にとって不可欠だ」との決意を新たにした。KPIを通じて、自社の成長に向けた明確な道筋ができたことに対し、「これまでの課題が整理され、自信を持って次のステップに進むことができる」と感じていた。

この取り組みが「社員1人ひとりの成長にもつながり、会社全体の競争力を高めるものになる」との確信を持ち、次なる行動に向けた意欲を高めていた。具体的な目標と行動計画の設定が、会社の未来を切り拓くための重要なステップであると理解し、「これからの成長を支えるために、全員で一丸となり取り組んでいく」との強い意志を示した。

(2) 第1回KPI監査モニタリング会議のドキュメント

第1回目のKPI監査モニタリング会議では、A社長、B部長、C総務部長が参加した。KPI監査モニタリングが初めての試みであったことから、参加者の期待と不安が入り混じった状態で開始された。

A社長はKPI監査という概念を理解し、今後の業績アップに貢献する取り組みであると考えていた。ただ、このプロセスが現場にどのように浸透し、成果につながるのか不安も感じていた。初回ということもあり、慎重な姿勢を見せていた。

B部長は「現場は多忙で、KPIの達成に向けた行動を計画どおりに進められるかどうかが心配だ」と述べた。特に、現場の負担が増えることで逆に効率が下がる可能性を懸念していた。

C総務部長は「モニタリングシートの形式はわかりやすいが、KPIの責任者が具体的に何をすべきかが明確ではない」と指摘した。また、「未達の場合の具体策が現場でどのように実行可能か議論が必要」と課題を感じていた。

筆者は参加者の意見を聞きながら、「KPIは短期的な目標だけでなく、長期的な成長のための指標である」と説明した。会議の進行中に議論が白熱し、KPI達成に向けた具体的なアプローチを模索する場面も見られた。

売上や利益の結果に焦点を当てるのではなく、KPIを基準に進捗を追うことで、具体的な意思決定がしやすくなる。特にKPIモニタリングでは、「どのような行動をどこまで実施したか」を振り返り、次の2か月間で目標を達成するための具

体的な行動を明確にした。

　初期段階では複数のタスクに同時に取り組もうとして、どれも中途半端になることがある。そのため、すぐに着手すべきものとそうでないものを明確に分け、全体のタスク量を調整した。これは、社員の退職といった予期せぬ事態により、計画どおりの行動が難しくなる可能性も考慮したからである。

《第1回目での課題》
- 各KPIの達成基準が抽象的であり、具体的な行動とリンクしていない。
- 責任者の役割が曖昧であり、目標達成に向けた主体的な行動が欠如している。
- 未達の場合の対策が具体性に欠け、現場での実行可能性が不透明。

　A社長は会議終了時に「初回ということで、多くの課題が浮き彫りになった。これらを改善することで、次回の会議ではより実効性が高まると期待している」と、前向きな姿勢を見せた。

(3) 第2回KPI監査モニタリング会議のドキュメント

　第2回目のKPI監査モニタリング会議では、第1回目で挙げられた課題をふまえ、どうしたら達成できるかという視点を重視した。その結果、参加者の反応には大きな変化が見られた。

　A社長は「今回の会議では、KPIが具体的な行動計画と結びついており、目標が現実味を帯びている」と高く評価した。また、「未達成だったKPIに対する具体的な原因分析と対策が詳細に議論され、次回に向けたアクションが明確になった」と感じたようである。

　B部長は「現場の状況を考慮したKPI設定が行われており、達成に向けた具体的なステップが示されている」と評価した。特に、KPI未達の場合の対策が現実的で、現場で実行可能な内容である点を評価していた。

　C総務部長は「責任者が明確に設定され、各自の役割が理解されていることで、チーム全体の一体感が向上した」と述べた。また「シートの視覚的な改善により、達成状況や課題が一目で把握できるようになった」と感想を述べた。

　筆者は、第1回目の反省点を改善したことで、KPI監査の目的が全員に浸透したと手応えを感じた。また、議論が建設的であり、参加者全員が主体的に意見を述べている点が評価できる。

《第2回目の課題に対する改善と成果》
- 各KPIの達成基準が具体化され、目標達成に向けた行動が明確になった。
- 責任者の役割が明確化され、主体的な行動を促す仕組みが構築された。
- 未達の場合の具体策が詳細に議論され、現場での実行可能性が高まった。

例えば、営業部のKPIで設定された「週5件の訪問」と「月2回の会食」の達成状況が共有された。第1回目では未達成だったが、第2回目では具体的な訪問先リストの作成と事前準備が行われたことで、達成率が向上した。また、工事部の「月1回の進捗発表会」も初回ではスムーズに進まなかったが、フォーマットの改善や事前準備により、次回には全参加者からポジティブなフィードバックが得られた。

《参加者の気づき》
A社長は「KPI監査は単なる形式ではなく、具体的な成果を引き出すツールである」との認識を深めた。
B部長は「現場の声を反映したKPI設定が、達成可能性を高める」と感じていた。
C総務部長は「チーム全体が目標に向かって動くための重要な仕組み」としてKPI監査を評価した。

第2回目のKPI監査モニタリング会議を通じて、参加者全員がこの取り組みの意義を実感し、次回に向けた意欲を新たにすることができた。

(4) KPIを部門目標や人事評価の仕組みに活用する

❶ KPIを目標管理や人事評価に入れる提案をした時の経営者の反応

KPIを目標管理や人事評価に組み込む提案を行った際は、「KPIを活用して従業員の行動を可視化することは意義がある」と納得したようである。特に、従業員が自身の役割を明確に理解し、目標に向かって取り組む意識が高まることに期待を寄せていた。

一方で、「KPIを評価に直結させることで、現場のモチベーションが下がるリスクはないか？」と懸念を示した。特に、数値目標が厳しすぎる場合、逆効果となる可能性を気にしていた。また「全員が同じペースで目標を達成できるわけではない」とし、従業員個々の状況を考慮した運用の重要性を強調した。

さらに、「目標が未達の場合、その原因が外部要因によるものであった場合はどう評価するのか？」という疑問があるようであった。公平性と柔軟性の確保が

評価制度において欠かせないと考えていた。

「KPIを導入することで、評価基準が数値に偏りすぎるのではないか」という懸念も抱いていた。チームワークや従業員の主体性といった定性的な要素が軽視されるリスクについて指摘した。

その一方で、「KPIが評価基準に組み込まれることで、従業員が結果を意識した行動をとるようになるのはよい点だ」と評価した。特に若手社員が目標を理解し、自発的に行動するようになる効果に期待していた。

また、「人事評価にKPIを取り入れる場合、その運用における手間が増える点が気になる」とも述べた。現場の負担を増やさない形での導入方法が求められると感じていた。

最終的に「KPIを目標管理や人事評価に活用することは有効だが、導入には慎重な運用が必要だ」との認識であった。公平性や柔軟性を担保しながら、全従業員が納得できる制度設計が鍵になるとの考えであった。

❷ KPI人事評価を今後導入する工程説明

①現状分析と評価対象とするKPIの設定
- KPIの一覧を作成し、それが従業員の業務内容や目標と適合しているかを確認する。
- KPIから抜粋して、評価基準として適切なものを選定する。
- 従業員の役職や職種に応じたKPIの分類を実施する。

KPI人事評価の工程表

項　目	1か月目	2か月目	3か月目	4か月目	5か月目	6か月目	7か月目以降
1. 現状分析とKPIの設定	■						
2. 評価基準の設計		■					
3. 社内説明会と合意形成			■				
4. 試行期間の設定				■			
5. 結果の反映と報酬制度への統合					■		
6. 定期的な見直しと改善						■	
7. 全体的な導入と継続運用							■

KPI監査モニタリング（1）

	実施項目 （何をどうする）KSF	視点	KPI内容	担当者	主要行動キーワード・ 実施行動項目名
積極戦略とKSFからのKPI	●総合解体、安心・安全な解体で高額物件、優良物件に相応しい解体 ●テナントビル、賃貸物件の解体	顧客視点	●ハウスメーカーへRC施工引き合い物件を増やすため、富裕層に納得してもらうPVを作成し、動画をHPにアップ　年間5本（安心・安全な解体の工程別の気配り、配慮）	D	●工程別気配り、配慮箇所やチェックポイント作成 ●PVの動画を外注委託
		業務プロセス視点	●毎月1回の会社通信を発行100部/月 解体の工種別配慮事例を掲載	E	●過去物件での鋼種別配慮事例の収集 ●工事現場の写真撮影
	●エクステリア提案から当社のエクステリア工事の受注及びハウスメーカーの住宅受注につなげる ●近隣への挨拶と同時にエクステリアのPRを行う	顧客視点	●近隣挨拶を解体前、解体中、解体後の100％実施 ⇒近隣のエクステリア・建築ニーズ収集	D	●近隣挨拶のパターン決め
		業務プロセス視点	●解体案件ごとに近隣へ提案するエクステリアプラン提案面談数　月10件	F	●エクステリアチェックシートとエクステリアイメージ写真の作成 ●近隣挨拶時の段階別エクステリア、リフォーム提案パンフの作成

2024年度						2025年度					
9-10月			11-12月			1-2月			3-4月		
計画	実績	対策	計画	実績	対策	計画	実績	対策	計画	実績	対策
0	0	●解体工程別の配慮箇所、チェックポイントのリスト化50% 10月の工務会議で時間が取れなかったので、11月工務会議で残りを作成	0	0	●配慮リストは完成済み 動画作成の業者はまだ2社から見積依頼中 1月に決定予定	1			1		
200	106	●会社通信を発行 ●配布先の選定がうまくできなかった。	200	218	●会社通信を発行 ●年末年始のあいさつ回りもあり、配布できた	200			200		
0%	0%	●近隣挨拶のパターンを決定。エクステリア提案チェックシートの確認、持参するパンフレット作成	100%	100%	●挨拶回りは100%実施 エクステリアや建築ニーズの収集まではできなかった	100%			100%		
			0	0	●エクステリア提案チェックシートの作成100%	10		●近隣挨拶時の段階別エクステリア、リフォーム提案資料作成	10		

KPI 監査モニタリング（2）

	実施項目 （何をどうする）KSF	視点	KPI 内容	担当者	主要行動キーワード・実施行動項目名
業績の公式KSFからのKPI	工期の10%短縮	顧客視点	●スケジュール通りに工事を完工した割合を95％以上	D	●作業進捗のチェック ●予定と実績の管理
		業務プロセス視点	●若手社員、外国人技能実習生が早期戦力化させるため、毎週若手勉強会を実施する　月間4回開催	F	●若手社員の教育 ●外国人技能実習生の教育 ●就職会社主催の合同説明会参加 ●高校専門学校への出前授業の企画と提案からのアルバイト誘導
	粗利率25%	顧客視点	●工事部長による見積書チェック100％	D	●工事部社員の見積制度の向上 ●工事部長による見積書チェック ●追加工事発生時の追加見積
		業務プロセス視点	●業務管理・原価管理ソフトへの入力100％ ●予定利益を下回った工事現場について反省会を100％実施	E	●原価管理を含めた業務管理ソフトの選定と導入 ●ソフトへの原価入力率100％ ●工事完了後の反省会の実施

2024年度						2025年度					
9–10月			11–12月			1–2月			3–4月		
計画	実績	対策	計画	実績	対策	計画	実績	対策	計画	実績	対策
95%	80%	●10件のうち、8件達成 ●現地調査が不十分な現場があった。スケジュールの立て方が甘かった →現地調査でのチェックリストを作成する	95%	88%	●完工9件のうち8件達成	95			95		
2	2	●10月に若手勉強会を2回開催した	4	4	●11月、12月にそれぞれ2回開催した	4			4		
100%	100%	●100％チェックを行った	100%	100%	●100％チェックを行った	100%			100%		
		●業務ソフトを検討し、複数のソフトを選定			●業務ソフトを検討し、導入するソフトを決定した			●ソフトの設定、操作研修、操作マニュアルの作成を予定	100%		

KPI 監査モニタリング（3）

	実施項目 （何をどうする）KSF	視点	KPI 内容	担当者	主要行動キーワード・実施行動項目名
ボトルネックKSFからのKPI	●地元の建設会社・不動産会社回りとハウスメーカーの賃貸部門への営業、情報収集 ●地域密着型のマーケティングを展開し、当社の情報提供を行う ●発注担当のキーマンとの会食	顧客視点	●地元の建設会社・不動産会社を訪問し、パンフ配布　5件/週 →月間20件	F	●不動産会社訪問用パンフ作成と配布 ●発注担当のキーマンとの会食
	●自社の工事技術の高さと社員の人柄を知ってもらう ●お客様の声を集めて信頼を得る	業務プロセス視点	●安心・安全な現場で施主や元請けから評価された事実をブログで毎週1回掲載	D	●工事実績と施工や元請けからの声の収集とWEBページへの掲載（Web業者へ依頼） ●工事部社員の現場ブログ作成
	●利益の取れる入札情報の取得 ●工法に関する特許の取得	顧客視点	●同業者のグループで工法に関する特許の取得勉強会を毎月実施	D	●入札情報の取得 ●同業者グループでの勉強会実施
	●協力会社の開拓と教育 ●若手の工事レベルの向上 ●ＪＶで地元の解体業者と協力	業務プロセス視点	●工事技術習得のために、社内勉強会の開催　月4回	E	●工事技術習得のための社内勉強会の企画 ●資格取得者に対する処遇の決定

2024年度						2025年度					
9-10月			11-12月			1-2月			3-4月		
計画	実績	対策	計画	実績	対策	計画	実績	対策	計画	実績	対策
80	63	●現場対応に追われ、目標の訪問回数をクリアできなかった →毎週スケジュール化して達成を目指す ●不動産会社訪問用パンフの作成はできなかった 年末の繁忙期で手が回らなかった →翌月に持ち越し ●発注担当のキーマンとの会食は4回実施	80	82	●忘年会シーズンということもあり、2か月で12回会食した	80			80		
		●ブログの書き方の勉強会を実施	4	0	●記事の作成はできなかった →12月から始めようとしたが仕事量が増加して手を付けられなかった 翌月以降に記事作成をスタートさせる	4			4		
					●協力会社・外注先に向けた勉強会の企画書作成	2			2		
					●勉強会の提案 ●資格取得を目指す社員の選定 ●教材・スケジュール選定 ●処遇の決定	8			8		

②評価基準の設計
- KPI達成度に応じた評価基準を設ける（例：100％達成＝高評価、80％達成＝標準評価など）。
- KPI未達成の場合の評価基準や外部要因の考慮方法を明確にする。

③社内説明会と合意形成
- 社員向けにKPIを人事評価に導入する意図を説明し、メリットや運用方法を共有する。
- KPI評価に関する懸念や質問を収集し、適切に回答する。
- 評価制度の試行に向けて、全社員の理解と合意を得る。

④試行期間
- 1～2四半期を試行期間とし、KPIを評価基準として運用する。
- 試行期間中に成果や課題を観察し、制度の改善点を洗い出す。
- 試行期間終了後、結果を全社的にフィードバックする。

⑤結果の反映と報酬制度への統合
- 評価結果を報酬制度（昇給、賞与、昇進など）に反映する。
- KPIの達成度と報酬の関連性を明確にし、従業員に納得感を持たせる。
- 定性的な評価項目と合わせて、総合的な人事評価結果を提示する。

⑥定期的な見直しと改善
- 半期または年度ごとに、KPI評価制度の運用結果を振り返る。
- 適切なKPIの更新や評価基準の調整を行い、制度の改善を続ける。
- 社員の意見を反映し、柔軟な運用を心掛ける。

⑦全社的な導入と運用
- 試行期間の成果と改善をふまえ、正式にKPI人事評価制度を導入する。
- 継続的な教育やサポートを行い、全社員がスムーズに活用できる環境を整備する。
- 定期的なKPIモニタリングと人事評価プロセスを連動させ、制度を運用する。

《ポイント》

透明性：評価基準やプロセスを社員に明確に示す。
公平性：職種や役職に応じた適切なKPIを設定する。
柔軟性：業務環境や外部要因を考慮し、適切に評価する。

これにより、KPIを基盤とした人事評価に実効性がもたらされ、社員のモチベーションと業績向上につながる。

(5) KPI監査を行ったあとの経営者の反応と成果

❶ SWOT分析、業績の公式、ボトルネックからのKPI設定プロセスにおける経営者の反応と変化

SWOT分析～業績の公式～ボトルネックをもとにKPIを設定し、KPIに基づいた監査を行った際の経営者の反応と変化を以下に記載する。

A社長は、KPI監査の結果を初めて確認した際、「具体的な数値が示されることで、業績の進捗が明確になった」と述べた。これまで漠然と捉えていた会社の課題が、具体的な指標によって見える化されたことに安心感を示した。

SWOT分析で明確になった強みを活かして設定されたKPIについては、「自社の方向性が数字として表れるのはわかりやすい」と評価した。特に、具体的なアクションが設定されたことに満足していた。

KPI監査を通じて、自社の課題と可能性を数値として捉える重要性を再認識した。「達成度が低いKPIに対しては、原因を深掘りし、次回に向けた具体策を考えるプロセスが重要だ」と述べ、未達成の指標に対するアプローチの有効性を感じていた。

一方で、現場の負担が増えることへの懸念も示した。「複数のKPIを同時に追いかけることで、社員が混乱しないように配慮が必要だ」と述べ、実行可能な範囲での計画が必要であると感じていた。

また、KPI監査を重ねる中で、「達成したKPIが会社の業績にどのように影響を与えるかがわかるのは大きい」と語った。実際に成果が出ている指標に対しては、さらなる改善や拡大の可能性を見出していた。

「KPI監査を繰り返すことで、目標達成のためのプロセスが洗練されていく」と述べ、全社的な成長への期待を高めた。「これを定期的に実施することで、社員全体の意識改革にもつながる」との確信を持つに至った。

最終的に、「KPI監査は、会社の進捗状況を定期的に確認し、柔軟に軌道修正を行うための重要なツールだ」と位置づけた。そして、「今後も継続して監査を行い、会社全体の業績向上を図っていく」という決意を示した。

(6) KPI監査モニタリングのまとめ

　KPIモニタリングを通じて、まず感じたのは「可視化の重要性」である。企業全体の目標が具体的な数値として表現されることで、経営者や幹部の理解が深まると実感した。特に、KPIを活用して進捗を評価する仕組みは、組織全体の透明性を高める効果があると感じた。

　当初、参加者の反応は慎重であり、特に経営者はKPIの実効性に対して懐疑的であった。しかし、KPIを軸にした議論を重ねる中で、各KPIが具体的な行動計画とリンクしていることに納得していった。目標達成のためのプロセスが明確化され、経営陣の目線が揃った点は大きな成果である。

　また、KPIモニタリングでは「未達成のKPI」に対する議論が特に有益だったと感じる。未達の原因を掘り下げ、次回までの具体的な改善策を議論するプロセスは、単なる評価ではなく、成長のための実践的な手法である。参加者自身が解決策を見つけ出すことで、主体性が高まった点を評価したい。

　一方で、課題もいくつか浮かび上がった。特に、KPIが現場のリソースと乖離している場合、実行可能性が低下し、現場での混乱を招くリスクがあると感じた。そのため、KPIの設定時に現場の声を取り入れる重要性を再認識した。

　さらに、モニタリングを重ねることで、各部門間の連携が不足している点が顕著になった。部門ごとに独立して取り組むKPIが全体最適につながるよう、横断的な視点での調整が必要だと感じた。今後は、KPIを通じた部門間のシナジーをどう生むかが鍵となる。

　もう1つの気づきは、モニタリングが経営者と幹部・従業員のコミュニケーションを深める機会となることである。KPI達成の進捗状況を共有し、全員が同じ方向を向くことで、組織の一体感が高まる様子を目の当たりにした。

　KPIモニタリングは、企業の目標を具現化し、組織全体を目標達成へ導く有効なツールである。今後の課題としては、モニタリングをさらに効果的に活用するための仕組みづくりが挙げられる。

　今回の取り組みを通じて、KPIモニタリングが単なる数値の評価に留まらず、企業全体の成長を促進する重要なプロセスであることを改めて認識した。継続的な改善を重ね、目標を達成する姿を期待している。

(7) KPI 経営伴走支援のコンサルティングモデル

　上級 KPI 監査士®として私が目指すべきは、経営者が自発的に行動し、業績を持続的に改善できるよう支援することだと考えている。そのために、従来の業績監査中心のアプローチから行動プロセスの監査に焦点を移し、企業の成長を伴走する支援スタイルに転換していくことが重要だと考えている。

❶ 行動プロセスの重視
　従来の業績監査は、数値結果を評価することが主な役割である。しかし、業績改善のためには、行動そのものに焦点を当てることが重要である。筆者は、経営者や幹部が自ら気づき、自発的に行動するプロセスを支援し、そのプロセスに基づいて KPI を定めることにより、持続的な改善の実現を支援していく。

❷ 強みを活かした戦略策定
　業績改善の鍵は、企業が持つ強みを最大限に活かすことである。SWOT 分析を通じて企業の強みを深掘りし、それを活かした KSF（重要成功要因）を導き出す。そして、特定の顧客ニーズに対して強みを組み合わせることで、効果的な戦略を立てることが重要である。これにより、企業は自社の強みをさらに強化し、市場での競争力を高めることができる。

❸ 気づきを促すコンサルティングスタイル
　これからのコンサルティングスタイルは、経営者や幹部に「教える」ものではなく、「気づきを促す」ものであるべきだと考えている。SWOT 分析や KPI 監査のフレームワークを通じて、経営者や幹部が自らの強みや機会に気づき、自発的に行動することをサポートしていきたい。その結果、彼らが自分たちの手で具体策を作り上げ、継続的に行動することで業績が改善されるような体制を構築していく。

❹ KPI 監査モニタリングの活用
　KPI 監査モニタリングを通じて、企業が設定した KPI に基づく行動を継続的にチェックするものである。このプロセスでは、売上や利益といった結果よりも、

KPIに基づく行動が実施されているかに焦点を当てる。そして、KPIが未達の場合は、その原因を分析し、次に取るべき具体的な修正行動を提案する。このようにして、経営者や幹部が次のステップを明確にし、自ら進んで行動するように支援する。

❺賞与評価制度へのKPIの反映

行動プロセス重視の組織文化を醸成するために、KPIの達成結果を賞与評価に反映させることも視野に入れる。これにより、従業員がKPIの達成に向けて意欲的に取り組むようになり、結果として企業全体のKPI重視の姿勢を確立することができる。この取り組みは、KPIが単なる「目標」ではなく、行動プロセスの一環として確実に実施されるようにするための手段である。

❻生成AIを活用したコンサルティング

生成AIを活用することで、高速かつ高精度なデータ分析を実現できる。従来の手法では数日を要する分析が短時間で完了し、自然言語生成により、わかりやすいレポートを提供できる点も強みである。生成AIも活用し、迅速かつ的確に経営課題を解決するサポートを行う。

❼経営者とともに企業を発展・成長させる

今後は、単なる監査や指導にとどまらず、経営者と共に歩む「経営伴走支援」のスタイルを確立する。経営者や幹部が自らの戦略や具体策を実行に移し、継続的に改善していくプロセスを支える存在になり、そして、企業が持続的な成長を遂げるために必要な行動を促し、それが業績改善に結びつくよう、継続的にサポートしていきたい。

Chapter 6

KPI監査の実例③

―― 温泉旅館 ――

1 担当上級KPI監査士®のプロフィール

《担当上級 KPI 監査士®のプロフィール》

【静かなる源泉から始まる物語】

　夜明け前、まだ薄暗い湯煙が立ちこめる温泉宿に、1 人の男が歩を進めている。その名は早川善輝、年齢 66 歳。株式会社湯ーとぴあを率いる代表取締役社長である。

　1976 年（昭和 51 年）に取締役へと就任した当時は若き高校生であったが、5 年後の 1981 年（昭和 56 年）、専修大学経営学部卒業後すぐに家業に携わった。1989 年（平成元年）からは、会社代表としてこの地で幾度も浮沈を経ながら温泉事業に邁進し続けてきた。

　私（早川善輝）が歩んできた道は決して平坦なものではなく、経営の荒波が押し寄せるたびに「7 転び 8 起き」の精神で立ち上がり、再び前へと進んできた。

　私は業界での経験を積み上げるなかで、ただの経営者ではなく、専門知識と資格を武器にした「温泉総合プロフェッショナル」へと脱皮しようとしてきた。高齢者入浴アドバイザー認定上級講師、温泉ソムリエマスター、温泉分析書マスター、サウナ・スパプロフェッショナル、水・温泉 ORP 評価アドバイザー、温泉観光実践士、薬機法管理者、フランス式アロマライフスタイルテラピストといった肩書きが、私の歩んだ道のりを物語る。

　2025 年 1 月には『日本一の温泉をつくろう』を扶桑社から出版した。そのなかで、私が紡ぎ出す言葉には、親子三代にわたり温泉を愛し続けてきた深い情熱が宿っている。

　本書は、中小企業経営者やコンサルタント、税理士、金融機関など、多くの実務家たちが手にとることを想定している。私は業績向上や経営課題解決を常に考えているが、そのためには行動プロセスの改善が欠かせないことを理解している。

《現在の業務と心がけていること》

「行動が成果を拓く」── わずか数文字に収まるこの言葉には、私の信条が凝縮されている。行動がなければ結果は生まれない。その当たり前の真実を、長年の経営実務で再確認してきたのである。

①現在の業務や常に心がけていること

早朝、館内をゆっくり見回りながら、私は源泉の湧出口に耳をすませる。「湧き出す湯は、生き物のようである」、私はそう思いながら、その日の湯温や成分バランスを確かめ、微妙な変化を受けとめる。高齢者が安心して入浴できるよう、手すりの位置から歩行補助、段差のない脱衣所、血圧測定コーナーなど、細部にわたる気配りは怠らない。

②ケアの重要性

こうした環境整備は、ただ癒しを提供するだけでなく、顧客の身体的・精神的な健康を支援する意味合いを持つ。特に高齢者にとって、快適な入浴体験は生活の質を向上させ、心身をリフレッシュさせる大切な時間となるのである。

私が心がけるのは、決して「利益のみ」を追い求める経営ではない。顧客満足と健康増進に焦点を当て、データや科学的エビデンスに基づいてサービスを改善し続けること。その積み重ねが、長期的な信頼構築へとつながり、ひいては企業の永続的な発展をもたらすと確信している。

《上級KPI監査士®を目指した経緯》

①震災後3年間無収入、さらなるコロナパンデミック

2020年、新型コロナウイルスの世界的流行によって、観光業界は未曾有の打撃を受けた。湯ーとぴあも例外ではなく、外国人観光客は消滅し、国内客も慎重な行動を余儀なくされた。経営が窮地に立たされるなか、私は「REBORN」というテーマを胸に秘め、過去の成功体験から学び直し、新たな戦略を模索した。

その一環として私が活用したのが、「クロスSWOT分析」や「破局のシナリオ」といった手法である。顧客から「なぜ経営が揺らいでも、御社はしぶとく立ち直るのか」という問いを受けるたびに、私は自らの「強み」「弱み」、そして外部環境を再精査した。単なる精神論では生き残れない現実がそこにはあり、定量的な指標で経営を捉え、改善策を導く必要があったので

ある。

　私は「定性」から「定量」への舵取りを行い、KPIを武器に再建への道筋を描いた。その結果、湯ーとぴあは急速な業績回復を遂げた。この成功経験は、私にとって1つの転機となり、上級KPI監査士®を目指す大きな原動力となった。

　80周年を迎える湯ーとぴあは、100周年へ向けた長期ビジョンを描く段階にある。そのなかで、確固たる経営基盤を築くためには、KPI監査による客観的な指標管理が欠かせない。データによる透明性と正確性は、事業継承における不安を和らげ、新たな戦略的展開を容易にするからである。

　②上級KPI監査士®として今後どんなサービスを提供していくか

　私は自社だけでなく、同業他社や温泉・ホテル・旅館業界に携わる人たちへ、専門的なアドバイザーとして手を差し伸べる考えである。厳しい環境下で退場を余儀なくされる同業者の姿を目の当たりにするたびに、「私だけが生き残るのでなく、業界全体を底上げしたい」という想いが強まった。

　私が目指すのは、気軽に相談できる「併走型」のアドバイザー像である。上級KPI監査士®として、単なる理論の押しつけではなく、現場で培った経験やノウハウを伝え、データに基づいた改善提案を行う。その結果、従業員が一丸となって行動プロセスを見直し、KPIを的確に設定・評価することで、パフォーマンス向上を実現するのである。

　③数値が導く温泉改革

　このような支援は、着実な改善が積み重ねられ、やがて業界全体の魅力を底上げする確実な手段となり得る。私は、こうした地道な改革こそが、「難病が治る奇跡の温泉」を目指す湯ーとぴあの挑戦と軌を一にすると考えている。

《当該企業を選んだ理由》

　①未来への決意

　なぜ私は、この湯ーとぴあという舞台で挑み続けるのか。そこには、家族の歴史、地域への愛着、顧客への感謝、従業員との絆が深く根ざしている。温泉は単なる観光資源ではなく、健康と癒しを提供する「社会的インフラ」に近い存在であると私は認識している。

　顧客の顔を思い浮かべれば、そこには世代を超えて通い続ける常連客がい

る。顧客は湯ーとぴあで季節の移ろいを感じ、身体の不調を整え、笑顔を取り戻す。そうした顧客がいる限り、私が歩むべき道は明確である。

「次世代へこの価値を伝え続ける」

この強い意志が、企業存続の大きな推進力となっている。

②温泉の灯を消さぬために

伝統を大切にしつつ、時代に合わせた革新を続けることで、湯ーとぴあは100周年へと歩みを続けるであろう。私は、上級KPI監査士®として得た知見を最大限に活用し、数字が描く経営の地図を頼りに、一歩ずつ着実に前へ進んでいきたい。

私が紡ぐこの実例レポートは、多くの中小企業経営者、コンサルタント、税理士、金融機関の目に留まり、業績向上や課題解決へのヒントになると確信している。私は「行動が成果を拓く」という信念を持ち、温泉という舞台を通じて人々に健康と癒しを届け続けることを生涯の使命としている。

2 事例企業の概要

①静かな湯煙に包まれる拠点

まだ夜が明けきらぬ早朝、わずかに立ち上る湯煙の向こうに、株式会社湯ーとぴあの施設群が静かに佇んでいる。その佇まいは、1946年の創業以来、この地に根を張り、温泉を軸にした事業を通じて多くの人々と時代を生きてきた証しそのものである。

現在は、ただ一軒の温泉宿泊・公衆浴場施設として見えるかもしれないが、その内側には戦後の混乱期を経て、材木建材業から温泉業へと勇敢な転身を遂げ、数々の苦難を乗り越えてきた歴史が刻まれている。

当初は材木建材業として歩み始めたこの企業は、やがて1979年、東洋一と謳われるラドン温泉を開湯し、宿泊業と公衆浴場業へと舵を切った。その背景には、地域の資源を生かし、時代の要請に応えるための果敢な経営判断があった。

現在では、湯治宿泊や日帰り温泉を軸に、多様な顧客ニーズに応えるべく日々挑戦を続けている。

②売上、社員数、収益状況などの経営情報

- 業種業態：宿泊業、公衆浴場業
- 社歴：1946年会社設立（材木建材業）、1979年（温泉創業）
- 主な顧客：一般顧客、ビジネス客
- 直近売上：2023年度　1億5,800万円
- 粗利率：95％前後
- 従業員数：正社員4名、非正規社員10名

2023年度（令和5年）の直近売上は1億5,800万円であった。この数字は、長引く不況や観光需要の変動に晒されながらも、同社が堅実な顧客基盤を築いてきた証しでもある。また、粗利率はじつに95％前後に達する。この驚異的な数字が示すのは、温泉という資源そのものが極めて高い付加価値を生み出していること、そして限られた従業員数で効率的な運営を成し遂げてい

るという経営の妙である。

　社員数は正社員4名、非正規社員10名という少数精鋭体制である。フロント業務、清掃、接客、企画、SNS発信、施設管理と、それぞれが多面的な役割を担うことで、わずかな人員でも円滑なサービス提供を可能にしている。

　ここには「多能工」としての人材育成思想があり、1人ひとりが自分自身の手で顧客満足度を上げる使命感を抱いて働いている。

　さらに、この企業の強みは「東洋一のラドン温泉」としてのブランド力にある。ラドン含有量が高く、その恩恵を求め、湯治目的の顧客が全国から集う。湯治宿泊だけでなく、日帰り入浴も可能なため、近隣住民やビジネス客、さらには各地を訪れる旅人たちが、この施設を中継点とする。そこには、時代を超えて安定した需要が存在している。

(1) KPI監査に至った経営課題

- 営業・顧客・商品面：国内客激減（インバウンド客0人）、古いイメージ
- 製造・開発・原価面：限定された食事提供、湯治メニュー開発
- マネジメント・組織人材面：IT関係（HP、ブログ、SNS）、社員の老齢化
- 設備・コスト面：設備建物の老朽化、人件費、光熱費の高騰
- 資金・財務面：収入・流動資金の減少、借入金比率の高さ

❶多重の苦境

　どんな企業にも暗い影がある。株式会社湯ーとぴあが迎えた近年の試練は、2020年以降の世界的パンデミックが大きな転換点となった。国内客は激減し、期待を寄せていたインバウンド客は皆無になった。古くからの顧客層は高齢化し、新規顧客の取り込みがままならぬなかで、「古い温泉のイメージ」が足かせとなる。

　製造・開発・原価面を見れば、食事メニューの拡充が遅れており、現代の健康志向ニーズに合った湯治メニュー開発も未熟である。原材料費高騰がじわじわと収益を圧迫し、コストコントロールの難しさが露呈している。

　マネジメント面では、HP・ブログ・SNSなどデジタル戦略に後れをとり、情

報発信は不十分。社員の高齢化は、今後の労働力確保において深刻な課題である。

　設備・コスト面では、老朽化した建物の修繕費が嵩み、人件費や光熱費も上昇し続ける。

　資金・財務面では、減収が流動資金を圧迫し、借入金比率が高まるなか、財務的リスクが長年重くのしかかっている。

　こうした複合的な課題に直面したとき、既存の感覚的な経営判断では限界があることは明白であった。これらは一朝一夕で解決するものではないが、客観的な数値指標による改善策立案が求められていたのである。

❷見えない壁を数値化する

　壁を突破するためには、漠然とした問題を数値で捉え、行動指針を具体化する必要があると、私は痛感した。

　この企業を率いる私は、かつて幾度となく危機を乗り越えてきた経験がある。しかし、コロナ禍の打撃は、その経験豊富な経営者をして「新たな手立て」を強く求めさせた。長年頼りにしていた直感や経験知は、激変する市場環境の前で揺らぎはじめ、古くからのやり方ではどうにもならない不確定要素が増していたのである。

　SWOT分析を行い、内部要因の「強み」「弱み」、外部環境の「機会」「脅威」を整理するなかで、私はついに腹をくくった。もはや偶然の幸運や一時的なブームに頼ることはできない。数字の力を借りて、現状を正確に把握し、次の一手を冷静かつ確実に打つ必要があったのだ。

【REBORNの決意】

　私がこの短い言葉を胸に刻んだのは、失われたインバウンド需要や下り坂をたどる顧客数に一喜一憂するのではなく、徹底的な定量分析を通じて組織を「再生」し、新たな地平を拓くためであった。

　KPI監査は、単なる管理ツールではない。私にとって、その導入は自らの経営哲学を再構築する行為でもあった。これまで「肌感覚」で判断してきた意思決定に、あえて数字という冷静な視点を持ち込むことにより、組織全体を俯瞰し、問題点を洗い出し、優先順位を定め、限られたリソースを最大限に活用する。

　私はそこに、目には見えなかった可能性を見出したのである。

　これには社員に対する思いも込められている。何を目標に働けばよいのか明確になれば、社員は自らの役割を再認識し、自発的な行動改革に踏み出すだろう。

そして、「数値で示される達成度」は、成功を共有するための共通言語となる。たとえ社員が少数でも、方向性が定まれば個々が生み出す力は倍増するに違いない。

(2) SWOT分析〜KPI監査の実施スケジュール

この新たな試みを実行に移すため、2024年春に初めてスケジュールが組み立てられた。当初は1か月単位で区切った迅速な分析を想定していたが、実際には私や幹部陣が日常業務に追われ、思うように進まなかった。現実は計画どおりにいかない。それでも、私は目先のスケジュール遵守よりも、丁寧な議論と質の高いデータ収集を優先した。

❶進捗の歯車を噛み合わせる

この言葉が示すように、遅延が生じたとしても、チームワークを強化し、情報共有体制を整えることで、より確かな成果へとつなげられると判断したのである。

まず、幹部の一部をプロジェクト専任とし、私たちを通常業務から解放した。この決断は、内部で一時的な負荷増を生むものの、長期的な視野に立てば不可欠な措置である。また、スケジュールは当初の1か月完結から2か月へと延長し、より深いデータ分析を可能とした。

何よりも重要だったのは、週次での定例会議を新設することだった。それまで月1回程度だった会議では、意思疎通や課題共有が間に合わない。週に1回、全員が顔を揃えて進捗を確認し、問題点を洗い出し、新たなアイデアを即座に組み込む場が生まれた。

その過程で、中堅社員や若手スタッフの私見が初めて戦略レベルで活かされることになった。従来、経営判断は幹部によるトップダウン方式が主流であったが、今回の試みを通じて、現場最前線に立つ社員たちの知見が戦略策定に寄与する道が開かれたのである。日頃どんな顧客からどんな声を聞いているか、その微細な肌感覚をデータとして吸い上げることで、数値と現場感覚を融合させた分析が可能となった。

KPI監査のプロセスが機能し始めたのもこの頃だ。社員の業務を数値化し、どのポイントを改善すればパフォーマンスが上がるか明瞭になった。目標達成度を見える化することで、幹部も社員も共通言語を手にし、皆が同じ方向を向いて進める。（266ページに続く）

KPI監査実施スケジュール

段取り	実施内容	誰に	2024年4月	2024年5月	2004年6月	2004年7月
KPI監査学習	RE経営にマスターコースで訓練開始	著者	毎月1回終日の研修とロープレ			
ターゲット根回し	経営者への説明と了解	著者	嶋田先生のYouTube動画を視聴			
公開コンサルティング	マスターコースのzoom研修に招聘し、嶋田から直接ヒアリング入力実施	著者		嶋田先生に直接ヒアリング受ける		
動機付け	KPI監査の説明	著者		破局のシナリオを用い、決算書・長期資本強化計画書を見ながら３年後の売上予定チェック　KPI監査説明をする		
SWOT分析1	強みフレーム記入ヒアリング	著者			「強み分析」シートを見ながら記入	再度「強み分析」に補完検討
SWOT分析2	機会フレーム記入ヒアリング	著者			「機会分析」シートを見ながら記入	再度「機会分析」に補完検討
						文言の整理作業
SWOT分析3	積極戦略フレーム記入ヒアリング	著者			積極戦略の候補案を出す	積極戦略
業績の公式	業績の公式フレーム記入とヒアリング	著者				
ボトルネック	ボトルネックフレーム記入とヒアリング	著者				
体系図整理	SWOT分析、業績の公式、ボトルネックからの体系図の整理確認	著者				
KPI監査モニタリングシート	KPI監査モニタリングシートへの記入とヒアリング	著者＆専務				
説明会	幹部社員へKPI監査内容に説明会実施	著者＆専務				
KPI監査モニタリング開始	KPI監査モニタリングシートに沿って第1回目監査実施	著者＆専務				
KPI監査モニタリング開始	KPI監査モニタリングシートに沿って第2回目監査実施	著者＆専務				
KPI監査を活用した人事評価	KPIを入れた部門別人事評価制度のヒアリング	著者				

2004年8月	2004年9月	2024年10月	2024年11月	2024年12月	2025年1月予定	2025年2月予定	2025年3月予定
中身の議論と記入							
業績の公式候補案	業績の公式シート記入						
	ボトルネック候補案	ボトルネックシート記入					
		体系図整理確認					
		KPI監査論議	KPI監査モニタリングシート記入論議				
			中期収支計画素案作成	社長、専務 「具体策連動中期収支計画作成会議」実施			
			監査実施1	結果検討 次回対策			
					監査実施2	結果検討 次回対策	
					人事評価ヒアリングを実施		

こうした一連の流れは、ただの管理手法ではない。組織文化そのものを改革し、協働の精神を醸成する動的なプロセスであった。
　結果として、このSWOT分析とKPI監査の実施スケジュールは、幹部同士、そして従業員との新たな結束を生み出す「エポックメイキング」な出来事へと昇華した。私自身も、これまで封印してきた柔軟な考え方を取り戻し、組織内の知恵を最大限引き出すことの価値を再認識するに至ったのである。

　こうして、SWOT分析・KPI監査は、単なる数値や手法の羅列ではなく、生きた企業が変革へと動き出す息遣いを映し出すものとなった。静かな湯煙の向こうで湯ーとぴあは再生に向かい歩み始め、その物語は決して絵空事ではなく、社員と私が汗と知恵を持ち寄って織りなす現実のドラマなのである。

3 SWOT分析とその成果

　薄明かりが差し込む朝、湯ーとぴあの会議室は、先ほどまで静寂に包まれていた。しかし、本日はいつもと違う空気が流れている。長年の経営が培ってきた感覚的な判断から一歩踏み込み、客観的な分析ツールであるSWOT分析へと進む日がやってきたのである。この分析は、企業が内外環境を把握し、戦略を練るうえでの基盤を築く手法とされる。

　私をはじめ幹部たちは、自らの「強み」「弱み」「機会」「脅威」を正面から見据える覚悟を固めていた。そこには、ただ数字や言葉を並べる以上の意味があった。温泉という特殊な資源、奇跡的なラドン効果、そして顧客の健康を支える理念を、より強固な戦略へと昇華させるための第一歩がここにあった。

　数値で紡ぐ再生の地図：この短いフレーズが示すのは、曖昧な感覚や経験則を超え、データと分析によって未来への航路を描き出そうとする決意である。

(1) SWOT分析総合シートの効用

　会議室の中央テーブルには1枚の大きな用紙が広げられた。そこには、びっしりと書き込まれたキーワードが交差し、矢印や下線が行き交う。「強み」と「弱み」、「機会」と「脅威」――4象限に整理されたSWOT分析シートは、まるで企業の内面を透かし見るレントゲン写真のようだ。幹部はその紙を囲み、各項目を1つひとつ噛みしめるように視線を這わせる。誰もが頭の中で過去の出来事や現場の声を呼び起こし、自社が現在どちらに立っているのかを再確認している。

　この分析シートは単なるお飾りではない。ここから何を読み取り、どう活用していくかが、これからの経営にとって決定的な意味を持つのである。課題や可能性がこうして1枚の紙に俯瞰して見えることで、次なる一手が見え始める。

　次ページの表はクロスSWOT分析によって、「すぐに取り組むべき積極戦略」を抽出してまとめた一覧表である。積極戦略の具体的な内容については、278ページ以降に詳述している。（272ページに続く）

クロスSWOT分析　総合シート（1）

会社名・部門名	株式会社 湯ーとぴあ					
業績と状況	売上	1.5億円	粗利率	95%	売上総利益	1.4億円
	営業利益	5,000万円	従業員数 （うち非正規）	4名（P10名）	売上総利益	
課題整理1						
課題整理2						

Chapter 6：KPI監査の実例❸ 温泉旅館

	カテゴリ	ヒント	ヒントの答え	横展開の可能性
			強み（内部要因）と活かせる分野	
A	既存顧客、既存チャネルの強み	●顧客台帳・リスト数・DM先数・アポが取れる客数 ●常連客、A客の数、ロイヤルカスタマーになった理由 ●取引先で有力な顧客先と何故その顧客が生まれたか	●顧客台帳5万人（4年間累計） ●リピート客は70%（年間リピーターは850名／月）。リピート理由はがん、喘息、糖尿、神経疾患の利用者が平均3日間 ●ヘビーユーザー毎月1回以上来館者は10名程度 ●ラドン温泉を選ぶ理由は「病状改善が早く、アルファ線で密度が高い」 ●来館者は関東圏、後全国から。口コミで広まった（利用者が入っている病気のネットワークのサークルで）	●安部元首相の大腸の難病克服で吸入型のラドンを使った。2016年位週刊ポストで取り上げられた。そこからラドンが見直しされた（それまで東日本大震災の放射能漏れの影響で敬遠されていた） ●各地のラドンの濃度の論文から全国ランキングでナンバーワンだと発表され、それを素人に分かりやすく個人のツイッターやホームページで発表（当時フォロワー1,000人） ●これまで秋田の玉川温泉がラドンで有名だったが、TOPが関東圏にあることから問合せがふえた
B	既存商品、既存仕入先、取引業者の強み	●この取扱商品を持っている事でのプラスの影響 ●この仕入先、外注先、取引先を持っていることでのプラスの影響 ●この販売エリア、マーケティングチャネルを持っていることのプラスの影響	●以前は健康ランドで赤字だったが、温泉療法に集中したことで状況変化 ●昔は「第二の病院」と言われて全国に点在したが、地方団体が地方創生資金で地元を温泉を掘り、地域集客に走ったので、ラドンが減少（止めは福島原発）	
C	技術、人材、知識、ノウハウ、経験の強み	●技術、ノウハウの具体的な「強み」で顧客から評価されている箇所 ●顧客が評価する技術や知識、経験を持った人材の内容 ●顧客が評価する社内の仕組み、システム、サービス	●東京圏から90分で日帰りが可能な日本一のラドン。関東圏の顧客がほぼ100% ●コロナの最中、ラドンがコロナを抑える効果があることで来客が増えた ➡ 免疫細胞が活性化されるから（世界的な学術論文で発表され、コロナの最中はビタミンCが効果的と言われたが、ラドンははるかにその上だと認識された） ●Web上ではコロナ後遺症のほうがラドンが効くと出ている	
D	設備、機能、資産の強み	●他社との優位性を発揮している生産設備、什器備品、不動産 ●顧客から認める組織機能（メンテ、営業サポート、物流など）	●ラドン発生器の製造業者はいないが、今の機器は半永久的にラドンを発生できる。部品修理などメンテも自前でできる（コンプレッサーだけ交換）➡ 機械を製造できないから、同業者が増えない	
E	外部から見て「お金を出してでも手に入れたい」と思われること	●もしM&Aされるとしたら、どこに買う側は魅力を感じるか ●買う側が魅力に感じる顧客資産とは		
F	外部から見て「提携」「コラボ」「相乗り」したいと思われること	●もしM&Aされるとしたら、どこに買う側は魅力を感じるか ●買う側が魅力に感じる顧客資産とは		

クロスSWOT分析　総合シート（2）

No.	深掘りする質問	聞き出すヒント	どんな顧客が（どんな特性の顧客が）	具体的に何があるか	何故そう思うのか。何が原因か（具体的に）
		機会（O）…これから求められるニッチ分野、費用を払うニーズ			
1	B.Cランク客の具体的なニーズ	●めったに買いに来ない客が言ったニーズ ●日ごろ購入する業者で買わず少量・臨時の購入で自社に来た理由			
2	予期せぬ成功・新たな可能性	●まさかそんな使い方をしているとは… ●そういうアイデアを顧客が持っているとは……想定していなかったニーズ	●ビジネス客が出張ホテルで選ぶ	●ついでに健康温泉に入れるから	●うつ、神経痛などのストレスを持っているビジネスマンが、出張ついでにストレス軽減するならメリットが多い
3	既存客・新規見込み客が使う上でいら立っていること（困りごと）	●なぜそこまで時間がかかるのか、なぜそんなに高いのかの不満は何？ ●どこも対応してくれないから仕方なく顧客が諦めている事	●会社が労働者のうつやメンタル対策でラドンを活用	●社員の有休消化で、かつメンタルケア、休職者防止	●法人が福利厚生と健康増進、有休消化を同時に実現でき、採用面でもPRできる
4	そこまで要求しないから、もっと低価格のニーズ（そぎ落としの低価格需要）	●必要な機能スペックはここだけで他はいらないと顧客が思っていること ●無駄な機能スペック、過剰なサービスを減らしても顧客が喜ぶもの	●入浴された男女共湯上がりの化粧品は必要なし	●メルティング浄化温泉として美肌温泉証を取得している温泉に、追加料金等なく入れる	●入浴するだけで美人になるメリット
5	おカネを払うから、もっとここまでしてほしいニーズ（高価格帯需要）	●顧客が困っていることに適応するなら高くても買う理由 ●こんな顧客ならこんな高スペックや高品質の商品を買うだろう	●もっと高濃度のラドンを求める ➡ 設備増強ができないので長く入浴するしかない	●高濃度だから病気が早く改善する	●病気改善に短期成果を狙う忙しい方、滞在型では難しい方、余命宣告されている方
6	こんな商品あったら買いたい・こんな企画ならいけそうというニーズ	●このターゲット顧客なら喜びそうな商品とは ●このターゲット顧客ならこんなイベントや販促、企画、アフターサービスを求めているだろう	●各地でラドン浴したいという問い合わせがある（廃棄したランド機器があれば可能）	●温泉業者、介護関係から来る	●温泉業者は温泉の付加価値として ●介護事業者は健康増進効果、認知症予防を狙って
7	他社がやっている企画・商品で真似したい事	●あの同業者のあの商品の類似品ならいけそうだ ●二番煎じでも行けそうな商品とターゲット顧客	●過去にラドン温泉の事業をしていて廃業したが、発生器を廃棄できずに困っている		
8	知り合い（同業者・関係先・仕入先・コンサル・税理士等）から聞いた善意の提案	●直接の顧客以外から聞いた新たな提案 ●新たな気づきの善意の提案は何があるか			
9	その他、新しいビジネスモデルでの要望	●コロナで生まれた新たなニーズ ●これからの顧客が求める商品サービスは？	●高濃度乳酸菌サプリへの期待	●温泉に来られないときでも、補強が自宅でできる	●温泉の付加価値として、サプリにより健康増進効果を狙って

Chapter 6：KPI監査の実例❸　温泉旅館

<table>
<tr><td colspan="9" align="center">積極戦略（すぐに取り組む具体策）</td></tr>
<tr><td rowspan="2">組合せ</td><td rowspan="2">何を（商品商材）どうしたい（KSF）</td><td colspan="6" align="center">顧客視点</td><td rowspan="2">KGI</td></tr>
<tr><td>ターゲット（顧客・チャネル）</td><td>今後の具体的なニーズ（買いたい理由）</td><td>求める具体的なサービス・付加価値・課題解決</td><td>顧客視点 KPI 1</td><td colspan="2">顧客視点 KPI 2</td></tr>
<tr><td rowspan="7">ABCD×2</td><td>ビジネスマンの出張次いでのメンタルケア（睡眠改善）ができるホテルプラン</td><td>東京方面から来る山梨出張族（ビジネス関連）</td><td>●メンタルやストレスから睡眠が不足している方向けに睡眠改善の効果</td><td>●出張の日帰り入浴券
●健康朝食で出張支援
●Wi-Fi設置でリモートワークしながら、睡眠改善</td><td>●睡眠課題ビジネスマンの滞在日記を月間3回Webにアップ</td><td colspan="2"></td><td>●ビジネス出張と睡眠改善宿泊プランで年間1,000万円以上の増収</td></tr>
<tr><td colspan="5" align="center">業務プロセス視点</td><td colspan="2" align="center">主要行動キーワード・実施行動項目名</td><td>関連業績・個数・粗利率・粗利等</td></tr>
<tr><td>マーケティング・販促戦略</td><td>プロダクト・販売・体制構築の仕方</td><td>業務プロセス視点 KPI 1</td><td>業務プロセス視点 KPI 2</td><td></td><td colspan="2"></td><td></td></tr>
<tr><td>ブログでドキュメントを紹介</td><td></td><td>●大手旅行会社のWebサイトの自社ページに「本商品」の掲載を増やす…掲載できる専用プラン作成</td><td></td><td></td><td>●睡眠改善出張と書き込む</td><td>●睡眠改善と健康朝食</td><td>● 2025年度　月間平均150名×8,000円＝120万円／月（年間1,500万円）
● 2024年度　月間平均100名×8,000円＝80万円（年間960万円）</td></tr>
<tr><td>睡眠改善用ビジネスマン向け宿泊割引プランの発売</td><td></td><td></td><td></td><td></td><td>●リモートワークと睡眠改善</td><td>●旅行サイトでの専門ページ</td><td>経費は増えない</td></tr>
<tr><td rowspan="2">組合せ</td><td rowspan="2">何を（商品商材）どうしたい（KSF）</td><td colspan="6" align="center">顧客視点</td><td>KGI</td></tr>
<tr><td>ターゲット（顧客・チャネル）</td><td>今後の具体的なニーズ（買いたい理由）</td><td>求める具体的なサービス・付加価値・課題解決</td><td>顧客視点 KPI 1</td><td colspan="2">顧客視点 KPI 2</td><td>関連業績・個数・粗利率・粗利等</td></tr>
<tr><td rowspan="4"></td><td>入浴された全員を美人化する入浴プラン</td><td>●入浴客</td><td>●若々しく美しくなりたい</td><td>●格安で入れる回数券、会員券</td><td>●中年女性の入浴日記を月間2回Webにアップ</td><td colspan="2">●素肌改善と美肌</td><td>●美人化・素肌改善入浴プランで年間1,800万円以上の増収</td></tr>
<tr><td colspan="5" align="center">業務プロセス視点</td><td colspan="2" align="center">主要行動キーワード・実施行動項目名</td><td>関連業績・個数・粗利率・粗利等</td></tr>
<tr><td>マーケティング・販促戦略</td><td>プロダクト・販売・体制構築の仕方</td><td>業務プロセス視点 KPI 1</td><td>業務プロセス視点 KPI 2</td><td></td><td colspan="2"></td><td></td></tr>
<tr><td></td><td></td><td></td><td></td><td></td><td colspan="2"></td><td></td></tr>
</table>

(2) SWOT分析実施時のドキュメント

❶「強み」と「機会」の再発見

　SWOT分析が実施された当日、社長である私は、緊張を胸に抱きながら会議室に足を踏み入れた。温泉業に何十年も携わってきたが、これほど客観的な視点で自社を省みる場は久しい。強みを語れる自信はある。しかし「なぜリピート率が高いのか？」といった素朴な問いを、目の前の幹部たちに問うた瞬間、その表情は少々戸惑いを帯びた。

　だが、数分が経つにつれ、戸惑いは理解へと変わった。

　「がんや糖尿病、喘息、神経疾患などの改善を求めて来る顧客が滞在する理由はラドンの高濃度ゆえ」と私が解説すると、幹部たちはうなずき始めた。過去に、安倍元首相が難病克服の過程でラドン吸入を活用したとの報道が再度想起される。

　会議室の空気が和らぎ、強みを語る声はますます弾んだ。ヘビーユーザーの存在、口コミによる広がり、アルファ線密度の高さが顧客を惹きつける事実が改めてクローズアップされると、幹部たちも「なるほど」と納得の表情を浮かべた。静かな一体感が生まれ、SWOT分析は単なるデータ整理ではなく、「強みを再確認するセッション」となっていったのである。

　やがて外部環境の「機会」に視線が移る。ビジネス客へのアプローチはどうか、うつや神経痛に悩むビジネスマンが出張先でストレスを解消する場になるのではないか —— 私が問いかけるたび、幹部たちの目は輝きを増した。メンタルケアを求める現代の働き手たちが、ラドン温泉の新しい顧客層になり得ることが議論され、会議室は一段と熱を帯びていく。

❷発掘される新市場

　この短い言葉が示すのは、予期せぬニーズが潜む外部環境を丹念に掘り起こし、新たな可能性を生む分析作業の醍醐味である。

　最後に積極戦略の検討へ進む。「強み」×「機会」を掛け合わせ、ラドンの高濃度をどう強調するか。ある幹部が「高濃度だからこそ得られる効果をもっと明確化すべき」と提言すると、私は深くうなずいた。こうしたアイデアの化学反応が、湯ーとぴあを新たな高みへ導くだろうと確信していた。

(3)「強み」の分析

❶全国トップクラスのラドン濃度

　「強み」とは、企業が持つ独自の武器である。この日、会議室で整理された強みは多岐にわたった。顧客台帳4年間で5万人登録、リピート率70％、重病治療のための平均3日間滞在、全国トップクラスのラドン濃度……その1つひとつが、この温泉が持つ揺るぎない価値を証明していた。

　特筆すべきは、「病気ネットワーク」を通じて広がる口コミである。病気改善を求める人々が情報を交換し、その中心点として湯ーとぴあが存在する。この有機的なつながりが、新規顧客を絶えず呼び込むサイクルを生み出している。さらに、コロナ禍でも免疫活性効果が注目され、後遺症改善が話題となり、ウェブやSNSを通じてその価値は加速的に認知された。

❷「強み」は生きた資産

　顧客が語り合い、ネットワークが機能する。その姿は、単なるビジネスではなく、生きたコミュニティを形成している証しである。

　また、特筆すべきは設備面の強みである。ラドン発生器は半永久的にラドンを供給し、他社が真似しにくい優位性を確保している。こうした独自性が参入障壁となり、湯ーとぴあの独壇場を築く一助になっている。歴史、品質、知識、そして顧客ロイヤリティ ── これらが一体となり、揺るぎない「強み」という土台を築いているのである。（274〜275ページ参照）

(4)「機会」分析 ── 新市場への扉

　「機会」は外部環境の中に眠る宝である。今回のSWOT分析で浮き彫りになったのは、ビジネス客へのアプローチを通じた新たな成長路線だった。

　出張中のビジネスマンが、ストレスや睡眠不足を抱えている現実は否定できない。その潜在ニーズに、「出張先での健康温泉」という解決策を提示できれば、彼らは喜んでこの地を選ぶだろう。うつ対策や神経痛緩和、精神的リフレッシュを求める現代社会の中で、ラドン温泉が持つ改善効果は思わぬ切り札となる。

　（278ページに続く）

「強み」分析のポイント

	カテゴリー	ヒント
		強み（内部要因）と
A	既存顧客、既存チャネルの強み	●顧客台帳・リスト数・DM先数・アポが取れる客数 ●常連客、A客の数、ロイヤルカスタマーになった理由 ●有力な顧客先となぜその顧客が生まれたかの要因
B	既存商品、既存仕入先、取引業者の強み	●この取扱商品を持っていることでのプラスの影響 ●この仕入先、外注先、取引先を持っていることでのプラスの影響 ●この販売エリア、マーケティングチャネルを持っていることのプラスの影響
C	技術、人材、知識、ノウハウ、経験の強み	●技術、ノウハウの具体的な「強み」で顧客から評価されている事項 ●顧客が評価する技術や知識、経験を持った人材の内容 ●顧客が評価する社内の仕組み、システム、サービス
D	設備、機能、資産の強み	●他社に優位性を発揮している生産設備、什器備品、不動産 ●顧客が認める組織機能（メンテ、営業サポート、物流など）
E	外部から見て「お金を出してでも手に入れたい」と思われること	●もしM&Aされるとしたら、買う側はどこに魅力を感じるか ●買う側が魅力に感じる顧客資産とは
F	外部から見て「提携」「コラボ」「相乗り」したいと思われること	●協業を求める外部資本が魅力を感じる顧客資産・商材資産、組織機能資産

Chapter 6：KPI監査の実例❸　温泉旅館

活かせる分野	
ヒントの答え	横展開の可能性
●顧客台帳5万人（4年間累計） ●リピート客は70%（年間リピーターは852名/月） ●リピート理由はがん、喘息、糖尿、神経疾患の利用者が平均3日間 ●ヘビーユーザー毎月1回以上来館者は10名ぐらい ●ラドン温泉を選ぶ理由は「病状改善が早く、アルファ線の密度が高いから」 ●全国のラドン温泉の中でも濃度が全国トップクラス ●来館者は関東圏や全国から ●口コミで広まった（利用者が入っている病気のネットワークのサークルで広まっている）	●安部元首相が大腸の難病克服で吸入型のラドンを使った。2016年の頃に「週刊ポスト」で取り上げられた。そこからラドンが見直しされた（それまで東日本大震災の放射能漏れの影響で敬遠されていた） ●各地のラドンの濃度の論文から全国ランキングでNO1だと発表され、それをわかりやすく個人のツイッターやホームページで発表（当時フォロワー 1,000人） ●これまで秋田の玉川温泉がラドンで有名だったが、トップクラスのラドン浴が関東圏にあることから問合せが増えた
●以前は健康ランドで赤字だった。温泉療法に集中したことで状況が変わった ●昔は「第二の病院」と言われて全国に点在したが、地方団体が地方創生資金で温泉を掘り、地域集客に走ったので、ラドンが減少（止めは福島原発）	
●東京の関東圏から90分で日帰りが可能な日本一のラドン。関東圏の顧客がほぼ100% ●コロナの最中もラドンがコロナを抑える効果があることで来館者が増えた → 免疫細胞が活性化されるから（世界的に学術論文で発表され、コロナ最中はビタミンCが効果的と言われたが、ラドンははるかにその上だと認識された） ●Web上ではコロナ後遺症の方がラドンが効くと出ている	
●ラドン発生器の製造業者がいないが、今の機器は半永久にラドンが発生し、部品修理、メンテも自前でできる（コンプレッサーだけ交換）→ 機械が製造しないから同業者が増えない	

「機会」分析のポイント

		機会（O）…これから求められる
No.	深掘りする質問	聞き出すヒント
1	B、Cランク客の具体的なニーズ	●めったに買いに来ないお客が求めるニーズ ●日ごろ購入する業者で買わず、少量・臨時の購入で自社に来た理由
2	予期せぬ成功・新たな可能性	●まさかそんな使い方をしているとは… ●そういうアイデアを顧客が持っているとは…想定していなかったニーズ
3	既存客・新規見込み客が使ううえでいら立っていること（困りごと）	●なぜそこまで時間がかかるのか、なぜそんなに高いのかの不満は何か ●どこも対応してくれないから仕方なく顧客が諦めていること
4	そこまで要求しないから、もっと低価格のニーズ（そぎ落としの低価格需要）	●必要な機能やスペックはここだけで、他はいらないと顧客が思っていること ●ムダな機能やスペック、過剰なサービスを減らしても顧客が喜ぶもの
5	おカネを払うから、もっとここまでしてほしいニーズ（高価格帯需要）	●顧客が困っていることに適応するなら高くても買う理由 ●こんな顧客ならこんな高スペックや高品質の商品を買うだろう
6	こんな商品あったら買いたい・こんな企画ならいけそうというニーズ	●このターゲット顧客が喜びそうな商品とは ●このターゲット顧客なら、こんなイベントや販促、企画、アフターサービスを求めるだろう
7	他社がやっている企画・商品で真似したいこと	●あの同業者のあの商品の類似品ならいけそうだ ●二番煎じでもいけそうな商品とターゲット顧客
8	知り合い（同業者・関係先・仕入先・コンサル・税理士等）から聞いた善意の提案	●顧客以外から聞いた新たな提案 ●新たな気づきの善意の提案は何があるか
9	その他、新しいビジネスモデルでの要望	●コロナ禍で生まれた新たなニーズ ●これからの顧客が求める商品サービスとは

Chapter 6：KPI監査の実例 ❸ 温泉旅館

ニッチ分野、顧客が費用を払うニーズ		
どんな顧客が（どんな特性の顧客が）	具体的に何があるか	なぜそう思うのか、理由は何か（具体的に）
● ビジネス客が出張ホテルで選ぶ	● ついでに健康温泉に入れるから	● うつ、神経痛などのストレスを持っているビジネスマンが、出張次いでにストレス軽減するならメリットが大きい
● 会社が労働者のうつやメンタル対策でラドンを使用	● 社員の有休消化でかつメンタルケア、休職者防止	● 法人が福利厚生と健康増進、有休消化を同時に実現でき、採用面でもPRできる
● 入浴された男女共湯上がりの化粧品は必要無し	● メルティング浄化温泉として美肌温泉証を取得している温泉に何の追加料金等無く入れる	● 入浴するだけで美人になるメリットが多い
● もっと高濃度のラドンを求める→ただ設備増強ができないので長く入浴するしかない	● 高濃度だから早く病気が改善する	● 病気改善で短期成果を狙う忙しい方、滞在型では難しい方、余命宣告されている方
● 各地でラドン浴したいという問い合わせがある（廃棄したランド機器があれば可能）	● 温泉業者、介護関係からくる	● 温泉業者は温泉の付加価値として ● 介護は健康増進効果、認知症予防を狙って
● 全国で過去にラドン温泉を営業していたが、廃業して発生器を廃棄できずに困ってっている		
● 高濃度乳酸菌サプリへの期待	● 温泉に来られない日も自宅でケアできる	● 温泉の付加価値として ● サプリにより健康増進効果を狙って

277

予期せぬ成功を呼ぶビジネス客の獲得は、湯ーとぴあの horizons（地平）を大きく広げる鍵となる。

法人向けにメンタルケア福利厚生を提案することで、企業が従業員の健康管理手段として温泉利用を制度化できる可能性も見えた。短期間で効果が得られる高濃度ラドン温泉の存在は、忙しいビジネスマンにとって「短期集中リフレッシュ」の理想的な解決策だ。さらに、低価格プランや高額療養ニーズに合わせたメニュー設定、出張者向けのリモートワーク環境整備など、多面的な戦略が描ける。SNS での発信強化や健康朝食の提供など、付加価値を積み上げる施策によって、機会を最大限に活かすことが可能となる。

このように、「機会」は単なる可能性ではなく、具体的な戦略へとつながるリアルな選択肢である。（276 〜 277 ページ参照）

(5) 絞った「積極戦略」とは

■ビジネスマンの出張ついでにメンタルケア（睡眠改善）ができるプラン

私がこれを選択した理由は、このプランが「ただの宿泊ではなく、心と体のケアを提供することで、わが社が新しい選択肢として注目されることを期待している」と語り、他の温泉施設との差別化を目指すことにある。

❶ターゲット（顧客・チャネル）

「機会」として「ビジネス客が出張で選ぶホテル」に着目し、山梨の温泉施設が持つ「癒し」と「快適性」の価値を組み合わせた。東京から山梨への出張者は、仕事終わりにストレスを感じ、それを軽減できる施設を求める傾向がある。

組合せ	何を（商品商材）どうしたい（KSF）	積極戦略（即取り組む具体策		
		顧客視点		
		ターゲット（顧客・チャネル）	今後の具体的なニーズ（買いたい理由）	求める具体的なサービス 付加価値・課題解決
	ビジネスマンの出張次いでのメンタルケア（睡眠改善）ができるホテルプラン	東京方面からくる山梨出張族（ビジネス関連）	メンタルやストレスから睡眠が不足している方に向けて睡眠改善の効果	●ラドンの何回も入れる ●出張の日帰り入浴券 ●健康朝食で主張支援 ●Wi-Fi 設置 ●リモートワークしながら睡眠改善
	業務プロセス視点			

これを念頭に、「東京方面から来る山梨出張族」を特定し、ビジネス対応型の宿泊プランやリモートワーク設備を備えた温泉施設を積極的に打ち出す戦略を策定した。

❷新たなニーズの発掘

機会として「出張先に健康温泉でストレス軽減」というビジネスマンのニーズに目をつけた場合に、特に、うつや神経痛のストレスが原因で睡眠不足に悩む方が多いことから、温泉のリラックス効果を活用し、睡眠改善を訴える具体的な方策を導き出した。ストレス軽減と睡眠の質向上をセットで提供する。

		積極戦略（即取り組む具体策）		
（商品商材）どうしたい	顧客視点			
	ターゲット（顧客・チャネル）	今後の具体的なニーズ（買いたい理由）	求める具体的なサービス・付加価値・課題解決	顧客視点 KPI
ネスマンの出張次いでタルケア（睡眠改善）きるホテルプラン	東京方面からくる山梨出張族（ビジネス関連）	メンタルやストレスから睡眠が不足している方に向けて睡眠改善の効果	●ラドンの何回も入れる ●出張の日帰り入浴券 ●健康朝食で主張支援 ●Wi-Fi 設置 ●リモートワークしながら、睡眠改善	●睡眠課題ビスマンの滞記を月間3Web にア
	業務プロセス視点			主要行動キー
	プロダクト・販売・			

❸求められる具体的なサービス（付加価値・課題解決）

ラドン温泉の繰り返し利用によるリラックス効果、健康朝食の提供による体調管理支援、Wi-Fi完備でリモートワーク環境を整え、仕事と心身のリフレッシュを両立させる。

	顧客視点			
ターゲット（顧客・チャネル）	今後の具体的なニーズ（買いたい理由）	求める具体的なサービス・付加価値・課題解決	顧客視点 KPI 1	顧客視点 KPI 2
東京方面からくる山梨出張族（ビジネス関連）	メンタルやストレスから睡眠が不足している方に向けて睡眠改善の効果	●ラドンの何回も入れる ●出張の日帰り入浴券 ●健康朝食で主張支援 ●Wi-Fi 設置 ●リモートワークしながら、睡眠改善	●睡眠課題ビジネスマンの滞在日記を月間3回 Web にアップ	
業務プロセス視点			主要行動キーワード・実施行動項目名	
プロダクト・販売・体制構築の仕方	業務プロセス視点 KPI 1	業務プロセス視点 KPI 2		

(6) KGI-KSF-KPI の設定

❶顧客視点 KPI（その KPI に至った理由）

　この KPI は、ビジネスマンが睡眠改善効果を実現し、それを具体的な体験として共有することで、同じ課題を持つ新たな顧客層を引きつけるために設定した。口コミによって、睡眠改善やストレス軽減の効果をリアルに伝えることで、価値サービスを広く認識させ、集客効果を最大化する考え方がある。

	積極戦略（即取り組む具体策）				
	顧客視点				
体的なニーズ たい理由)	求める具体的なサービス・付加価値・課題解決	顧客視点 KPI 1	顧客視点 KPI 2		KGI
やストレスから 足している方に 眠改善の効果	●ラドンの何回も入れる ●出張の日帰り入浴券 ●健康朝食で主張支援 ●Wi-Fi 設置 ●リモートワークしながら睡眠改善	●睡眠課題ビジネスマンの滞在日記を月間3回 Web にアップ			ビジネス出張と睡眠改善宿 年間 1,000 万円以上の増
セス視点 KPI 1	業務プロセス視点 KPI 2	主要行動キーワード・実施行動項目名			関連業績・個数・粗利

❷マーケティング・販促戦略（KSF の具体的方法）

　この売り方は、ターゲットであるビジネスマンに具体的なメリットを訴求するために設定した。ブログ体験談や効果を伝えることで、信頼性のある情報発信を行い、興味を喚起する。また、睡眠改善を目的とした宿泊割引プランを提供することで、「お買い物マラソン」などの価格を引き下げ、試してみたいと感じさせる動機づけを強化した。

❸業務プロセス視点 KPI（その KPI を設定した理由）

　この KPI は、自社商品の認知度向上と販売チャネル拡大を目的として設定したものである。

　旅行会社の Web サイトは目標層であるビジネスマンや観光客に効果的にリーチできる主要なプラットフォームを作成することで、各旅行会社にとっても魅力的な商品提案となり、掲載の可能性がある。また、8 社（じゃらん、楽天など）

への掲載を目指すことで、自社商品の露出を最大化、多様な顧客層からの予約増加を促進。効率的なマーケティングとして重要な指標となる。

		業務プロセス視点			
ABCD ×2	マーケティング・販促戦略	プロダクト・販売・体制構築の仕方	業務プロセス視点 KPI 1	業務プロセス視点 K
	ブログでドキュメントを紹介		旅行会社のWebサイトの中の自社ページに「本商品」の掲載を増やす……8社に掲載できる専用プラン作成	
	睡眠改善用ビジネスマン向け宿泊割引プランの発売			
組合せ	何を（商品商材）どうしたい (KSF)		顧客視点		
		ターゲット（顧客・チャネル）	今後の具体的なニーズ（買いたい理由）	求める具体的なサー 付加価値・課題解

	業務プロセス視点				主要行動
ケティング・販促戦略	プロダクト・販売・体制構築の仕方	業務プロセス視点 KPI 1	業務プロセス視点 KPI 2		
グでドキュメントを紹		旅行会社のWebサイトの中の自社ページに「本商品」の掲載を増やす……8社に掲載できる専用プラン作成			睡眠改 書き込み
改善用ビジネスマン向 泊割引プランの発売					リモート 睡眠改善
（商品商材）どうしたい (KSF)		顧客視点			
	ターゲット（顧客・チャネル）	今後の具体的なニーズ（買いたい理由）	求める具体的なサービス・付加価値・課題解決	顧客視点

❹主要行動キーワード・実施行動項目（各主要キーワードが選ばれた理由）

　これらのキーワードは、目標であるビジネスマンの関心ニーズに直接訴求するために討論した。

　「睡眠改善と健康朝食」は、宿泊体験をより「旅行サイトの専門ページ掲載」するためには、顧客が情報を検索する際の利便性を高め、予約促進につながる効果を狙ったものである。これらのキーワードは、顧客の購買意欲を刺激し、自社商品の競争力を高めるからである。

KPI 1	業務プロセス視点 KPI 2	主要行動キーワード・実施行動項目名		関連業績・個数・粗利率・粗利
サイトに「本増やすきる専		睡眠改善出張と書き込み	睡眠改善と健康朝食	● 2025年度　月間平均150名×　円＝120万円／月（年間1,500） ● 2024年度　月間平均100名×　円＝80万円（年間960万円）
		リモートワークと睡眠改善	旅行サイトでの専門ページ掲載	経費は増えない
	顧客視点			KGI
ニーズ	求める具体的なサービス・付加価値・課題解決	顧客視点 KPI 1	顧客視点 KPI 2	関連業績・個数・粗利率・粗利

❺ KGI（この KGI を設定した理由）

　KGI「ビジネス出張と睡眠改善プランで年間1,000万円の増収」は、ターゲット市場と企業の成長戦略に沿って設定した。

　まず、睡眠不足やストレスをふまえてビジネスマンに特化した商品は、どこの市場でも競争優位性を高める可能性がある。さらに、「健康」「癒し」「効率性」といったテーマが出張層に強く訴えられるので、新規顧客層を獲得しやすい。

　次に、既存の施設やサービスを活用しながら付加価値を向上させることで、投資対効果が高く、収益性の向上が期待できる。

　年間1,000万円の増収は、事業全体の収益構造を健全化し、次の成長ステップへ向けた重要な中間目標として現実的かつ挑戦的な数値である。

戦略（即取り組む具体策）				
顧客視点				KGI
求める具体的なサービス・付加価値・課題解決	顧客視点 KPI 1	顧客視点 KPI 2		
● ラドンの何回も入れる ● 出張の日帰り入浴券 ● 健康朝食で主張支援 ● Wi-Fi 設置 ● リモートワークしながら、睡眠改善	● 睡眠課題ビジネスマンの滞在日記を月間3回Webにアップ			ビジネス出張と睡眠改善宿泊プランで年間1,000万円以上の増収
業務プロセス視点 KPI 2		主要行動キーワード・実施行動項目名		関連業績・個数・粗利率・粗利等

❻関連原価・経費予測（かかる設備投資、原価、必要経費等）

　設備投資や原価、必要経費が検討された理由は、われわれの設備やサービスを最大限に活用しながら収益を拡大する効率的な戦略に基づいている。

　まず、ラドン温泉という経営資源を活用するため、新たな設備投資が不要であり、追加経費も極力抑えられる。出張ビジネスマンへの訴えには、施設を基盤としたパッケージ化が有効で、収益性を高めつつリスクを軽減できる。さらに、粗利率が維持される計画は、月間平均客数を増やすことで実現可能であり、現場運営やマーケティングの負担を増やさないための現実的な案である。

●健康朝食で主張支援 ●Wi-Fi 設置 ●リモートワークしながら、睡眠改善	スマンの滞在日記を月間3回 Web にアップ		ビジネス出張と睡眠改善宿泊プランで年間 1,000 万円以上の増収
業務プロセス視点 KPI 2	主要行動キーワード・実施行動項目名		関連業績・個数・粗利率・粗利等
	睡眠改善出張と書き込み	睡眠改善と健康朝食	● 2025 年度　月間平均 150 名× 8,000 円＝ 120 万円 / 月 (年間 1,500 万円) ● 2024 年度　月間平均 100 名× 8,000 円＝ 80 万円 (年間 960 万円)
	リモートワークと睡眠改善	旅行サイトでの専門ページ掲載	経費は増えない
顧客視点			KGI

(7) SWOT 分析を行ったあとの経営者の反応

　SWOT 分析が一巡し、会議室から経営幹部が出て行く頃、私は静かに考えを巡らせていた。強みと弱みがクリアになり、機会と脅威が明らかになるなかで、得られたのは新たな確信だった。

　ラドン温泉が持つ独自性、顧客の高満足度、そしてビジネス出張客という新しいターゲット層 ── これらは単なる思いつきではなく、具体的なデータに裏づけられた現実的な戦略素材である。これまで見えなかった「睡眠改善」や「メンタルケア」というキーワードが、出張ビジネスマンにとってどれほど価値のある要素なのか、改めて理解した。

《新たなる旗印》

　この言葉が示すのは、分析を経て掲げられた新たな目標であり、それが組織を次のステージへ押し上げる原動力となることだ。

　もちろん、脅威が消え去ったわけではない。新規参入施設やオンラインサービス、他の健康分野からの攻勢は今後も続くだろう。しかし、その中でわれわれは「ラドン温泉」という希少性と強み、そして出張客への価値提供という戦略軸を磨き上げられる。

　社内の声を吸い上げる仕組み、顧客視点のKPI設定、マーケティング強化など、具体的な行動計画が頭の中に次々と浮かび上がる。

　SWOT分析を経て得た結果は、これまで曖昧だった戦略に明確な輪郭を与え、実行可能なアクションへと昇華する手がかりを得た。

　私は決意を固めた。「健康」「癒やし」「効率」——この3つのキーワードを旗印として、従業員と共に新しい市場を拓く。「出張先で心身を整える温泉」というビジョンが、われわれのブランド価値をさらに引き上げ、顧客への真の価値提供を可能にするだろう。この分析は、単なる知識の蓄積ではなく、実践への呼び水となったと確信した。

　SWOT分析は、湯ーとぴあが未来を切り開くための「羅針盤」となった。数字とデータ、言葉とアイデア、それらが融合したこの瞬間こそが、会社再生への確固たる第一歩であった。

4 「業績の公式」の分析

　温泉施設「湯ーとぴあ」に朝が訪れる。わずかな光が館内に差し込む頃、私をはじめとする経営幹部たちは、重く静かな決意を胸に会議室へと集う。テーブルの上には、白くきらめく書類の束。それは、これまで漠然としていた「業績向上」という目標を、数値と手法で明確化した「業績の公式シート」である。

　このシートには、売上と利益を最大化するための指標が整然と並ぶ。KGI（重要目標達成指標）という旗印のもと、KSF（重要成功要因）が繊細な糸のように編み込まれ、そこから顧客視点と業務プロセス視点のKPIが浮かび上がる。いわば、この1枚が、湯ーとぴあの未来を紡ぐための「設計図」となるのである。

「業績の公式」からのKSF–KPI設定

No.	顧問先名	売上KGI	売上KGI直結のKSF				顧客視点KPI目標
1	湯ーとぴあ	●日帰り入浴目標200名/日（現100名/日	●HP来訪者、閲覧数を拡大(1)（Google広告数を増やす）	●HP来訪者、閲覧数を拡大(2)（コンテンツ充実とSEO対策）⇒利用者の悩みの閲覧数が多い	●キャンペーン数（例回数券特売年1回年、無料券DM送付年1回/）⇒総選挙での受賞記念	●温泉と食堂の多面的活用（例：セミナーや会議での使用）	●薬事法に掛からない範囲で「がん患者」「がんサバイバー」の悩みとストーリー（回数時間などの負担）⇒がん記事＝2件/月　糖尿病記事＝2件/月　喘息記事＝2件/月
							業務プロセス視点KPI目標
							●信玄公祭、花火大会、お美幸さん祭り記念協賛で入浴券無料支給　年3回のイベント関連無料入浴券DM配布
		利益KGI	利益KGI直結のKSF				顧客視点KPI目標
		●来場者に健康食品（乳酸菌）の販売目標100万円/月（現70万円/月）	●シークレット通販でリピート客の維持拡大⇒購入時にメアド住所氏名を聞き出す	●ロビーで乳酸菌ビデオを見る客の購入率が高い⇒がん患者の購入を増やす	●テキストでラドンの体験談、乳酸菌飲用体験談の掲載…客室用小冊子（100ページ）の簡易版を設置		●ロビー客に最初の購買時にパンフ（リピート用アドレス）配布と登録してくれた方へ見本1本プレゼント　2件/日
							業務プロセス視点KPI目標
							●症状別小冊子（4ページ）の記事を作る（がん、糖尿病、喘息、神経痛各1記事/3か月）

(1) 明確化された目標

「業績の公式」の中核には、日帰り入浴客を1日100名から200名へと倍増させるKGIが掲げられていた。以前であれば「もっと客を増やしたい」という感覚的な念願に過ぎなかったものが、今や明確な数値目標となり、幹部たちの目を引き締める。

ここには「HP閲覧数の拡大」や「SEO対策による検索流入増加」など、オンライン戦略が具体的に示され、さらに「ターゲット層の健康ニーズに応えるコンテンツ」作成が重要な鍵として盛り込まれている。がん患者、がんサバイバー、糖尿病患者、喘息患者……これまで漠然と「健康志向のお客様」として捉えていた層が、より鮮明なターゲットとして浮かび上がる。その先には「ただの温泉」ではなく、「健康増進の場」としての新たな価値訴求が待っている。

(2) 「業績の公式」作成時のドキュメント

「業績の公式」を作成する道のりは、決して容易ではなかった。幹部リーダーたちは何度も会議に集い、過去数年間の売上データ、市場動向、顧客ニーズの変遷を洗い出し、分析し、議論を重ねた。

この過程で「なぜ100名から200名なのか」「どのターゲット層に、どんな手法でアプローチするのか」といった具体的な問いが幾度も交わされ、成果としての「業績の公式」が生まれたのである。

売上の公式作成時、私は数値目標が明確に示されたことに新鮮な驚きを感じていた。これまでは「ざっくり増やそう」という漠然とした意気込みだったが、現在では「200名／日」という明確な旗印が存在する。それにより行動計画も具体化し、責任分担も鮮明になった。

(3) 経営者の反応と気づき

社長である私は、日帰り入浴者数200名／日という挑戦的な目標設定に対し、最初は眉をひそめつつも、その現実性に興味を示していた。なぜなら、この目標は単なる数値の上積みではなく、SEO対策やコンテンツ強化といった具体的な

手段が裏づけにあるからだ。

特に、「がん患者」や「がんサバイバー」「糖尿病」「喘息」といった特定の健康ニーズを持つ顧客層へのマーケティング戦略は、私の心を打った。

「ただの温泉ではなく、健康に寄り添う場としての価値を訴求すれば、顧客も納得して訪れる」──この発想は、私に新しい希望を与える。

また、HPの活用不足やSEOの弱さを再認識した私は、ターゲットの悩みに応える記事や体験談を積極的に発信していくことで、「本当に求められているサービス」を確実に届けることを決心する。

ウェブコンテンツは顧客の悩みを映し、その解決策を示す。私は、数字の裏にいる人々を初めてはっきりと見たような感覚を抱く。

施設ロビーでは、健康食品（乳酸菌）関連のビデオを上映し、初回購入者にはパンフレットやサンプル品を手渡す。これらは単なる販促ではなく、顧客が求める価値の延長線上にあることを、私は理解した。施設利用者がその場で得る「体験価値」は、再訪や口コミを誘い、売上目標達成の土台となる。

（4）「利益の公式」による販売目標

売上が増えれば自然に利益が増えるわけではない。利益を確保するにはコストと効率を見直し、合理的な施策を打たなければならない。業績公式シートは、利益を増やすための方程式も明示していた。「売上－経費＝利益」という単純な原則に、どれだけの知恵を重ねられるかが問われる。

この過程で私や幹部は、製造原価、販管費、人件費などあらゆるコスト項目に目を凝らした。無駄を省き、効果的な投資へと振り分けるための詳細な分析が行われ、最終的には「健康食品（乳酸菌）」の販売目標を月間100万円と定め、これを利益アップの確かな基盤とする計画が打ち立てられた。

私は、健康食品（乳酸菌）の販売目標100万円／月という指標が提示された時、そのリアリティと挑戦性に驚いた。単に売上を増やすだけでなく、利益を確保するには、既存顧客へのリピート促進が鍵となる。

「シークレット通販」を活用し、既存顧客が自宅からでも商品を購入できる仕組みを確立すれば、新規顧客獲得コストを抑えつつ、継続的な利益獲得が可能になると私は納得した。

【既存客こそ宝の山】
　既存顧客は、すでに施設を信頼している。だからこそ、少ないコストで関係性を深め、利益を確実に積み上げられる。
　私は、この戦略が「ラドン温泉」という特性と健康増進イメージを相乗効果で高められることに気づく。温泉でリラックスした後、自宅でも健康食品でその効果を継続できるとなれば、顧客は施設を「健康生活のパートナー」として認識するようになる。その結果、顧客体験の質が高まり、ブランド価値が強固なものとなり、継続的な収益にもつながると考えた。
　こうして業績と利益の公式がシートとして示されたことで、湯ーとぴあの経営は大きな転換点を迎えた。「数字を示しただけで終わらない」。そこには、実行計画と現場運営が密接に結びつき、顧客視点と業務プロセス視点が絡み合うことで、具体的な戦略が力強く動き出す。

【行動が成果を紡ぐ】
　書類上の数値を、現場での行動に移すとき、本当の変革が始まる。
　私や幹部たちは、このシートを頼りに毎月、毎週、行動の進捗をチェックし、改善を重ねていく。SEO対策でHP閲覧数が伸びれば、その原因を分析し、さらなる改善策が練られる。乳酸菌商品が売れ始めれば、その販促手法を洗練し、顧客との関係を強化する。
　こうした「成長のサイクル」を回すことで、湯ーとぴあは持続的な成長軌道に乗り、競合他社に対して確固たる優位性を築いていくのである。
　激動する市場環境の中、数字と行動が紡ぎ出す物語はまだ序章に過ぎない。だが、揺らめく湯煙の向こうで、新たな成功へのシナリオが静かに脈打ち始めていることだけは確かである。

5 ボトルネックの特定

　経営陣が集い、無言で1枚のシートを見つめている。その1枚こそ「ボトルネックシート」である。企業に潜む生産性低下や非効率の「弱点」を視覚的に示すこのツールは、私どもが直面すべき「本当の課題」を明らかにする。

　これまでは、問題と感じていても輪郭が曖昧だった課題が、データと指標を用いて整理されることで、初めて手触りのある実態として浮かび上がる。何が生産性を阻み、どこが業務フローを停滞させているのか ── このシートが静かに問いかけている。

(1) ボトルネックシート（問題の可視化）

　目に見えなかった本質が、数値と図表を通じて眼前に立ち現れる。
　Excelで作成されたボトルネックシートには、施設の稼働率、顧客満足度、アクセス性、観光資源との調和度など、多岐にわたる指標が整理されている。そこには、顧客視点の課題が赤字で、業務プロセスの問題が青字でマークアップされ、原因と結果が一目で理解できるようになっている。

　このシートは、まるで企業内部を透視するレントゲン写真のようである。どの工程が詰まり、どの設備が老朽化し、どのサービスが顧客期待に応えられていないかが浮き彫りになる。その中には、富士山観光との連携不足やアクセス面の弱点、地元料理提供の不備など、これまで曖昧だった問題が鮮明な姿を見せていた。

(2) 弱点の正体

　色分けされたシートを見渡せば、潜んでいたボトルネックが光に晒される。
　私がこのボトルネックを選び注目した最大の理由は、宿泊人員目標「毎日60人」の達成が必要不可欠な要素だからである。現在の宿泊部門は1日平均30人程度で、46％という低い稼働率が続いている。なぜ客は増えないのか。なぜ満足度が上が

らないのか。その問いに明確な回答を示すためには、現状を「数値」や「プロセス分析」を通じて理解する必要があった。

改善すべき点は多岐にわたる。例えば、アクセスが不便で、最寄り駅から徒歩11分もかかるうえ、タクシー利用も面倒だ。これが顧客の利便性を下げていた。また、富士山観光との調和性が欠如しており、観光資源を十分に活用していない点が機会損失を生んでいる。さらに、地元料理の提供不足は、せっかく温泉旅館に来た顧客が郷土の味を楽しめないという、大きなミスマッチを招いていた。

【本質を射抜く数値】

数字とデータが、根源的な課題をピンポイントで示す。

業務プロセス面にも問題は山積している。施設の老朽化や客室の狭さが顧客満足度を下げ、「湯治や健康促進」をテーマに差別化しようとしているにもかかわらず、それを生かしきれていない。

こうした問題点を見て、私は深く反省しつつも、同時に前向きな決意を固めた。なぜなら、問題が明確になれば打つべき手も見えてくるからである。

(3) ボトルネック検討時の経営者の反応

【初期反応：問題の真剣さを理解】

ボトルネックシートを初めて見たとき、私は現状がどれだけ深刻であるか、頭を殴られたような衝撃を受けた。「富士山観光との調和不足が年間約5,000万円もの機会損失を生んでいる」といった具体的な数字が示されると、そのインパクトは想像以上である。私は「ああ、われわれはこんなにチャンスを逃してきたのか」と言葉を失った。

【中期反応：改善策への探究】

具体的な数字は、経営の盲点を突き刺すが、同時に覚醒の契機ともなる。

ショックを受けた後、次に浮かんだのは「どう改善するか」という前向きな問いであった。これまで察していた問題点が裏づけられた以上、改善策を講じない理由はない。顧客の期待値に応えるためには、「地元料理」を積極的に提供し、「富士山観光」と連携して特別な宿泊プランを打ち出す。

アクセス面で不便を感じる顧客には、無料送迎や荷物運搬サービスを検討する。それらはただの思いつきではなく、顧客が求める「体験価値」を起点とした具体的なアクションになり得る。

【最終反応：行動計画への移行】

問題を知った瞬間、人は動き出したくなる。それが組織に変革をもたらす。

ボトルネックがはっきりした今、私は行動計画を直ちに練り直す決心を固めた。これまでぼんやりとしていた目標達成への道筋が、顧客視点の強化と業務プロセス改善という2つの軸でクリアになる。地元料理をどう提供するか、富士山観光との連携をどう図るか、湯治の専門性をどう伝えるか ── すべての施策がKGI「毎日60人」を確実に達成するためのレールになる。

(4) ボトルネックと成長戦略

ここで再度、宿泊部門のKGIである「毎日宿泊人員60人」を設定した理由を振り返る。このKGIは、施設全体の成長戦略に直結している。現状は1日平均30人程度で、客室は13m^2と狭く、老朽化も進んでいる。

アクセス改善、地元料理充実、湯治専門性強化によって宿泊満足度を引き上げ、85％の稼働率を目指す。その結果、60人の宿泊者確保は現実的かつ挑戦的な目標となり、他部門への波及効果（飲食や物販）をもたらし、顧客リピート率や口コミ効果の向上につながる。

このようにKGI達成は、単なる数字上の成功ではなく、顧客視点、業務効率、ブランド価値の三位一体改革を意味する。ラドン温泉や健康促進要素を最大限にアピールし、郷土料理と富士山観光を掛け合わせた「特別体験」を提供することで、競合他社にはない独自性を打ち出せる。

KPI目標設定シート

部門名	KGI（重要到達目標）部門目標	要素	業績阻害要因（優先問題点・ボトルネック）	もっと活かすべき「強み」
宿泊	リピート率 70%➡80%	顧客	●ラドン発生器が23時に止まる。夜は入浴者が少ないから濃度が変わらず、止めても効果がある。しかし止まっているから効果がないとお客が感じている➡止められるからサービスが悪いと思う客もいる	●機械を止めてもラドンが効いていることを証明と認知させればいい➡入浴者の少ない夜間がよりラドン吸収されることをPR
		業務プロセス（商品・仕組み等）		
宿泊	毎日宿泊人員60人目標（現30人）	顧客	●甲府なのに富士山が遠い（富士山観光と連動できない） ●駅から歩いて11分あり、クルマで来ない顧客はタクシーが少なく、歩かざるをえない ●付近に郷土料理の店が少ない（せっかく温泉旅行に来たのに地元料理が少ない）➡機会ロスが5,000万円	●飲食部門で地元コース料理を提供しているが、予約制のため提供できない（近くには地元料理の店がなく、渋々ファミレスや牛丼、コンビニなどのテイクアウトをしている） ●宿泊客は定食を期待しているが提供してない（調理長はいるから定食は可能）
		業務プロセス（商品・仕組み等）	●建物の老朽化 ●35部屋が13㎡と狭い（稼働率46%）	●ラドン温泉の魅力を伝え、湯治専門としてPRすれば、宿泊客も納得する

重要成功要因（KSF）KGIを決める具体的な行動要素	KPI（KSFの行動指標化）
●夜間入浴のススメがわかる仕掛けでリピート率の一部改善を図る ●調査後、KGI夜間入浴者○○名/日➡○○名/日	●夜間遅く帰る出張族向けに、夜間入浴が効果がある濃度が維持されているチラシを部屋に配置➡出張族の疲れ、病気のパターン別に夜間入浴の効果性を書いたチラシ＝月3枚の内容を変えたチラシ作成

重要成功要因（KSF）KGIを決める具体的な行動要素	KPI（KSFの行動指標化）
●ネット予約時に料理予約が100%あればいいが、「食堂でいつでも食べられると思っている」➡Web予約ページに、夕食予約の案内が「自動的にできるシステム」を追加 ●定食の予約メニュー追加をすればもっと増える	●ネット予約ページに日替わり定食予約を掲示し、夕食の予約も同時にとる（宿泊客の50％が飲食予約）
●湯治の風情を出すために温泉効果の小冊子を設置済み ●湯治の効果を最大限に上げる健康法の本をこれから設置（今後出版の本） ●湯治効果をさらに上げる足つぼ、青竹などの体で感じるグッズなどの配置 ●湯治効能部屋の部屋料を少し高単価にする	●湯治効能部屋を10室改修し、その部屋の宿泊稼働率60％を目指す

■ KGIの阻害要因（優先問題点・ボトルネック）

部門名	KGI（重要到達目標）部門目標	要素	業績阻害要因（優先問題点・ボトルネック）	もっと活かすべき「強み」	重要成功要因（KSF）KGIを決める具体的な行動要素
宿泊	リピート率 70%➡80%	顧客	●ラドン発生器が23時に止まる。夜は入浴者が少ないから濃度が変わらず、止めても効果がある。しかし止まっているから効果がないとお客が感じている➡止められるからサービスが悪いと思う客もいる	●機械を止めてもラドンが効いていることを証明と認知させればいい➡入浴者の少ない夜間がよりラドン吸収されることをPR	●夜間入浴のススメがわかる仕掛けでリピート率の一部改善を図る ●調査後、KGI夜間入浴者○○名/日➡○○名/日
		業務プロセス（商品・仕組み等）			

部門名	KGI（重要到達目標）部門目標	要素	業績阻害要因（優先問題点・ボトルネック）	もっと活かすべき「強み」	重要成功要因（KSF）KGIを決める具体的な行動要素
宿泊	毎日宿泊人員60人目標（現30人）	顧客	●甲府なのに富士山が遠い（富士山観光と連動できない） ●駅から歩いて11分あり、クルマで来ない顧客はタクシーが少ない、歩かざるをえない ●付近に郷土料理の店が少ない（せっかく温泉旅行に来たのに地元料理が少ない） ➡機会ロスが5,000万円	●飲食部門で地元コース料理を提供しているが、予約制のため提供できない（近くには地元料理の店がなく、渋々ファミレスや牛丼、コンビニなどのテイクアウトをしている） ●宿泊客は定食を期待しているが提供してない（調理長はいるから定食は可能）	●ネット予約時に料理予約が100%あればいいが、「食堂でいつでも食べられると思っている」➡Web予約ページに、夕食予約の案内が「自動的にできるシステム」を追加 ●定食の予約メニュー追加をすればもっと増える
		業務プロセス（商品・仕組み等）	●建物の老朽化 ●35部屋が13㎡と狭い（稼働率46%）	●ラドン温泉の魅力を伝え、湯治専門としてPRすれば、宿泊客も納得する	●湯治の風情を出すために温泉効果の小冊子を設置済み ●湯治の効果を最大限に上げる健康法の本をこれから設置（今後出版の本） ●湯治効果をさらに上げる足つぼ、青竹などの体で感じるグッズなどの配置 ●湯治効能部屋の部屋料を少し高単価にする

※ KPI（KSFの行動指標化）… KSFを具体的に進捗させる行動プロセス目標を設定（とりあえず月間で行動チェックができることを優先する）

Chapter 6：KPI監査の実例❸　温泉旅館

■活かすべき強み

業績阻害要因（優先問題点・ボトルネック）	もっと活かすべき「強み」	重要成功要因（KSF）KGIを決める具体的な行動要素	KPI（KSFの行動指標化）
●ラドン発生器が23時に止まる。夜は入浴者が少ないから濃度が変わらず、止めても効果がある。しかし止まっているから効果がないとお客が感じている➡止められるからサービスが悪いと思う客もいる	●機械を止めてもラドンが効いていることを証明し認知させればいい➡入浴者の少ない夜間がよりラドン吸収されることをPR	●夜間入浴のススメがわかる仕掛けでリピート率の一部改善を図る ●調査後、KGI夜間入浴者○○名/日➡○○名/日	●夜間遅く帰る出張族向けに、夜間入浴が効果がある濃度が維持されているチラシを部屋に配置 ➡出張族の疲れ、病気のパターン別に夜間入浴の効果性を書いたチラシ＝月3枚の内容を変えたチラシ作成
セ・）			
●甲府なのに富士山が遠い（富士山観光と連動できない） ●駅から歩いて11分あり、クルマで来ない顧客はタクシーが少ない、歩かざるをえない ●付近に郷土料理の店が少ない（せっかく温泉旅行に来たのに地元料理が少ない） ➡機会ロスが5,000万円	●飲食部門で地元コース料理を提供しているが、予約制のため提供できない（近くには地元料理の店がなく、渋々ファミレスや牛丼、コンビニなどのテイクアウトをしている） ●宿泊客は定食を期待しているが提供してない（調理長はいるから定食は可能）	●ネット予約時に料理予約が100％あればいいが、「食堂でいつでも食べられると思っている」➡Web予約ページに、夕食予約の案内が「自動的にできるシステム」を追加 ●定食の予約メニュー追加をすればもっと増える	●ネット予約ページに日替わり定食予約を掲示し、夕食の予約も同時にとる（宿泊客の50％が飲食予約）
セ・） ●建物の老朽化 ●35部屋が13㎡と狭い（稼働率46％）	●ラドン温泉の魅力を伝え、湯治専門としてPRすれば、宿泊客も納得する	●湯治の風情を出すために温泉効果の小冊子を設置済み ●湯治の効果を最大限に上げる健康法の本をこれから設置（今後出版の本） ●湯治効果をさらに上げる足つぼ、青竹などの体で感じるグッズなどの配置 ●湯治効能部屋の部屋料を少し高単価にする	●湯治効能部屋を10室改修し、その部屋の宿泊稼働率60％を目指す

■重要成功要因（KSF）〜重要行動指標（KPI）を決める

業績阻害要因（優先問題点・ボトルネック）	もっと活かすべき「強み」	重要成功要因（KSF）KGIを決める具体的な行動要素	KPI（KSFの行動指標化）
●ラドン発生器が23時に止まる。夜は入浴者が少ないから濃度が変わらず、止めても効果がある。しかし止まっているから効果がないとお客が感じている➡止められるからサービスが悪いと思う客もいる	●機械を止めてもラドンが効いていることを証明し認知させればいい➡入浴者の少ない夜間がよりラドン吸収されることをPR	●夜間入浴のススメがわかる仕掛けでリピート率の一部改善を図る ●調査後、KGI夜間入浴者○○名/日➡○○名/日	●夜間遅く帰る出張族向けに、夜間入浴が効果がある濃度が維持されているチラシを部屋に配置 ➡出張族の疲れ、病気のパターン別に夜間入浴の効果性を書いたチラシ＝月3枚の内容を変えたチラシ作成
セ・）			
●甲府なのに富士山が遠い（富士山観光と連動できない） ●駅から歩いて11分あり、クルマで来ない顧客はタクシーが少ない、歩かざるをえない ●付近に郷土料理の店が少ない（せっかく温泉旅行に来たのに地元料理が少ない） ➡機会ロスが5,000万円	●飲食部門で地元コース料理を提供しているが、予約制のため提供できない（近くには地元料理の店がなく、渋々ファミレスや牛丼、コンビニなどのテイクアウトをしている） ●宿泊客は定食を期待しているが提供してない（調理長はいるから定食は可能）	●ネット予約時に料理予約が100％あればいいが、「食堂でいつでも食べられると思っている」➡Web予約ページに、夕食予約の案内が「自動的にできるシステム」を追加 ●定食の予約メニュー追加をすればもっと増える	●ネット予約ページに日替わり定食予約を掲示し、夕食の予約も同時にとる（宿泊客の50％が飲食予約）
セ・） ●建物の老朽化 ●35部屋が13㎡と狭い（稼働率46％）	●ラドン温泉の魅力を伝え、湯治専門としてPRすれば、宿泊客も納得する	●湯治の風情を出すために温泉効果の小冊子を設置済み ●湯治の効果を最大限に上げる健康法の本をこれから設置（今後出版の本） ●湯治効果をさらに上げる足つぼ、青竹などの体で感じるグッズなどの配置 ●湯治効能部屋の部屋料を少し高単価にする	●湯治効能部屋を10室改修し、その部屋の宿泊稼働率60％を目指す

(5) ボトルネックを特定した後の経営者の反応と気づき

　　ボトルネックを特定した後、経営者である私は多くの気づきを得た。「顧客視点」を重視することで、運営上の問題は単なるコストや手間ではなく、「顧客満足度」を向上させる手段として捉えなおせる。

　　例えば、アクセス改善は顧客の旅をスムーズにし、地元料理の提供は滞在体験をより豊かにする。湯治や健康促進の専門性強化は、顧客がこの施設に求める独特の価値を確立することにつながる。

　【変革への確信】

　　こうして、ボトルネックシートを軸にした分析と検討は、経営全体に前向きな変化を呼び起こした。私と幹部たちは、KGI「毎日60人」の達成が、単なる数字上の成功ではなく、顧客体験の質的向上による本質的な飛躍であることを理解している。この理解こそが、次なる戦略実行への熱意を掻き立て、さらなる成長を約束する。

6 KGI−KSF−KPI 体系

　KGI（重要到達目標）− KSF（重要成功要因）− KPI（主要業績評価指標）が、企業ビジョンから行動レベルへと至るストーリーを描くように配置されている。長年、私は「どうすれば目標に近づけるのか？」という問いに悩み続けてきた。その答えが目の前の図に描かれているのである。（300 〜 301 ページ参照）

(1) 視覚化された道筋

　漠然とした戦略が、明確な座標を得て、未来へと続く航路を示す。

　画像には、企業のビジョン・ミッションを源泉とし、その下には長期的なゴールである KGI が掲げられている。その KGI を達成するために必要な KSF が明示され、それを定量的に測るための KPI が細やかに並ぶ。例えば「売上3,000万円」や「営業利益3倍」といった KGI が柱となり、その下で「品質向上」「顧客満足度向上」などの KSF が支え、さらに「月間売上」「顧客リピート率」「旅行会社 Web 掲載数」といった KPI が行動内容を具体的に示す。

　以前は「何をどう改善するのか」曖昧だった。しかし、この体系図によって、組織全体がどの方向へ進めばよいのか、どの指標をチェックすれば進捗を確かめられるのか、一目瞭然となった。

　私は「これで全員が同じ地図を手に、同じ山頂を目指せる」と感じた。私が目を留めたのは、宿泊部門や健康食品販売、日帰り入浴増加といった具体的な目標が、数字で裏づけられている点である。以前は「もう少し売上を伸ばそう」「お客様を増やそう」といった曖昧な声かけしかできなかった。

　しかし、KGI−KSF−KPI を明確にすれば「○○％増を目指す」「○○件の成約」を示せる。そして社員にも、これで具体的な目安を提示でき、共に歩む意識を醸成することができた。

(2) 指針を示す

　行く手を照らす数値目標は、組織全体を結束させる羅針盤となる。
　私は顧客視点が強調されている点にも注目した。睡眠改善を求めるビジネスマン、日帰り入浴客、健康食品リピーター……いずれも顧客の悩みや需要を軸にした指標が並ぶ。「顧客を見ずして売上は伸びない」という当たり前の真理を、今さらながら痛感したのだ。
　旅行会社のWebで自社商品の露出拡大を図るなど、顧客への道筋が具体策となって示されている点に大いなる手応えを感じた。

❶顧客が導く成長軌跡

　指標の先には顧客がおり、その声が成長を導く。
　ボトルネック解消のために設定されたKPIを見て、私は課題克服の道筋を確認した。宿泊部門の「毎日60人」というKGI達成に向け、湯治効果を高めた客室改修や自動案内システムの導入など、具体的なKSF-KPIが「解決策はある」と教えている。

❷克服への勇気

　これまで手が届かないと感じた目標が、行動計画で手繰り寄せられる。
　私は、この体系図が組織の言語になると確信した。これまで社員への説明責任に慎重だったが、これならば大丈夫だと背筋が伸びる。「これで社員全員が同じゴールを共有し、迷わず進める」。目標と行動がセットで示されれば、誰もが自分自身の役割を理解しやすい。
　「破局のシナリオ」を乗り越えるには、明確な行動が不可欠だ。
　健康食品のシークレット通販を強化し、顧客への価値提供をアップデートする。温泉施設の湯治効果を物語る小冊子や体験談を用意し、SNSやWeb予約強化で顧客動線を拡張する。
　こうした施策が具体的なKPIによって評価され、組織全体がPDCAサイクルを回せる。

❸行動が未来を変える

明瞭な指標が、改善を繰り返すエンジンとなる。

結論として、KGI−KSF−KPIの整然とした体系は、私に大きな安心感と信頼性をもたらした。これまで曖昧だったプランが、数字と行動の対応関係で裏づけられ、社員との対話も明確になる。「このシステムを活用すれば、皆が心を1つに目標へと向かえる」と私は自信を深めた。

❹未来への推進力

体系図は単なる図解ではない。成長への意志を具現化し、組織を前へと押し出す推進力となる。

こうして、KGI−KSF−KPIの体系図は、企業が「何を、なぜ、どうやって」達成すべきかを明確に示し、私と組織全体に力強い指針を与えたのである。視覚化された戦略は、社員1人ひとりの行動をつなぎ合わせ、企業という船を確かな航路へと導いていくであろう。

KGI‑KSF‑KPI 体系図

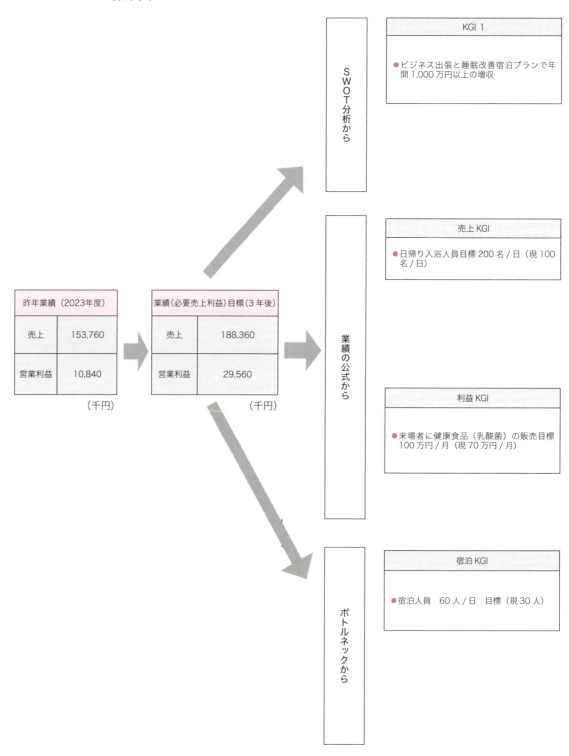

Chapter 6：KPI監査の実例❸　温泉旅館

KSF 1
● ビジネスマンの出張次いでのメンタルケア（睡眠改善）ができるホテルプラン

顧客 KPI
● 睡眠課題ビジネスマンの滞在日記を月間 3 回　Web にアップ

業務プロセス KPI
● 旅行会社の Web サイトの中の自社ページに「本商品」の掲載を増やす。8 社に掲載できる専用プラン作成

KSF 1
● HP 来訪者、閲覧数を拡大（コンテンツ充実と SEO 対策）⇒ 利用者の悩みの閲覧数が多い

顧客 KPI
● 薬事法に抵触しない範囲で「がん患者」「がんサバイバー」の悩みとストーリー（回数時間などの負担）⇒がん記事＝2件/月　糖尿病記事＝2件/月　喘息記事＝2件/月

KSF 2
● キャンペーン数（回数券特売年 1 回年、無料 DM 送付年 1 回/）⇒ 総選挙での受賞記念

業務プロセス KPI
● 信玄公祭、花火大会、お美幸さん祭り記念協賛で入浴券無料支給。年 3 回のイベント関連無料入浴券 DM 配布

KSF 3
● シークレット通販でリピート客の維持拡大⇒購入時にメアド住所氏名を聞き出す

顧客 KPI
● ロビー客に購買時にパンフ配布（リピート用アドレス）と登録してくれた方へ見本 1 本プレゼント　2 件/日

KSF 4
● テキストでラドンの体験談、乳酸菌飲用体験談の掲載…客室用小冊子（100 ページ）の簡易版を設置

業務プロセス KPI
● 症状別小冊子(4ページ)の記事を作成するため（がん、糖尿病、喘息、神経痛各 1 記事 /3 か月）

KSF 1
● ネット予約時に料理予約 100％でればいいが、「食堂でいつでも食べられると思っている」⇒ Web 予約ページに「夕食予約の案内が「自動的にできるシステムを追加」 ● 定食の予約メニュー追加をすればもっと増える

顧客 KPI
● ネット予約ページに日替わり定食予約を掲示し、夕食の予約も同時に行う（宿泊客の 50％が飲食予約）

KSF 2
● 湯治ぽさを出す為に温泉効果の小冊子を設置済み ● 湯治を最大効果を上げる健康方法の本をこれから設置（今後出版の本） ● 湯治効果をさらに上げる足つぼ、青竹などの体で感じるグッズなどの配置 ● 湯治効能部屋の部屋料を少し高単価にする

業務プロセス KPI
● 湯治効能部屋の 10 室改修し、その部屋の宿泊稼働率 60％を目指す

301

7 KPI監査モニタリング

(1) KPI監査モニタリングシート

　KPI監査モニタリングシートには、各KPIが並び、進捗状況や達成度が明確に記されている。例えば、ビジネスマン向けのメンタルケアプランを左右するKPI、日帰り入浴200名／日の目標達成に向けたストーリー発信やDM配布、乳酸菌販売100万円の目標達成に向けたサンプル配布と小冊子作成、そして宿泊部門ボトルネック解消に向けたネット予約強化や湯治部屋改善といった項目が並ぶ。

　これらのKPIは、過去のSWOT分析、業績の公式、ボトルネック特定など、これまで費やしてきた思考と努力が結晶している。モニタリングシートは、その結晶が期待どおりに輝いているか、それとも曇りを見せているかをチェックするための「検査装置」である。

❶メンタルケアプランに関するKPI

　ビジネスマン向けメンタルケアプランが本当に効果を上げているか。例えば、ウェブでのアップロード数や旅行サイトでのプラン掲載状況がKPIとなる。目標到達度はおおむね60〜70%に留まり、改善の余地がある。

❷業績の公式KSFに基づくモニタリング

　日帰り入浴200名目標に向け、がん患者をはじめとした健康志向層への訴求や、お祭りシーズンとの連携による顧客誘引がKPIで測定される。DM配布やコンテンツ制作が進んでいるものの、達成度はまだ期待値に届かない。

❸乳酸菌販売目標に基づくモニタリング

　100万円／月の売上目標に対して、サンプル配布や小冊子の効果測定がKPIで確認される。顧客への体験価値提供を通じたリピート購入促進が今後の焦点だ。

❹ボトルネック解消に基づくモニタリング

　宿泊部門の夕食付プランや湯治用部屋の稼働率改善がKPIとして設定される。これらが達成できれば宿泊者目標「毎日60人」への足がかりになる。

(2) 数値化された改善策

　何が足りないのか、何が必要なのか、数字が冷静に教えてくれる。
　現状は、各KPIの進捗率は60～70％程度。達成に至るにはさらなる改善が必要だ。課題として挙がったのは、コンテンツ制作の遅れや営業活動・カスタマーポイント強化の不足など。システム導入やプロモーション強化が必要であることだ。また、ライティング体制強化や旅行会社との交渉、SNSマーケティングの活用など、改善事項は多岐にわたる。だが、曖昧な戦略ではない。KPIという目標指標があるからこそ、改善計画を具体的に描く必要がある。

(3) 第1回KPI監査モニタリング時のドキュメント

　第1回のモニタリングでは、KPIの達成度を初めて冷静に評価した。夕食予約率がまだ20％止まり、日帰り入浴が150名／日で75％達成、乳酸菌販売が80～90％まで伸びたものの100万円には届かない。私は「まだ課題は多いが、進捗はつかめた」と安心するとともに、「何を強化すべきか」明確になったことで次の一手を考え始めた。
　数字が示す現実を前に、組織は再び動き出す。幹部たちは部門ごとの改善策を提案。UI/UX改善や季節イベントとの連動、リピート顧客フォローなど、具体的な案が飛び交う。これまで感覚的だった施策が、KPIの存在によって的確な打ち手へと具体化していく様子に、私は大きな手応えを感じた。

(4) 第2回KPI監査モニタリング時のドキュメント

　第2回モニタリングでは、第1回で指摘された課題がどれだけ改善されたか検証が行われた。UI改善は一部進んだが、SNSマーケティング強化やメールフォローが未実施がある場合、その理由は人手不足や優先度判断の遅れといった現実的な障害によるものだと判明した。（310ページに続く）

KPI監査モニタリング（1）

	実施項目 （何をどうする） KSF	視点	KPI内容	担当者	主要行動キーワード・ 実施行動項目名	9-	
						計画	実績
積極戦略とKSFからのKPI	ビジネスマンの出張次いでのメンタルケア（睡眠改善）ができるホテルプラン	顧客視点	●睡眠課題ビジネスマンの滞在日記を月間3回Webにアップ		●睡眠改善出張と書き込み ●睡眠改善と健康朝食 ●リモートワークと睡眠改善 ●旅行サイトでの専門ページ掲載	5	1
		業務プロセス視点	●旅行会社のWebサイトの中の自社ページに「本商品」の掲載を増やす。8社に掲載できる専用プラン作成			4	2

2024年度				2025年度						
10月	11–12月			1–2月			3–4月			
対策	計画	実績	対策	計画	実績	対策	計画	実績	対策	
●睡眠改善出張の書込の協力がもらえず、UPができなかった	3	2	●なかなか適格者が見つからない。1人のみ書き込んでくれた。当初計画5件だったが目標3件に変更	3			3			
●自社ページを中心に大手「じゃらん」「楽天」のみ掲載	4	4	●8サイトに掲載できたが、認知が低い。作成したプランをブログ等で宣伝が必要	4			4			

KPI監査モニタリング（2）

		実施項目 （何をどうする） KSF	視点	KPI内容	担当者	主要行動キーワード・ 実施行動項目名	9-	
							計画	実績
業績の公式KSFからのKPI	売上KGI	日帰り入浴人員目標200名/日（現100名/日）	顧客視点	●薬事法に抵触しない範囲で「がん患者」「がんサバイバー」の悩みとストーリー（回数時間などの負担）➡がん記事＝2件/月　糖尿病記事＝2件/月　喘息記事＝2件/月		●HP来訪者、閲覧数を拡大（コンテンツ充実とSEO対策）➡利用者の悩みの閲覧数が多い ●キャンペーン数（回数券特売年1回年、無料券DM送付年1回/）➡総選挙での受賞記念 ●温泉と食堂の多面的活用（セミナーや会議での使用）	6	3
			業務プロセス視点	●信玄公祭、花火大会、お美幸さん祭り記念協賛で、入浴券無料支給　年3回のイベント関連無料入浴券DM配布				
	利益KGI	来場者に健康食品（乳酸菌）の販売目標100万円/月（現70万円/月）	顧客視点	●ロビー客に購買時にパンフ（リピート用アドレス）配布と登録してくれた方へ見本1本プレゼント　2件/日		●シークレット通販でリピート客の維持拡大➡購入時にメアド・住所・氏名を聞き出す ●ロビーで乳酸菌ビデオを見る客の購入率が高い➡がん患者の購入を増やす	120	90
			業務プロセス視点	●症状別小冊子（4ページ）の記事を作成するため（がん、糖尿病、喘息、神経痛各1記事/3か月）		●テキストでラドンの体験談、乳酸菌飲用体験談の掲載。客室用小冊子（100ページ）の簡易版を設置	1	0

Chapter 6：KPI監査の実例❸ 温泉旅館

2024年度				2025年度					
10月	11-12月			1-2月			3-4月		
対策	計画	実績	対策	計画	実績	対策	計画	実績	対策
●開始が遅れ記事としてまとめられなかった 150/D達成	6	6	●動画を含め6事例を作成 日により200/Dの達成日が数日あった	6			6		
				1		●信玄公祭DM	1		●花火大会DM
●シークレット通販サイト10月末にズレ込む	120	130	●快調なる販売数	120			120		
未着手	1	1	●体験談は1件だが作成	1			1		

KPI 監査モニタリング（3）

		実施項目 （何をどうする） KSF	視点	KPI内容	担当者	主要行動キーワード・ 実施行動項目名	9–	
							計画	実績
ボトルネックKSFからのKPI	営業販売	●ネット予約時に料理予約100％でればいいが、「食堂でいつでも食べられると思っている」→Web予約ページに「夕食予約の案内が「自動的にできるシステムを追加」 ●定食の予約メニュー追加をすればもっと増える	顧客視点	●ネット予約ページに日替わり定食予約を掲示し、夕食の予約も同時にとる（宿泊客の50％が飲食予約）		●宿泊客は定食を期待しているが提供してない（調理長はいるから定食は可能） ●定食の予約メニュー追加をすればもっと増える ●湯治効果をさらに上げる足つぼ、青竹などの体で感じるグッズなどの配置 ●湯治効能部屋の部屋料を少し高単価にする	●毎月300食（2か月で600食）	120
		●湯治ぽさを出すために温泉効果の小冊子を設置済み ●湯治を最大効果を上げる健康方法の本をこれから設置（今後出版の本） ●湯治効果をさらに上げる足つぼ、青竹などの体で感じるグッズなどの配置 ●湯治効能部屋の部屋料を少し高単価にする	業務プロセス視点	●湯治効能部屋の10室改修し、その部屋の宿泊稼働率60％を目指す				

Chapter 6：KPI監査の実例❸ 温泉旅館

2024年度				2025年度					
10月	11–12月			1–2月			3–4月		
対策	計画	実績	対策	計画	実績	対策	計画	実績	対策
●追加予約のみにて開始、20%利用	●毎月300食（2か月で600食）	180	●予定数までまだ半分だが、着実に利用者は広がっている30%利用	●毎月300食（2か月で600食）					
	●10室平均稼働率60%	50	●ブログ等での宣伝が必要である。ブログ作成取りかかる	●10室平均稼働率60%			●10室平均稼働率60%		

私はこれに対し、「想定外の遅れや資源不足にも柔軟に対応する必要がある」と語り、幹部はさらなるリソース再配分を検討することになった。実行しなかった理由も、モニタリングを通じて共有され、対策が早期に立てられるようになった。

　計画どおりに進まなくても、その原因を知ることが前進の糧となる。

　SWOT分析〜業績の公式〜ボトルネック特定〜KPI設定、そしてモニタリング。これらのステップを踏んだことで、私は「ただ目標を掲げるだけでなく、そこへ至る具体的な行動と評価方法を持てた」と強く実感した。進捗がばらつく項目もあるが、それ自体が改善余地を示すシグナルであり、戦略調整の手がかりとなる。

　KPI監査はゴールではなく、さらなる成長への出発点である。私が最も評価したのは、組織全体に統一感が生まれたことだ。KPIは、理念やビジョンを具体的行動へと落とし込み、共有言語となる。社員は皆、同じ地図を持ち、同じ目標に向かっている。これが私にとっての最大の収穫であった。

(5) KPIを部門目標や人事評価の仕組みに活用する

❶新たな戦略に着手

　私と幹部は再び会議室に集結した。これまで培ってきたKPI手法を、いよいよ部門目標や人事評価へと落とし込む段階に入ろうとしているのだ。

　目指すは、全社戦略と現場行動の緊密な連動である。これまでSWOT分析や業績の公式、ボトルネック特定、KPI設定を経て、ついに人事評価制度そのものへとKPIを浸透させる —— まさに最後の砦を突破し、企業全体を次のステージへ導くための重大な決定である。

❷人事評価と組織の透明性

　KPIを活用した人事評価への提案がなされた瞬間、私の表情には期待と慎重さが交錯した。

　KPIは、明確な数値で貢献度を示すため、評価基準が透き通るようにクリアになる。それは「業績を伸ばす力」となる一方で、従業員へのプレッシャーを生む可能性もある。私は次の5点を吟味した。

- KPI導入による評価基準の明確化：あいまいだった評価が客観性ある数値で示せる。
- 数値目標設定の効果：達成ラインがはっきりすることで行動指針が生まれる。
- 従業員の動機付けへの影響：成長意欲を喚起するか、それとも重荷となるか。
- 評価制度の公平性：誰もが同じ基準で評価されるか。
- 従業員へのプレッシャー懸念：過度なストレスにならないか。

　これらを考慮し、私は「これで部門ごとの目標達成度が可視化される。従業員は自分自身の行動が戦略全体にどう貢献しているか知ることができる」と確信を深めた。結果的に、業務効率向上や企業成長への期待感が強まったのである。

❸人事評価導入の段階的アプローチ

　KPIを人事評価に導入するには、段階的なアプローチが必要である。焦りは禁物で、現行制度の分析から始まり、徐々に組織へ溶け込ませていく。私はこの工程を3つのステップで解説した。

- 現状分析とKPI設定：既存の目標管理・評価制度を細かく洗い出し、部門特性に合ったKPIを選定する。例えば、宿泊部門なら「夕食予約率」や「湯治部屋稼働率」、健康食品販売部門なら「リピート購入増加率」など。これらが戦略的KGI達成に直結することを確認する。
- KPI導入トレーニング：設定したKPIを管理職や従業員に周知し、その意義と活用方法を教育する。「なぜこのKPIなのか？」「どうすれば達成できるのか？」という疑問に答え、社員全員が同じ土俵で努力できるようにする。
- 評価プロセスの調整と改善：KPIに基づく評価基準を設計し、試行的に運用する。初期段階ではフィードバックを重視し、不満や問題点を洗い出し、適宜改善する。段階的な改善サイクルを回すことで、従業員の納得感や制度の定着度を高める。

❹人事評価制度への期待と決意

　一足飛びはできない。だが、一歩ずつ階段を上がることで頂上が近づく。このプロセスが成功すれば、部門や個人の行動が企業ビジョンと結びつき、業績に直結する。各人がKPIを指標として自らの貢献度を測り、必要に応じて行動を修

正する。結果として、組織全体が目標へ向けて進み、競争力は自然と高まる。

　私は、KPIを人事評価へ組み込むことによる可能性に大きな期待を寄せていた。「これで社員は、自分自身が何のために努力しているのかをはっきり理解できるだろう。評価は目に見える形で、納得と公平性を生む」と確信した。

　評価は、ただ人を判定するものではない。成長への道を共に歩む羅針盤となる。今、KPIが部門目標や人事評価の仕組みへと統合される準備が整いつつある。データに基づく透明かつ公平な評価は、組織文化を一新し、新たな成長機会をもたらすだろう。これまで積み重ねてきた分析と戦略立案が、只今まさに1つの成果として結実しようとしている。

(6) SWOT分析〜業績の公式〜ボトルネック〜KPI設定〜KPI監査一連のプロセスを実施したあとの経営者の反応

　SWOT分析で得た強み（ラドン温泉）、弱み（アクセス、不十分なコンテンツ）、機会（地域資源活用）、脅威（競合）……これらの要素が、業績の公式で数値目標へと変換され、ボトルネック特定を経てKPIという行動指標に落とし込まれた。このプロセスを経た私は、これまで漠然としていた目標が、明確な道標となったことを喜び、かつ冷静に受け止めていた。

　曖昧だった戦略が、はっきりとした行動指針へと明確になる。私は、「強みを最大限活かし、顧客満足度を高める優先順位が見えた」と感じた。業績の公式が生み出した数値目標は、各部門が貢献すべき責任を示し、全社的な方向性の一体化を促した。

　ボトルネック改善策が明確になったことで、「単なる改善願望」から「改善可能な課題」へと認識が変わった。夕食予約率アップや湯治部屋改善が、単なる理想論ではなく、達成可能な行動課題として位置づけられたのである。

❶ SWOT分析での反応

　私はSWOT分析を通じて、自社の内部的な強み（ラドン温泉の希少価値、地域資源の活用可能性）と弱み（地元料理提供の不足、湯治部屋の価値が顧客に浸透していない）を客観的に再認識した。また、「健康志向の高まり」「地方観光需要の増加」といった外部の機会に着目し、脅威としての「競合施設の増加」「建物の老朽化」への対応が必要であることを改めて確認した。

私は幹部に次のように語った。

「感覚的に課題だと思っていたことが、データを通じて具体化され、改善の優先順位が明確になった。これにより戦略の実効性が高まる。特に富士山観光との連携強化や地元料理の充実といった戦略が新たな収益基盤になる」

❷業績の公式での反応

具体的な業績目標（KGI）として、「日帰り入浴客 200 名／日」「健康食品売上 100 万円／月」などが設定されたことを私は評価した。これにより「目標達成のために各部門が果たすべき役割が明確化され、組織全体の連携が向上する」と確信した。

さらに、「健康食品の販促強化」や「湯治部屋稼働率の向上」といった具体的な行動が目標達成に直結することを実感。「数値目標をもとに計画を立案することで、これまで曖昧だった戦略が行動レベルで明確化される」と認識し、計画の質向上に自信を持つようになった。

❸ボトルネック分析での反応

ボトルネック分析では、「宿泊客の夕食予約率向上」や「湯治部屋の改修計画」が優先課題として浮上。これまで「宿泊者を増やす」という漠然とした目標だったものが、具体的な改善点として分解され、実行可能な計画が形成された。

私は「地元の食文化を活用した飲食メニュー拡充」や「湯治部屋の改修を通じた顧客価値の向上」を特に重視。「既存資産を最大限に活用しながら収益を伸ばす方法を模索する必要がある」と語り、戦略の具体化がもたらす可能性に希望を抱いた。

❹KPI 設定による変化

具体的な KPI（例：ネット予約時の夕食予約促進、健康食品購入者へのサンプル配布）が設定されたことで、私は「従業員が何をすべきかが明確になり、全員が統一された目標に向かって行動できる仕組みが整った」と評価。月次で進捗を可視化できるようになり、現場とのコミュニケーションが円滑になった点も高く評価した。

「日々の積み重ねが目標達成につながると考えれば、大きな挑戦も乗り越えられる」と述べ、KPI の導入を組織の進化における重要な一歩だと位置づけた。

❺ KPI監査モニタリングをしての感想

KPI監査により、進捗状況や課題が具体化され、リアルタイムでの状況把握が可能になった。私は「戦略が正しいかどうかを迅速に判断できるようになり、不足があれば即時修正できる」と述べた。監査を通じた柔軟な対応力が、組織の競争力向上に直結している。

- ●組織への影響：KPIが設定され、それが可視化されることで、従業員は「自分自身の行動が目標にどう影響するか」を理解し、自律的な改善行動をするようになった。私は「全社員が一体感を持ち、目標に向かう姿勢が生まれた」と感じた。
- ●経営者としての反応：KPI監査を通じて、「課題解決のための次のアクションが明確に見える」と評価。初期のKPI設定では不十分だった項目に対し、健康食品の販促方法の改良や湯治部屋の価値訴求といった施策が追加され、実行に移された。「監査を通じて改善が連鎖する仕組みができた」と感じた。
- ● KPI監査の課題：一方で、KPI監査には「データ収集や報告体制が不十分」「現場とのコミュニケーション不足」といった課題が浮き彫りとなった。私は、「KPIの有効性を高めるには、プロセスの精度向上と運用面での改善が必要」とし、次のステップを計画中である。
- ●感想と今後の展望：私は「KPI監査が組織全体の透明性を高め、行動の軸を明確にする」と評価しつつ、「監査の定期実施が企業の持続可能な成長に不可欠である」と結論づけた。今後は、KPI設定と監査プロセスをさらに効率化し、全員が目標に向かって協働する仕組みを強化する考えである。

KPI監査を通じて、私は数値に基づく精緻な経営判断の重要性を再確認した。このプロセスは、企業の成長と組織全体の一体感を生み出す重要な柱となり、さらなる革新と成功への道筋を築いている。

(7) KPI経営伴走支援のコンサルティングモデル

❶ 歩み寄るコンサルタント

とある地方都市、その駅前商店街はかつて多くの人々で賑わい、通りを埋め尽くすように新鮮な野菜や工芸品が並べられていた時代があった。しかし近年、人口減少と消費動向の変化が重なり、その輝きは徐々に色褪せつつあった。シャッターが降りたままの店舗が増え、通りには静寂が漂う。

そこに、1人のコンサルタントが足を踏み入れる。上級KPI監査士®として新たな歩みを刻もうとしている私は、スーツの襟を正しながら、目立たぬよう静かにその土地の空気を吸い込んだのである。

私が求めるのは、単なる売上改善ではない。数字の奥に隠れた組織の真なる声、私の信念、従業員らの士気、地域との共創、その深層に潜む価値を見出すことである。

かつてはKPIという指標を、単なる経営管理のツールとして捉えがちであったが、これからは「KPI経営伴走支援」の理念を胸に、顧客が自走できる仕組みを築くことを志している。行く先々で私は、現場の声を聞き、定性的な要素を定量化し、さらにその定量を文化や思想へと紡ぎ戻していく。この新たな姿勢こそ、次に述べるコンサルティングモデルの中核である。

❷上級KPI監査士®としてのコンサルティングスタイル

上級KPI監査士®としての役割を高め、顧客企業の成長を確実に支えるため、これまでの経験を基盤に新たなコンサルティングスタイルを構築する必要がある。そのためには、以下のような具体的な変化を実行する。

●深層課題への洞察力を強化：これまでのKPI監査では、主に売上や利益率といった表層的な数値改善に重点を置いてきた。しかし、これだけでは根本的な問題解決には至らない。今後は、企業の事業構造や組織文化、経営理念などの深層的な課題に目を向ける。主体的には、次のアプローチを採用する。

●SWOT分析の深化：表面的な強み・弱みの把握だけではなく、企業文化やリーダーシップスタイルを含めた要素を評価する。

●人的要素の分析：従業員のスキルやチームワーク、コミュニケーションの質など、数値化しにくいが重要な部分を重点的に調査。

●経営理念の再確認：経営者自身の信念や価値観を明確にし、これをKPI経営の設計に反映させる。

例えば、地方の温泉旅館を訪れた際、私は旅館の主人と向き合う。主人は地域の名湯としての自負を持ちながらも、集客減少と従業員のモチベーション低下に悩んでいる。そこで私は、施設の文化や顧客体験の特性、スタッフ間の連携状況などを細かく記録し始めた。その行為は、従来の表層的な課題認識を超え、深層課題への洞察へと向かう第一歩である。

●柔軟性とスピードを重視した平行型コンサルティング：経営環境の変化は加

速しており、従来の「分析 ➡ 提案 ➡ 実行」という直線的なプロセスでは、迅速な対応が難しい。これに対処するため、並行型コンサルティングを採用する。

例えば、地方の温泉旅館において、新たな宿泊プランのテストや地域イベントとの連携を試みる。3週間以内に小規模なキャンペーンを実施し、その結果を素早くフィードバック。これにより、顧客企業が迅速に成果を確認でき、次のステップへの動機づけが強化される。

●デジタルツールの積極活用：KPI監査は、紙と鉛筆の世界からクラウドとAIの時代へ突入している。私は、クラウド型KPI管理プラットフォームを通じて経営データを共有し、生成AIを用いて今後起こり得るリスクや改善余地を即座に提示する。そして即戦力となる生成AIによるKPI監査に注力していく。

例えば、宿泊予約率や平均滞在時間をリアルタイムで可視化すれば、どのプランが成功しやすいかが判断できる。こうしたテクノロジーの力が、人的エラーや過剰な時間投資を減らし、より戦略的な意思決定へと経営層を導く。

●クライアント主体のPDCAサイクル構築：上級KPI監査士®は、コンサルティングの終着点を自らの提案が刺さった瞬間と考えない。むしろ、顧客組織が独り立ちし、自分たちでPDCAを回し続けられる状態を理想とする。

例えば、温泉旅館のスタッフが自らKPIを設定し、顧客満足度や口コミの分析、改善策の実施と再設定を行えるようにスキルトレーニングを提供する。その結果、私が去った後も、その旅館は独自のリズムで成長を続けることが可能となる。

❸上級KPI監査士®としての今後のビジョン

夜、私は温泉街にポツンとあるビジネスホテルの小さな部屋でPC画面を見つめる。そこで記すビジョンは、単なる私の業務指針ではない。日本社会を担う中小企業が安定した基盤を築き、環境変化に挑み、社会的価値を創出するための道標である。その文字1つひとつに熱がこもり、私の使命感は増幅していく。

●KPI監査を基盤とした事業の持続可能性の実現：単なる業績改善は一過性である。私はKPI監査を通じて、顧客企業が長期的な視点で持続可能な成長を遂げることを望む。健康志向の商品開発や地域社会への貢献、環境への配慮といった非財務KPIを戦略に組み込み、企業価値を高める。

例えば、温泉旅館が地元農産物を使用した特別メニューを開発することで、地域経済を潤し、ひいては社会全体の幸せにつながる取り組みを推進する。

●専門知識の深化と標準化：業種特化したノウハウがあれば、より的確な助言

が可能になる。同時に、標準的な監査手法を確立すれば、誰もが活用できるフレームワークが広がる。

　●中小企業支援への注力：地方には、優れた技術や資源を持ちながら、それを十分に活用できていない中小企業が山ほどある。私は、簡易なツールやテンプレートを提供し、温泉旅館が自力でKPIを扱えるよう支援する。

　上級KPI監査士®として、私が描く未来は、単なる経営改善の繰り返しではない。深い洞察と柔軟性、スピード、デジタル活用、自走型組織の育成を柱に、顧客旅館が自ら飛躍することを志向している。このビジョンは国内にとどまらず、また新たな専門職人材を生み出し続ける。その結果、多くの旅館が新たな成長ステージに駆け上がり、地域社会は活力を取り戻すであろう。

　夜が更けても、私のペンは止まらない。KPI監査士®としての存在意義を問い続け、考え抜き、顧客と社会に奉仕する道を探る。その熱い想いは、また明朝、静かな温泉街の一角で、新たな顧客に向き合う私の背中を押し、さらなる進化を促すのである。

■著者紹介

嶋田 利広（しまだ・としひろ）

株式会社 RE−経営代表取締役
熊本商科大学卒業。
中堅コンサルタント会社で15年経験後、同社取締役部長を最後に独立。
1999年、有限会社 RE-経営（後に株式会社に改組）を創業。
2022年から京都大学大学院 EMBA 講師。
お問い合わせ：consult@re-keiei.com

●公式HP

長野 研一（ながの・けんいち）

エリア・サーベイ合同会社代表社員
慶應義塾大学法学部法律学科卒業。同大学院経営管理研究科修士課程修了。
メーカー勤務を経て、2003年、不動産鑑定士登録、2005年、中小企業診断士登録。
お問い合わせ：k.nagano@kmj.biglobe.ne.jp

●公式HP

奥山 和弘（おくやま・かずひろ）

株式会社サポートブレイン代表
慶應義塾大学商学部卒。
信用金庫、不動産業界を経て、会計事務所に勤務。
2021年、税理士登録。
2024年2月、株式会社サポートブレインを設立。
お問い合わせ：k.o9yama@gmail.com

●公式HP

早川 善輝（はやかわ・よしてる）

株式会社湯ーとぴあ代表取締役
1958年、山梨県生まれ。
専修大学卒。大学在学中に竜王ラドン温泉開設。
1989年、株式会社湯ーとぴあ代表取締役就任。
お問い合わせ：uuu@u-u.co.jp

●公式HP

―― マネジメント社 メールマガジン『兵法講座』――

作戦参謀として実戦経験があり、兵法や戦略を実地検証で語ることができた唯一の人物・大橋武夫（1906〜1987）。この兵法講座は、大橋氏の著作などから厳選して現代風にわかりやすく書き起こしたものです。

　ご購読（無料）は https://mgt-pb.co.jp/maga-heihou/

KPI監査

2025年 4 月 8 日　初　版　第 1 刷発行

著　者　　嶋田利広／長野研一／奥山和弘／早川善輝
発行者　　安田喜根
発行所　　株式会社 マネジメント社
　　　　　東京都千代田区神田小川町 2-3-13（〒101-0052）
　　　　　電話　03-5280-2530（代）　FAX　03-5280-2533
　　　　　ホームページ　https://mgt-pb.co.jp
　　　　　問い合わせ先　corp@mgt-pb.co.jp
印　刷　　中央精版印刷 株式会社

©Toshihiro SHIMADA, Kenichi NAGANO, Kazuhiro OKUYAMA, Yoshiteru HAYAKAWA
2025　Printed in Japan
ISBN978-4-8378-0536-6 C0034
定価はカバーに表示してあります。
落丁・乱丁本の場合はお取り替えいたします。